国家示范性高职院校建设项目成果

汽车运用技术专业工学结合系列教材

柴油机电控系统检修

CHAIYOUJI DIANKONG XITONG JIANXIU

主　编 ◎ 韦　峰　田兴勇

副主编 ◎ 邢忠义　周　明　闫忠孝

主　审 ◎ 杨宏进

云南出版集团

云南人民出版社

图书在版编目（CIP）数据

柴油机电控系统检修 / 韦峰，田兴勇主编. —昆明：云南人民出版社，2018.8

汽车运用技术专业工学结合系列教材

ISBN 978-7-222-13484-3

Ⅰ.①柴… Ⅱ.①韦… ②田… Ⅲ.①汽车-柴油机-电子系统-控制系统-车辆修理-教材 Ⅳ.①U472.43

中国版本图书馆 CIP 数据核字（2015）第 159802 号

出 品 人：赵石定
组稿统筹：冯 琰
责任编辑：解彩群
责任校对：赵苏容
装帧设计：杜佳颖
责任印制：马文杰

柴油机电控系统检修

主　编　韦　峰　田兴勇
副主编　邢忠义　周　明　闫忠孝
主　审　杨宏进

出　版　云南出版集团　云南人民出版社
发　行　云南人民出版社
社　址　昆明市环城西路 609 号
邮　编　650034
网　址　www.ynpph.com.cn
E-mail　ynrms@sina.com
开　本　787mm×1092mm　1/16
印　张　16.25
字　数　400 千
版　次　2018 年 8 月第 1 版第 1 次印刷
印　刷　昆明市五华区理煜教育印务有限公司
书　号　ISBN 978-7-222-13484-3
定　价　39.00 元

云南人民出版社微信公众号

如需购买图书、反馈意见，请与我社联系

总编室：0871-64109126　发行部：0871-64108507　审校部：0871-64164626　印制部：0871-64191534

前　言

随着汽车技术的飞速发展，汽车产品已经成为机电液一体的高科技产品。汽车电子控制系统越来越多，而且越来越复杂，电控技术在柴油发动机上的应用也是如此，因此，要了解和掌握汽车新结构、新知识，不得不学习柴油发动机电控系统检修技术。而轿车越来越多地采用电控柴油机，尤其是越野车，要做好汽车售后服务工作，必须掌握电控柴油机结构、工作原理和检修技术，因此柴油发动机电控系统检修课程是汽车运用技术、汽车电子技术、汽车检测与维修技术和汽车技术服务与营销等专业的一门核心课程，是一门非常重要的专业必修课。

本教材系统地阐述了柴油发动机电控系统的基本结构、工作原理以及故障诊断与排除等，注重理论与实践的紧密结合，并紧跟技术进步及电控系统基础知识，是云南交通职业技术学院国家高职高专示范院校建设成果之一。适合于职业教育高职、中职汽车类相关专业学生，也可作为相关技术人员的技术参考资料。

本教材由云南交通职业技术学院韦峰和云南机电职业技术学院田兴勇担任主编，云南交通职业技术学院邢忠义、闫忠孝和云南机电职业技术学院周明担任副主编，云南交通职业技术学院杨宏进担任主审，云南交通职业技术学院叶升强、吕庆志和云南机电职业技术学院杨继玺、姜伟参与编写。

本教材编写过程中参考了大量国内外技术文献资料。在此，谨向所有文献资料的作者及关心本书编写的同行表示衷心感谢。由于编者水平和能力所限，书中尚存很多不足之处，祈请指正和海涵！

编　者

2018年6月

目　录

单元1 柴油发动机电控燃油喷射系统的认识

☞学习情境

一辆宇通客车，起动机可以起动但是发动机无法起动，经检测电路均正常。起动机带动时，轨压可以达到400 bar（40 MPa），但是仍然无法起动，检查气门推杆和气门均正常，初步判断两个以上喷油器出现故障，经过对调喷油器后，故障排除。

☞单元学习目标

通过本单元的学习，应掌握柴油发动机燃油喷射控制系统的检修技能，其具体内容有：

1. 叙述柴油发动机电控燃油喷射控制系统结构特点；
2. 叙述柴油发动机电控燃油喷射控制系统类型、结构、工作原理；
3. 对柴油发动机共轨电控燃油喷射系统主要部件的检修；
4. 根据维修手册，对柴油发动机共轨电控燃油喷射系统常见故障的诊断排除。

☞学习信息资源

有关维护电控发动机各系统的资源有：

1. 各汽车生产公司的网页；
2. 电控发动机的生产、使用说明书；
3. 有关职场健康与安全的法律、法规；
4. 危险化学物质和危险商品的相关信息；
5. 汽车维护设备的使用说明书和安全操作规定；
6. 各种汽车电控发动机和电控燃油喷射系统的维护手册；
7. 提供各类维修知识和维护资料的网站。

☞学习场所和设备

学习的环境和使用的设备有：

1. 车间或模拟车间；
2. 个人防护用品、用具；
3. 汽车维修设备和工具；

4. 安全的工作环境和工作场所；
5. 电控发动机总成；
6. 装备有电控发动机的车辆。

☞单元学习任务

为了掌握维护电控发动机各系统的能力，本单元安排的学习任务有：
任务1　柴油发动机电控系统的发展；
任务2　柴油发动机电控系统的结构组成；
任务3　柴油发动机电控燃油喷射系统的类型。

学习任务1.1　柴油发动机电控系统的发展

☞学习目标

除了汽油发动机外，现在越来越多的柴油发动机采用了电控系统。柴油发动机电控系统和汽油发动机电控系统有类似的地方，也有很多的不同之处。

在装备电控柴油发动机的车辆（或电控柴油发动机总成、电控柴油发动机实验台架）上认识柴油发动机的电控系统。对比以下学习信息，有重点地进行学习。

本次任务是认识柴油机电控系统的发展，完成任务后能够回答以下问题：
1. 柴油发动机电控系统发展的背景有哪些？
2. 柴油发动机的发展历程是什么？

☞学习信息

汽车除了装配普通的机械大泵以外，现代汽车越来越多地装配了电控柴油机，即电控直列泵、电控转子泵以及高压共轨等先进技术的电控柴油发动机。因此，了解电控柴油发动机电控系统的发展，才能更好地掌握电控柴油发动机的维护。

1.1.1　发展背景

20世纪50年代中期开始，汽车排放污染问题已引起汽车发达国家的重视；20世纪70年代发生了两次（1973年和1979年）波及全世界的石油危机。在此历史条件下，柴油机燃油经济性好、CO和HC排放量低的特点，引起国外各大汽车公司和研究机构的重视，对轿车和轻型车柴油机的投入加大，使柴油机在升功率、比质量、振动和噪声等方面与汽油机的差距缩小，轿车和轻型车的柴油化率逐年提高。

1.1.2 发展历程

20 世纪 80 年代电控技术、增压技术、净化处理技术在柴油机上的应用，使柴油机的燃油经济性和升功率进一步提高，CO、HC 和 NOx 的排放量进一步降低，在轿车和轻型车动力竞争中，柴油机的优势开始显现。20 世纪 80 年代以来，电控技术在柴油机供给系统中的应用，对供（喷）油量、供（喷）油正时、供（喷）油速率和喷油压力等的控制方式，经历了 3 个阶段。第一阶段是位置控制；第二阶段是时间控制；第三阶段是时间—压力控制。各阶段特点如下：

第一阶段（第一代柴油机电控燃油喷射系统）：位置控制。

保留了传统柴油机供给系统（直列柱塞泵、分配泵、P－T 系统等）的基本组成和结构，取消了机械控制部件（调速器等），在原有的喷油泵基础上增加了传感器、电控单元、电子调速器或电/液控制执行元件等组成的控制系统，使控制精度和响应速度得以提高。优点：柴油机的结构几乎不需改动，生产继承性好，便于对现有柴油机进行升级换代。缺点："位置控制" 系统响应慢，控制频率低，控制自由度小，控制精度还不够高，喷油压力也无法独立控制。

第二阶段（第二代柴油机电控燃油喷射系统）：时间控制。

保留了传统燃油供给系统的组成和结构，增加了传感器、电控单元、高速电磁阀和有关电/液控制执行元件等，组成数字式高频调节系统，由电磁阀的通、断电时刻和通、断电时间控制喷油泵的供油量和供油正时。优点：控制自由度和控制精度都是"位置控制"所无法比拟的。缺点：供（喷）油压力无法独立控制。

第三阶段（第三代柴油机电控燃油喷射系统）：时间—压力控制。

改变了传统燃油供给系统的组成和结构，主要以电控共轨式喷油系统为特征，直接对喷油器的喷油量、喷油正时、喷油速率和喷油规律、喷油压力等进行"时间—压力控制"或"压力控制"。

20 世纪 90 年代以来，随着电子控制技术在柴油机上应用的日益增多，控制精度不断提高，控制功能不断扩大，加上增压技术和废气再循环技术等在柴油机上应用的逐渐成熟，大大提高了柴油机在轿车和轻型车动力装置中的竞争力。2003 年，一汽大众推出国内第一款柴油轿车捷达 1.9L SDI，2004 年相继推出宝来 1.9L TDI 柴油轿车和奥迪 A6 2.5L TDI。

☞学习工作页

学习工作页 1	学习单元	柴油发动机电控燃油喷射系统的认识			
	学习任务	柴油发动机电控系统的发展			
姓　名		班　级		小　组	
日　期		开始时间		结束时间	

1. 填空题。

(1) 汽车越来越多地装配了电控柴油机，即电控直列泵、______、______等先进技术的电控柴油发动机。

(2) 电控柴油机燃油供给系统从 20 世纪 80 年代以来，经过了三个阶段，分别为______、______、______三个阶段。

2. 判断题。

(1) 除了汽油机以外，现在越来越多的柴油机也采用了电控系统。(　　)

(2) 柴油发动机电控系统与汽油发动机电控系统有许多类似的地方，也有很多不同之处。(　　)

(3) 20 世纪 80 年代电控技术、增压技术、净化处理技术在柴油机上的应用，使柴油机的燃油经济性和升功率进一步提高。(　　)

3. 完成任务。

通过查阅维修手册等资料，正确叙述柴油发动机电控系统的发展，并说明它们经历了几个发展阶段。

简述发展历史：______

叙述经历的三个阶段：______

指导教师评语：

教师签字：______　日期：______年______月______日

学习任务1.2　柴油发动机电控系统结构组成

☞学习目标

本次任务是学习柴油机的电控系统结构组成，完成任务后能够回答以下问题：

1. 柴油发动机和汽油发动机的主要区别是什么？
2. 柴油发动机电控系统由哪三部分组成？
3. 简要说明传感器有哪些。
4. 简要说明电子控制单元ECU的组成。
5. 简要说明电控柴油机电控系统执行元件的功用及类型。

☞学习信息

通过该部分的学习，进一步掌握柴油发动机电控系统的结构组成，在今后的维修过程中能更好地对柴油发动机电控系统进行维修。

电子控制系统（简称电控系统）是指采用计算机等电子设备作为控制装置的自动控制系统。任何一种电子控制系统，其主要组成都可分为信号输入装置、电子控制单元（ECU）和执行元件三大部分。如图1－1所示。

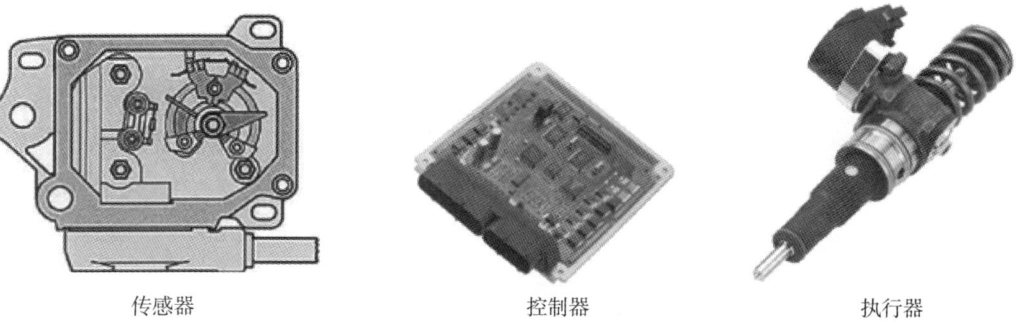

图1－1　柴油机电控系统的组成

1.2.1　信号输入装置（传感器）

传感器（包括信号开关）用来检测柴油机与汽车的运行状态，并将检测结果转换成电信号输送给ECU。根据用途和功能，现代汽车柴油机电控系统中使用的传感器分为以下3种类型。

1. 运行工况传感器。

运行工况传感器是指用来检测柴油机运行工况基本参数的传感器，如加速踏板位置传感器、凸轮轴/曲轴位置传感器、空气流量计等。这类传感器向ECU输送的信号，一般作为控制系统工作时的主要控制信号，用来确定基本循环供（喷）油量或基本供（喷）油提前角等。

2. 修正信号传感器。

修正信号传感器一般是指用来检测柴油机运行工况非基本参数的传感器，如冷却液温度传感器、燃油温度传感器、进气温度传感器、进气压力传感器等。这类传感器向 ECU 输送的信号，作为控制系统工作时的辅助控制信号，用来对基本循环供（喷）油量或基本供（喷）油提前角等进行修正。

3. 反馈信号传感器。

柴油机电控燃油喷射系统一般对供（喷）油量和供（喷）油正时采用闭环控制，反馈信号传感器就是指闭环控制系统中用来检测控制系统执行元件实际位置的传感器，在柴油机电控燃油喷射系统中主要包括供（喷）油量传感器（如供油齿条位置传感器、滑套位置传感器、燃油压力传感器等）和供（喷）油正时传感器（如分配泵正时活塞位置传感器、着火正时传感器等）两大类。

1.2.2　电子控制单元（ECU）

电子控制单元（ECU）是一种综合控制电子装置，其功用是给各传感器提供参考（基准）电压，接收传感器或其他装置输入的电信号，并对所接收的信号进行存储、计算和分析处理，根据计算和分析的结果向执行元件发出指令。

ECU 主要由输入回路、微型计算机和输出回路组成。如图 1－2 所示。

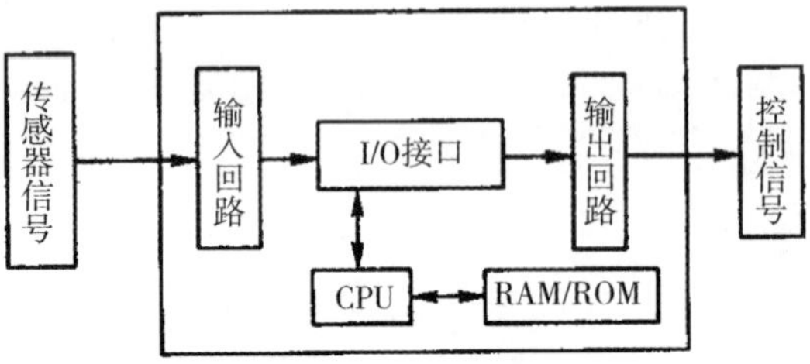

图 1－2　ECU 的组成

1. 输入回路。

发动机工作时，各种传感器的信号输入首先经过输入回路进行处理。传感器输送给 ECU 的信号有数字信号（如凸轮轴/曲轴位置传感信号等）和模拟信号（如温度传感器信号等）两种，传感器输入的信号不同，处理的方法也不同。对模拟信号的处理，一般是先滤除杂波再通过模/数（A/D）转换器转换为微机可接收的数字信号（即将正弦波转变为矩形波）；对数字信号的处理，一般是进行整形和分频（如将曲轴位置传感器信号分频为 1°信号等）。

2. 微型计算机。

微机是控制系统的神经中枢，其功用是根据工作需要，利用其内存程序和数据对各传感器输送来的信号进行运算处理，并将处理结果送往输出回路。

微机主要由中央处理器（CPU）、存储器（RAM/ROM）和输入/输出（I/O）接口组成。

(1) 中央处理器。

中央处理器主要由进行算术运算和逻辑运算的运算器、暂时存储数据的寄存器、按照程序在各装置之间完成信号传送及控制任务的控制器等组成。其功用是读出命令并执行数据处理任务。

（2）存储器。

存储器的功用是存储信息资料，包括随机存储器 RAM 和只读存储器 ROM。随机存储器 RAM 是用来暂时存储信息的，如存储微机输入、输出和计算过程中产生的中间数据等，存储的信息可随时调出或被新的数据取代，当切断电源时，存储在 RAM 中的信息将丢失。为使故障码等信息在 RAM 中能保存较长时间，一般用不受点火开关控制的专用电路给 RAM 提供电源；当然，专用电路断开（如拆开蓄电池电缆）时，存储在 RAM 中的信息仍会丢失。

只读存储器 ROM 是用来存储固定信息（如控制程序、发动机特征参数等）的，存储的内容一般由制造商一次性存入，使用中不能更改，但可以随时调出使用。即使切断电源，ROM 中存储的信息也不会丢失。

（3）输入/输出接口。

输入/输出接口是微机与外界进行信息交流的纽带，在控制系统工作时，输入/输出接口根据 CPU 的命令，在 CPU 与输入回路和输出回路之间负责数据传送。输入/输出接口具有数据缓冲、电平匹配、时序匹配等多种功能。

3. 输出回路。

微机输出的数字信号电压很弱，不能直接驱动执行元件工作。作为微机与执行元件之间连接桥梁的输出回路，其主要功用就是将微机的处理结果放大，生成能控制执行元件工作的控制信号。

1.2.3 执行元件

执行元件是受 ECU 控制，具体执行某项控制功能的装置。

1. 功用。

执行元件主要是执行 ECU 的指令，对被控制对象实施调控。

2. 分类。

（1）按对被控制对象实施调控的方式不同，分为两类：

一类是对被控制对象直接实施调控的执行元件，如在采用“时间控制”的柴油机电控燃油喷射系统中所用的高速电磁阀，它的通、断电时刻和通、断电时间直接调控供（喷）油量和供（喷）油正时；一类是对被控制对象间接实施调控的执行元件，如在采用“位置控制”的柴油机电控燃油喷射系统中所用的电子调速器，它是通过高压油泵的油量调节机构来实现供油量控制的。

（2）按结构原理不同，可分为电磁式和电/液（或电/气）式两类。

电磁式执行元件直接以电磁能量为驱动能量，对被控制对象实施调控，如作为执行元件的电磁阀、直流电动机等。

电/液（或电/气）式执行元件由电磁线圈与各种油压或气压伺服机构组成，如在电控直列泵或电控分配泵中采用的正时控制器等。

（3）按运动状态不同，可分为开关式（如开关式电磁阀）和连续动作式（如占空比控制型电磁阀、直流电动机）两类。

☞学习工作页

学习工作页 2	学习单元	柴油发动机电控燃油喷射系统的认识			
	学习任务	柴油发动机电控系统结构组成			
姓　名		班　级		小　组	
日　期		开始时间		结束时间	

1. 填空题。

（1）柴油发动机电控系统主要组成都可分为______装置、电子控制单元（ECU）和______元件三大部分。

（2）中央处理器主要由进行算术运算和逻辑运算的______、暂时存储数据的寄存器、按照程序在各装置之间完成信号传送及控制任务的控制器等组成。

2. 判断题。

（1）电子控制系统（简称电控系统）是指采用计算机等电子设备作为控制装置的自动控制系统。（　　）

（2）电子控制单元（ECU）是一种综合控制电子装置，其功用是给各传感器提供参考（基准）电压，接收传感器或其他装置输入的电信号，并对所接收的信号进行存储、计算和分析处理，根据计算和分析的结果向执行元件发出指令。（　　）

（3）执行元件是受 ECU 控制，具体执行某项控制功能的装置。（　　）

3. 完成任务。

在教师提供的车辆或电控柴油发动机上，通过查阅维修手册等资料，判断各传感器以及执行器的安装位置，并将他们指出来。

车型：______________________________

柴油喷射系统传感器：______________________________

柴油喷射系统执行器：______________________________

____

____

____

____

指导教师评语：

____

____

教师签字：______________　日期：______年______月______日

学习任务1.3　柴油发动机电控燃油喷射系统的类型

☞学习目标

本次任务是学习柴油机电控燃油喷射系统的类型，完成任务后能够回答以下问题：

1. 柴油发动机电子控制系统有哪些类型？
2. 简要叙述直列柱塞泵电控系统。
3. 简要叙述分配泵电控系统。
4. 简要叙述泵喷嘴电控系统。
5. 简要叙述单体泵燃油喷射系统。
6. 电控共轨燃油系统有什么特点？简要说明其组成和工作原理。

☞学习信息

通过该部分的学习，进一步掌握柴油发动机电控燃油喷射系统的类型及工作原理，在今后的维修过程中能更好地对柴油发动机电控系统进行维修。

电子控制系统有两种基本类型：开环控制系统和闭环控制系统。

开环控制系统的控制方式比较简单，ECU只根据各传感器信号对执行元件进行控制，而控制的结果是否达到预期目标对其控制过程没有影响。

闭环控制系统除具有开环控制的功能外，还对其控制结果进行检测，并将检测结果（即反馈信号）输入ECU，ECU则根据反馈信号对其控制误差进行修正，所以闭环控制系统的控制精度比开环控制系统高。

1.3.1　直列柱塞泵电控系统

对柴油机实行电子控制最早是对直列柱塞式喷油泵进行改造而实现的，把控制喷油泵的执行元件（机械式调速器）改成占空比电磁阀式电子调速器和直流电动机式电子调速器两种类型装置。装用直流电动机式电子调速器的直列柱塞泵电控系统如图1－3所示。改造后的电控柴油机，用电子调速器代替原有的机械离心式调速器对喷油量进行控制；用正时控制器代替原有的机械离心式供油提前角自动调节器对喷油正时进行控制；还设有油量调节拉杆（齿条）位置传感器和正时传感器，对发动机的喷油量和喷油正时进行闭环控制。

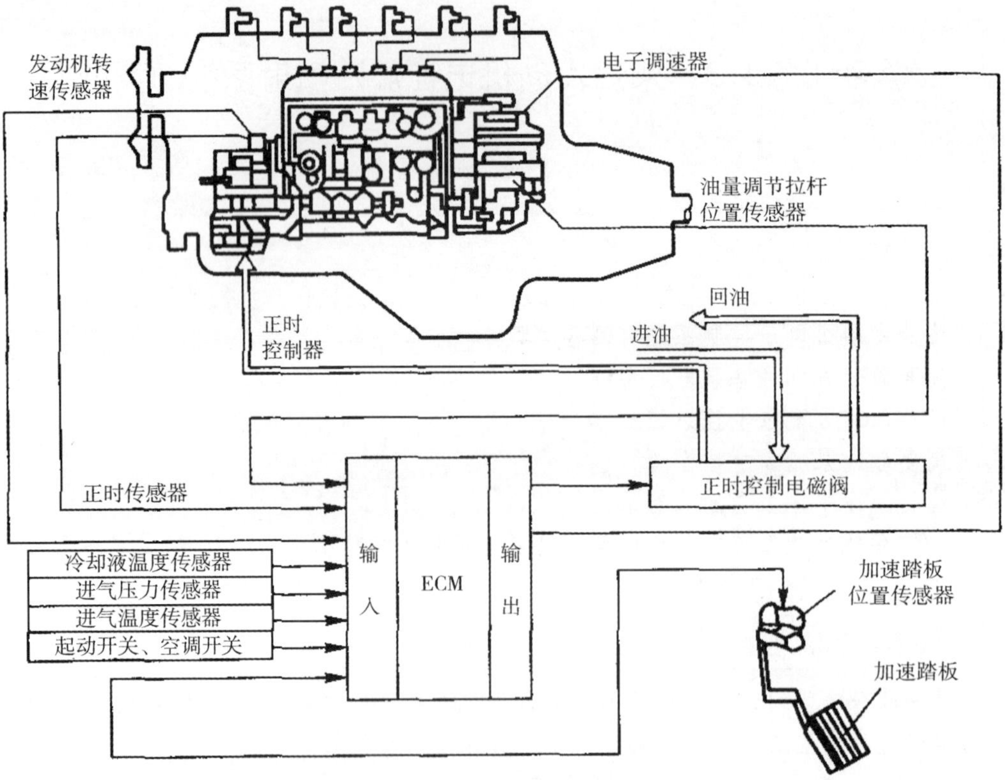

图 1－3　直列柱塞泵电控系统

1. 供油量控制系统。

安装电子调速器的柱塞泵电控系统，其喷油量控制是由 ECM 通过控制电子调速器来实现的。直流电动机式电子调速器的结构如图 1－4 所示。直流电动机式电子调速器中的控制杆直接与喷油泵的油量调节拉杆连接，电动助推器通过杠杆机构与控制杆连接。电动助推器是一个直线运动的直流电动机，电动机的定子线圈位于圆柱形的径向磁场中，ECM 通过控制线圈的电流方向使助推器向上或向下移动，通过输送不同占空比控制信号使助推器产生不同的移动量。

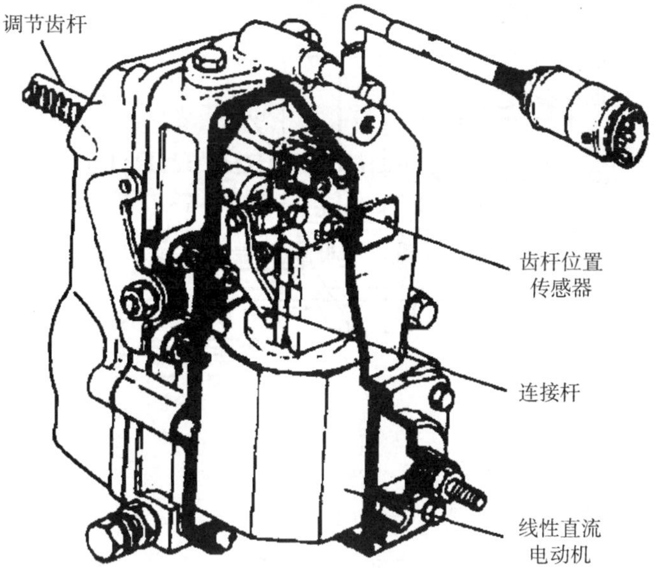

图1－4　直列柱塞泵直流电机式调速器

具体的控制原理见图1－5。

ECM根据各种传感器输入的信号确定喷油量，并按喷油量的多少向电动助推器发出相应的控制信号，使助推器向上或向下移动，再通过杠杆机构把助推器的上下运动变为控制杆的水平运动，由控制杆带动喷油泵油量调节拉杆动作，以实现喷油量控制。所以属于位置控制式燃油系统。控制杆（齿条）位置传感器安装在电子调速器内，用于检测控制杆的位置，而ECM根据该传感器的反馈信号对喷油量进行闭环控制。

安装使用占空比电磁阀式电子调速器的柱塞式喷油泵，ECM是通过电磁阀直接控制油量调节拉杆，实现对喷油量的控制。

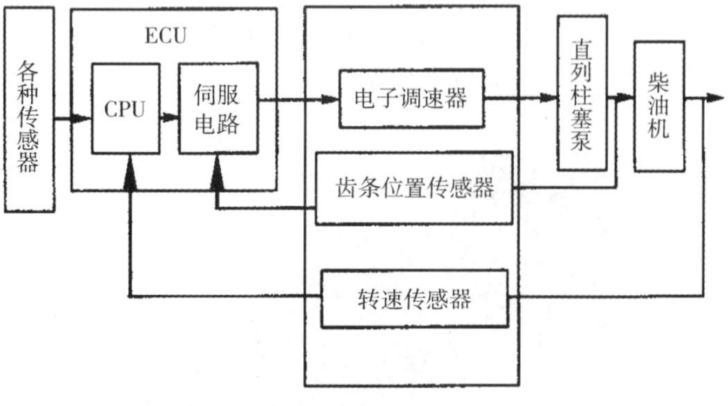

图1－5　直列柱塞泵供油量“位置控制”系统

2. 供油正时控制系统。

直列柱塞泵供油正时电控系统主要由正时控制器、电磁阀、柴油机转速传感器、正时传感器和ECU等组成，见图1－6。

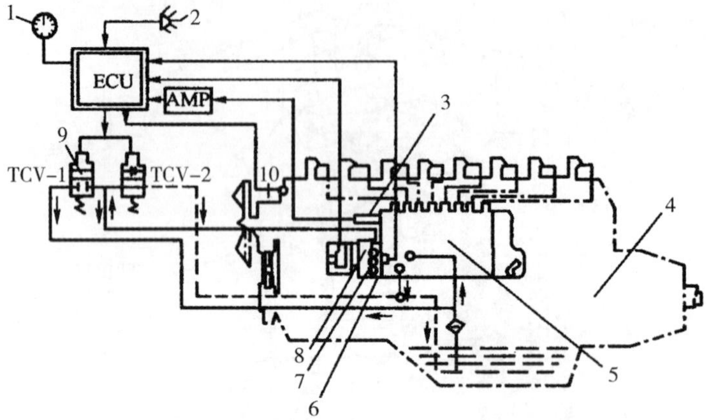

图 1－6　直列柱塞泵供油正时电控系统

1—转速表；2—故障指示灯；3—供油齿条位置传感器；4—柴油机；5—喷油泵；
6—正时传感器；7—正时控制器；8—转速传感器；9—电磁阀；10—冷却液温度传感器

两个电磁阀分别安装在正时控制器进、回油路中，控制正时控制器工作的液压油来自柴油机润滑系统。直列柱塞泵正时控制器安装在喷油泵驱动轴和凸轮轴之间，它为液压控制式。ECM 通过电磁阀控制正时控制器的液压油路，实现喷油泵正时控制。

柴油机转速传感器安装在直列柱塞泵驱动轴上，ECU 主要根据柴油机转速和负荷传感器信号确定基本供油提前角，再根据冷却液温度等传感器信号进行修正，并通过两个电磁阀控制正时控制器工作，来实现对直列柱塞泵供油正时的控制。正时传感器安装在直列柱塞泵凸轮轴上，用来检测凸轮轴的位置和转角，ECU 根据正时传感器信号判断实际的供油正时，并对供油正时进行闭环控制。

柱塞泵正时控制器的结构如图 1－7 所示，它主要由缸体、活塞、偏心轮、凸轮轴法兰、驱动盘、调整弹簧等组成。驱动盘与喷油泵驱动轴相连接，凸轮轴法兰与喷油泵凸轮轴连接，偏心轮松套在活塞轴销上，改变作用在活塞上的液压作用力，以使活塞的位置发生变化，而活塞上的销轴通过偏心轮带动凸轮轴法兰相对驱动盘偏转，喷油泵凸轮轴相对发动机曲轴偏转一定角度，因此可改变喷油正时。

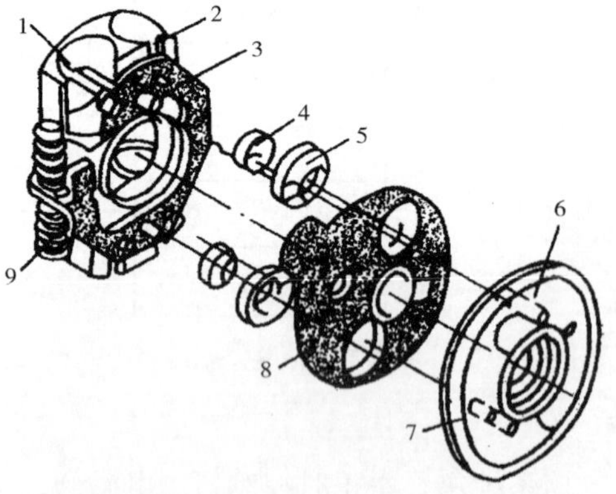

图 1－7　柱塞正时控制器的结构

1—活塞；2—缸体；3—销轴；4—小偏心轮；5—大偏心轮；6—起动盘销；
7—驱动盘；8—凸轮轴法兰；9—调整弹簧

直列柱塞泵常用的正时控制器均为电控液压式，按控制液压油路的电控元件不同主要可分为电磁阀控制型和步进电动机控制型两种（本书主要介绍电磁阀控制型）。

电磁阀控制型正时控制器：

正时控制器所控制的喷油提前角大小，在调整弹簧的预紧力不变时，由作用在活塞上的液压力决定，而液压力由ECM通过电磁阀控制。正时控制电磁阀如图1－8所示。电磁阀上有3个液压通道，进油孔与发动机润滑油道相通，回油孔与发动机油底壳连通，供油管通向正时控制器；正时控制电磁阀由两个电磁阀组成，这两个电磁阀接收相同的控制信号，分别用于控制进、回油道的通路开度。ECM根据各种传感器输入的信号确定喷油正时，并向正时控制电磁阀输入相应的电信号，以此控制电磁阀的开度，调节作用在正时控制器活塞上的液压作用力，以实现喷油正时控制。

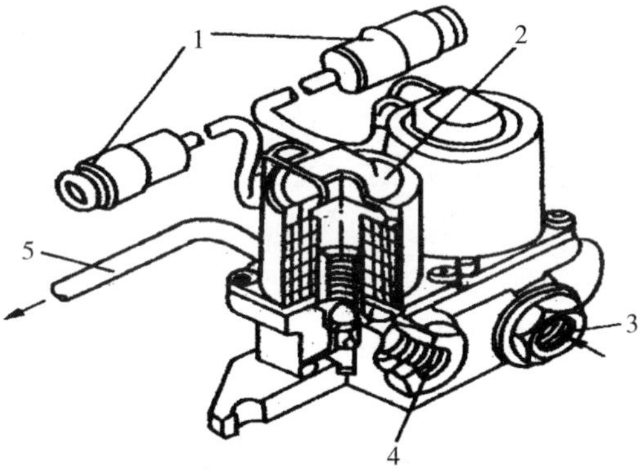

图1－8　正时控制电磁阀

1—线束连接器；2—电磁阀；3—进油孔；4—回油孔；5—供油孔

其工作原理见图1－9。直列柱塞泵驱动轴通过驱动盘、滑块、滑块销、大小偏心轮驱动凸轮轴转动。当需减小供油提前角（正时推迟）时，ECU控制电磁阀使正时控制器的进油通道关闭而回油通道开启［图1－9a)］，液压腔内的油压下降，在复位弹簧作用下活塞向右轴向移动，而滑块和滑块销向内径向移动，安装在滑块销上的大小偏心轮转动，使凸轮轴相对驱动盘沿转动相反的方向转过一定角度，从而使直列柱塞泵供油提前角减小（正时推迟）。反之，需要使直列柱塞泵供油提前时，ECU控制电磁阀使正时控制器的进油通道开启而回油通道关闭［图1－9b)］，润滑油进入液压腔使油压升高，并推动活塞向左移动，活塞推动滑块和滑块销向外移动，偏心轮转动使凸轮轴相对驱动盘沿转动方向转过一定角度，直列柱塞泵供油提前角增大。直列柱塞泵的供油正时随正时控制器液压腔内的油压而变化，ECU通过电磁阀控制液压腔内的油压，即可控制供油正时。

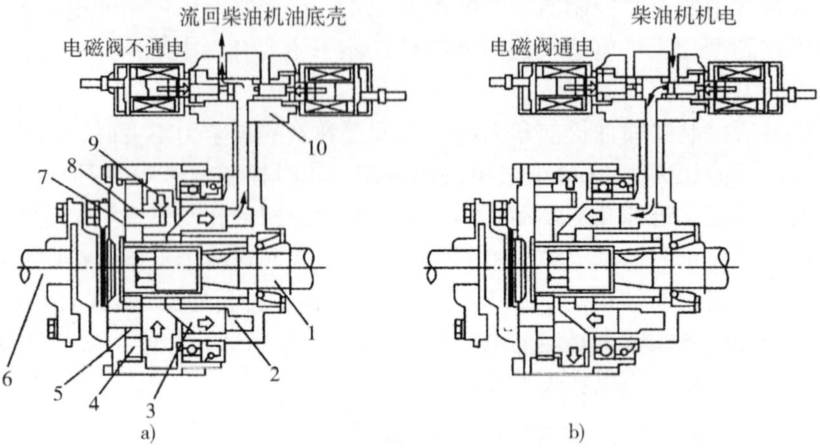

图 1－9　直列柱塞泵电磁阀控制型正时控制器

a）进油通道关闭；b）进油通道开启

1—凸轮轴；2—液压腔；3—液压活塞；4—大偏心轮；5—小偏心轮；6—驱动轴；7—驱动盘；8—滑块销；9—滑块；10—电磁阀

1.3.2　轴向柱塞式分配泵电控系统

1.3.2.1　轴向柱塞式分配泵“位置控制”系统

轴向柱塞式分配泵“位置控制”系统的主要组成见图 1－10 和图 1－11，该系统利用电子调速器通过控制分配泵中的油量控制滑套位置来实现供油量的控制，利用电磁阀通过控制供油提前角自动调节器中正时活塞两侧的油压（决定正时活塞位置）来实现供油正时控制。

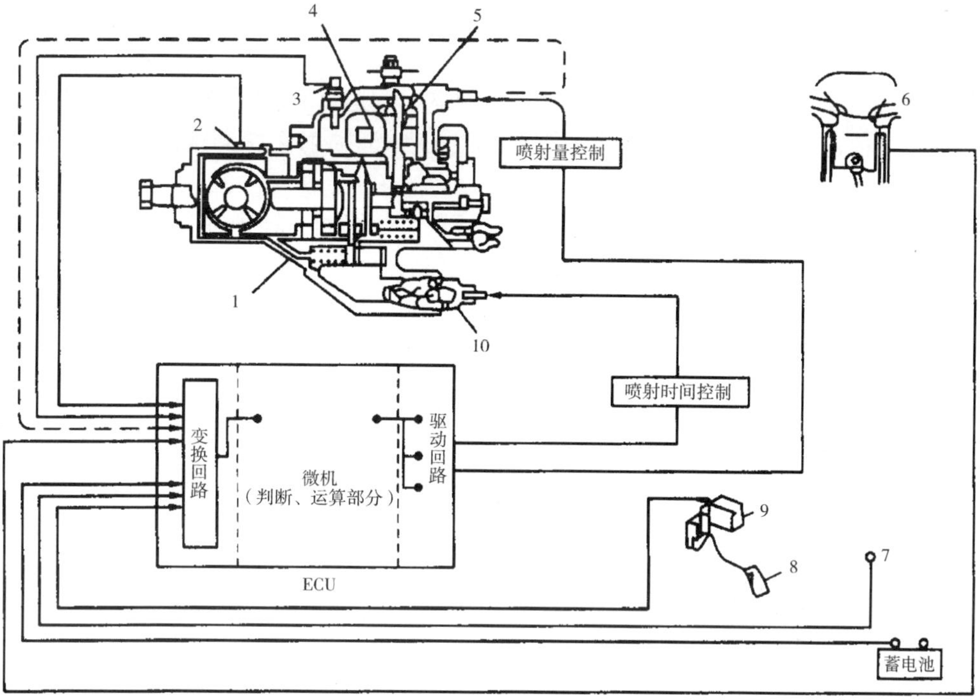

图1－10　位置控制型电子控制分配式喷油泵的组成

1—喷射泵；2—转速传感器；3—燃油温度传感器；4—电动调速器；
5—控制套筒位置传感器；6—水温传感器；7—起动开关；
8—加速踏板；9—加速踏板位置传感器；10—时间控制器

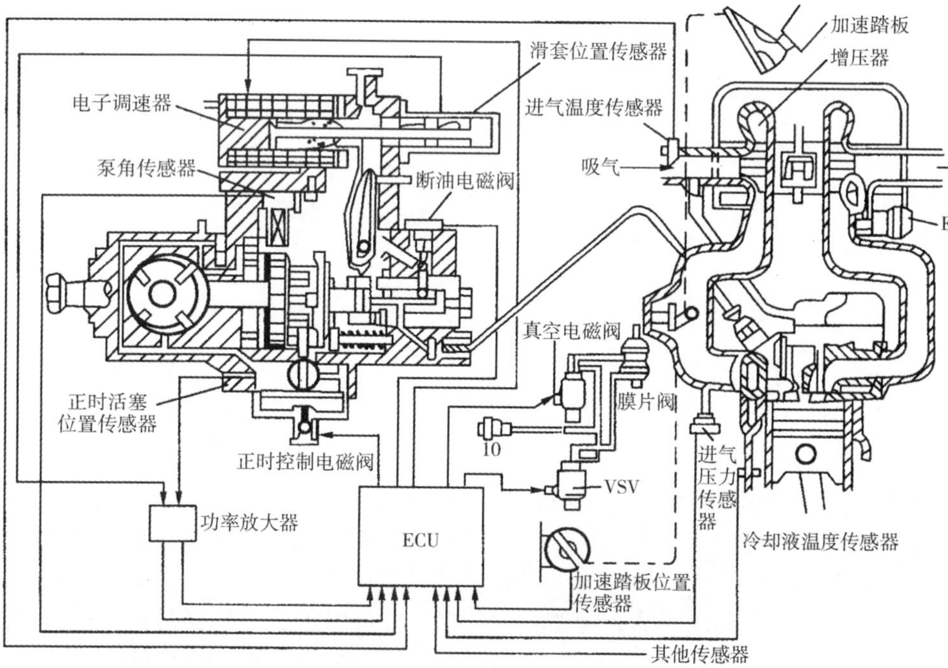

图1－11　轴向柱塞式分配泵“位置控制”系统的组成

1. 供油量控制。

分配泵供油量“位置控制”系统中，采用的电子调速器有转子螺线管型和螺线管型两种。一汽大众捷达轿车装用的 1.9L SDI 柴油机电控燃油喷射系统即采用了转子螺线管型电子调速器。

（1）转子螺线管型电子调速器。主要由定子铁芯、线圈、转子轴和滑套位置传感器等组成，见图 1－12。转子由永久磁铁制成，当给绕制在“U”形定子铁芯上的线圈通电时，产生的磁场使转子转动，直到转子轴转动到其所受电磁力矩与弹簧产生的力矩平衡时为止；转子轴下端的偏心钢球伸入油量控制滑套的凹槽中，转子轴转动时，通过伸入滑套凹槽内的偏心钢球使滑套轴向移动，从而改变喷油泵的供油量。ECU 可以通过控制流经线圈的电流方向来控制转子轴的转动方向，通过控制通电占空比来控制转子轴转动的角度。滑套位置传感器安装在转子轴上，ECU 通过该传感器检测的转子轴位置信号确定油量控制滑套的实际位置，并对滑套位置（即供油量）进行闭环控制。

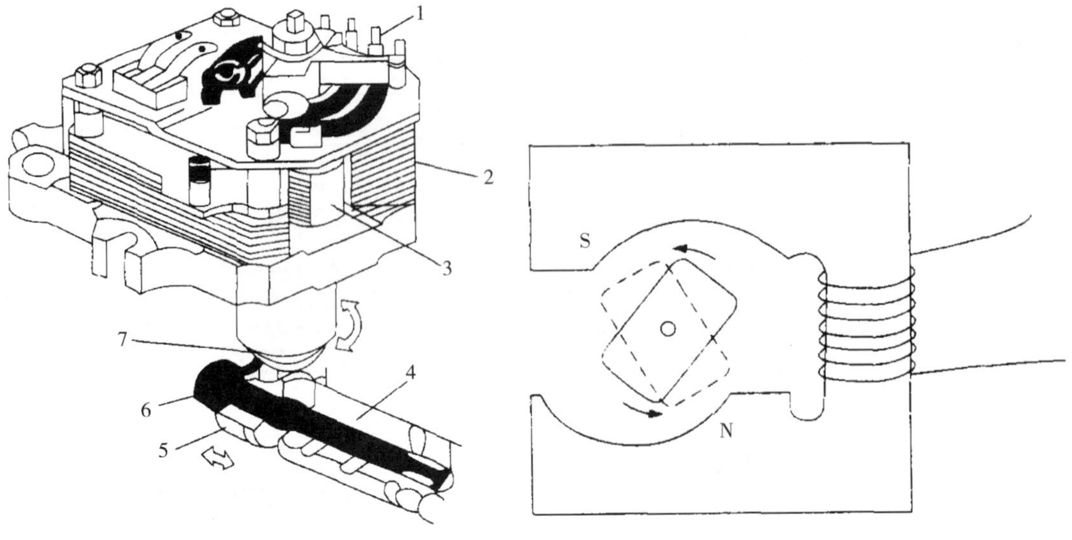

a)　　b)

图 1－12　分配泵转子螺线管型电子调速器

a）结构图；b）原理图

1—控制套筒位置传感器；2—线圈；3—转子；4—柱塞；5—控制套筒；6—滚球；7—轴

（2）螺线管型电子调速器。主要由螺线管、复位弹簧、控制臂、滑套位置传感器等组成，见图 1－13。螺线管中的电枢、滑套位置传感器的铁芯与控制臂连成一体，控制臂下端伸入油量控制滑套的凹槽中；当螺线管通电时，使电枢通过控制臂带动滑套移动到电磁力与复位弹簧力平衡的位置，螺线管通电占空比不同，产生的磁场强度不同，电枢、控制臂和滑套的位置不同，分配泵的供油量也就不同，ECU 就是通过控制螺线管的通电占空比来完成供油量控制的。

滑套位置传感器为差动电感式，螺线管中的电枢和传感器铁芯移动时，在滑套位置传感器线圈中产生感应电压信号，ECU 根据此电压信号来确定油量控制滑套的实际位置以实现供油量的闭环控制。

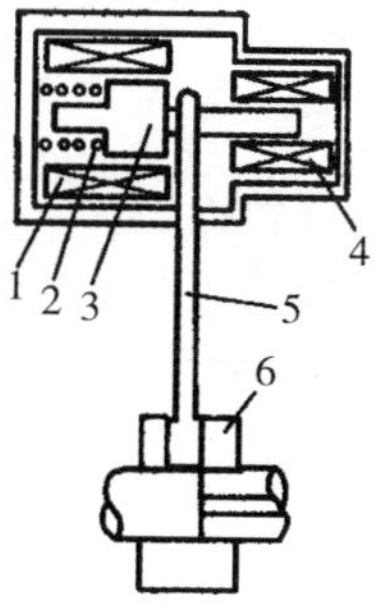

图 1－13　分配泵螺线管型电子调速器

1—螺线管；2—复位弹簧；3—电枢；4—滑套位置传感器；5—控制臂；6—滑套

喷油量的控制方式如图 1－14 所示。ECU 根据发动机的状态计算出目标喷油量，并将其结果输出到驱动回路，驱动回路根据 ECU 的指令一边反馈控制执行机构的位置，一边控制输出。这样，将 VE 分配泵的溢油环控制在目标位置，从而控制喷油量。

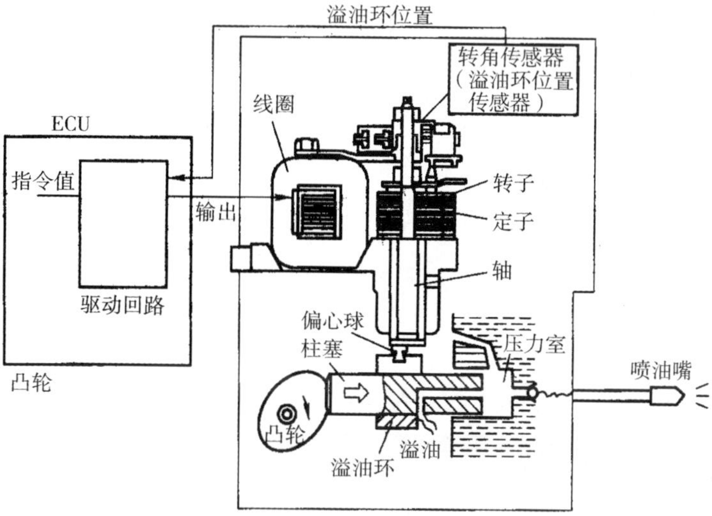

图 1－14　喷油量控制方式

2. 供油正时控制。

在分配泵“位置控制”系统中，通常是在原供油提前角自动调节器活塞两侧油腔之间增加一条燃油通道，并由 ECU 通过电磁阀控制该燃油通道的开度来实现供油正时控制，见图 1－15。ECU 主要根据柴油机转速和负荷传感器信号确定基本供油提前角，再根据冷却液温度等传感器信号进行修正，并通过电磁阀控制正时活塞左右两侧油腔内的燃油压力差，以改变正时活塞的位置。正时活塞左右移动时，通过传动销带动分配泵内的滚轮架转动，从而改变喷油泵的供油正时。

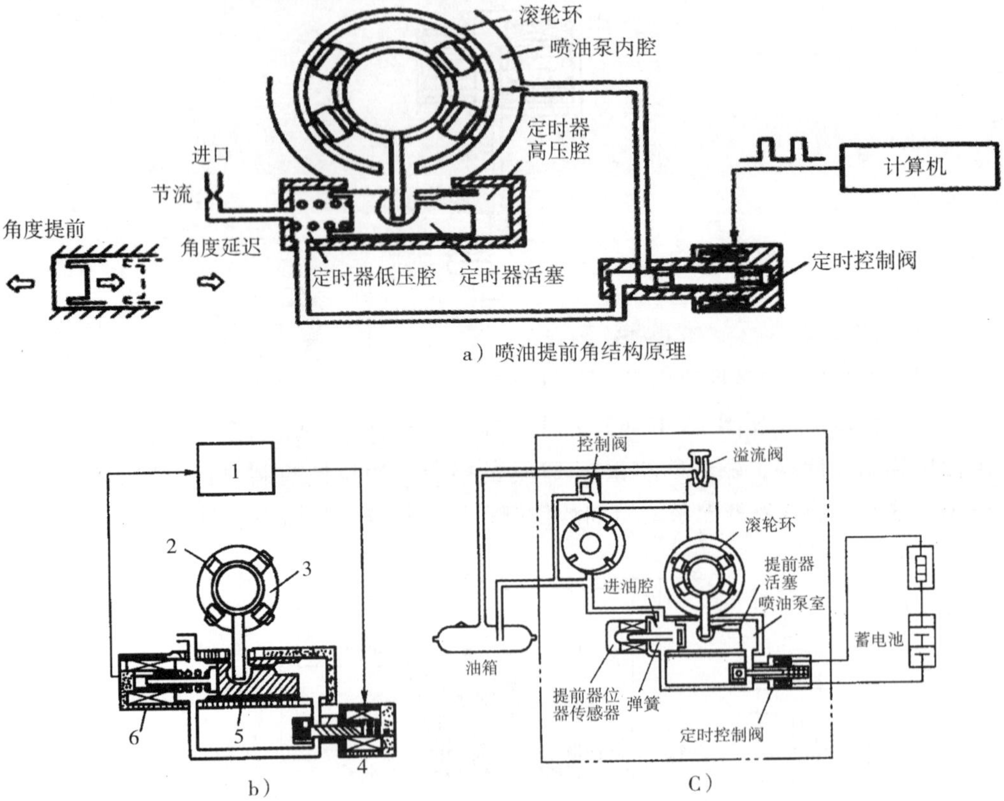

图 1－15　分配泵供油正时控制系统

1—ECU；2—滚轮；3—滚轮架；4—电磁阀；5—正时活塞；6—正时活塞位置传感器

正时控制电磁阀实际就是螺线管中的电枢与控制阀连成一体构成的电磁阀，其结构见图 1－16。ECU 通过控制其通电占空比使控制阀移动，改变正时活塞两侧高、低压油室间的通道开度，调节正时活塞两侧的压差，以达到控制正时活塞位置、实现供油正时控制的目的。

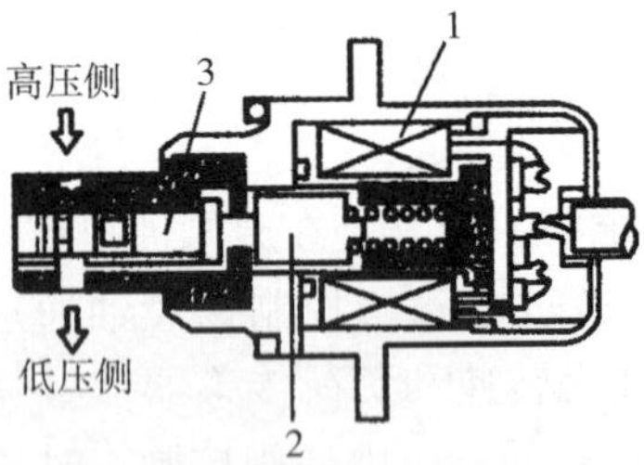

图 1－16　分配泵正时控制电磁阀

1—螺线管；2—电枢；3—控制阀

正时活塞位置传感器为差动电感式，见图 1－17。传感器铁芯随正时活塞移动，传感器线圈内产生与活塞位移成正比的电压（自感电动势）信号，ECU 根据此传感器信号对喷油泵供油正时进行闭环控制。

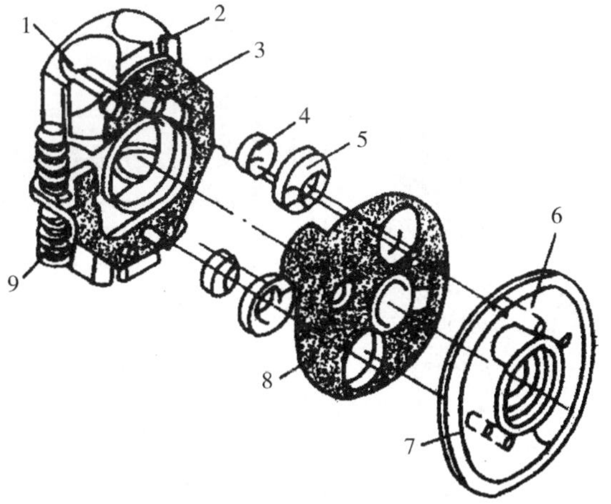

图1－17　正时活塞位置传感器

1—滚轮架；2—传动销；3—正时活塞；4—传感器线圈；5—铁芯；6—线束连接器
7—盘（发动机上）；8—法兰（泵上）；9—调时弹簧

1.3.2.2　轴向柱塞式分配泵“时间控制”系统

供油量的“位置控制”特点是用模拟量来控制执行元件工作，通过对喷油泵油量控制机构的定位来得到所需的供油量。用以闭环控制供油量的反馈信号也是由模拟信号传感器检测的，ECU只能对模拟信号进行A/D转换后才能处理，这必然影响供油量的控制精度和执行元件的响应速度。此外，不论采用何种类型的电子调速器，总是需要由部分机械装置来完成对喷油泵供油量的调节，也会降低控制精度和响应速度，所以继供油量“位置控制”系统之后出现了“时间控制”系统。

1. 供油量控制。

分配泵的供油量“时间控制”系统见图1－18。控制ECU根据各种传感器信号计算出供油量后，向控制器发出指令和相关信息；控制器则根据ECU的指令和相关信息，参考燃油温度传感器信号对分配给各缸的供油量进行平衡（均匀性控制），并通过驱动器（放大电路）直接控制高速电磁阀工作，以实现供油量的“时间控制”。控制器是ECU与分配泵之间的“信息中转站”，它根据ECU的指令控制分配泵，同时将分配泵的信息（如电磁阀关闭时间信号、喷油始点信号等）传递给ECU。驱动器的功用是对控制器输出的控制信号进行放大以便能够驱动高速电磁阀工作。在后期开发的此类柴油机电控燃油喷射系统中，一般将控制器、驱动器和ECU组合为一体。

采用“时间控制”方式的分配泵电控系统，根据高速电磁阀对分配泵供油的控制方式不同，可分为回油控制方式和进油控制方式两种类型。

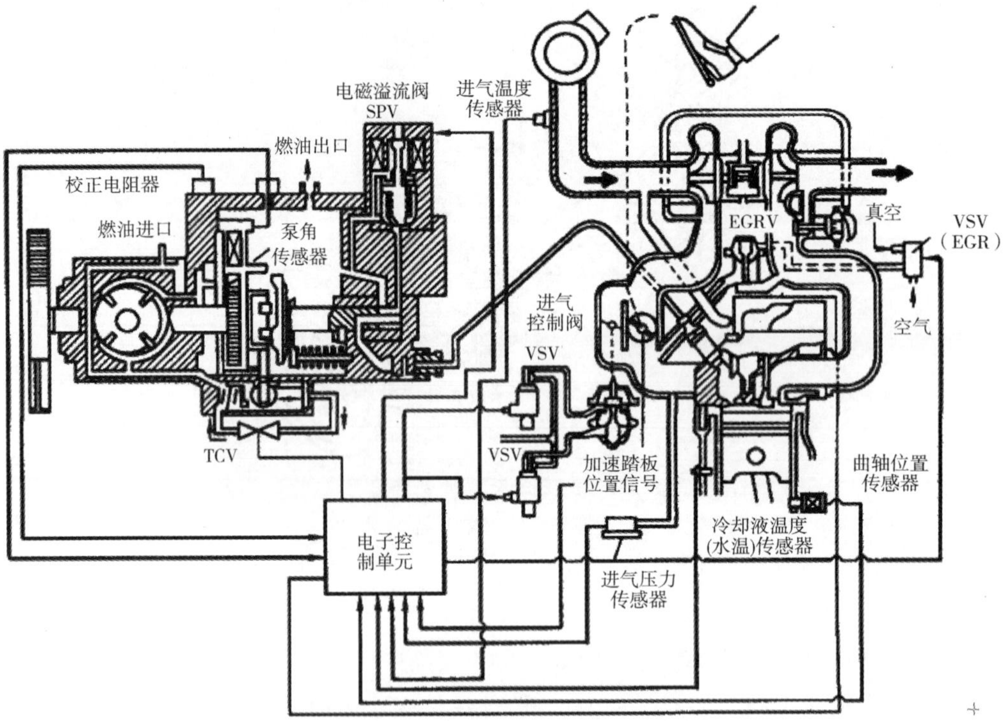

图 1－18　分配泵供油量“时间控制”系统

（1）回油控制方式。传统分配泵利用油量控制滑套的位置变化来控制分配泵回油过程开始时间，即在机械控制的供油压力和供油开始时刻一定时，通过滑套的位置变化来改变停止供油（即回油）的时刻，从而实现供油量控制。因此，早期的供油量“时间控制”分配泵上，就是在分配泵回油（或称溢油）通道中安装一个由 ECU 控制的高速电磁阀来取代滑套，用以控制回油时刻，实现供油量的“时间控制”。此类系统中装用的高速电磁阀为常闭式，即断电时关闭分配泵回油通道，而通电时则开启分配泵回油通道。

采用回油控制方式的分配泵见图 1－19。其特点是：分配泵的进、回油通道相互独立，高速电磁阀安装在分配泵回油通道中，只能对分配泵工作时的回油过程进行控制；而分配泵的柱塞上仍保留有进油槽，由柱塞上的进油槽和柱塞套筒上的进油孔控制分配泵的进油过程。在柱塞吸油过程中高速电磁阀处于关闭状态，泵油过程开始后高压油腔即产生高压，分配泵向某缸喷油器供油；当由 ECU 控制的高速电磁阀通电时，电磁阀打开高压腔回油通道，柱塞顶部的高压油腔内油压迅速下降，分配泵向某缸的供油停止。

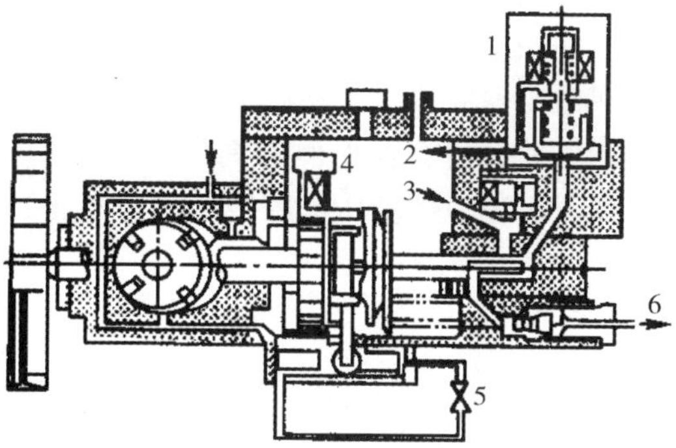

图1－19　回油控制方式的分配泵
1—高速电磁阀；2—回油口；3—进油口；4—泵角传感器；
5—正时控制电磁阀；6—至喷油器

柴油机电控系统中所用的高速电磁阀一般体积和质量较大，这是因为要产生较大的电磁力，以满足高压密封和动态相应性好的要求，就需要增加线圈的匝数和电枢的受力面积。为解决这一问题，在“时间控制”方式的分配泵中，常采用双重阀结构的伺服式电磁阀，其特点是：利用较小的电磁力控制一个较小的辅助阀，而通过辅助阀的工作控制较大的主阀工作，不仅电能消耗少，而且响应速度快。

伺服式电磁阀的结构见图1－20。伺服式电磁阀由电控辅助阀和液压主阀构成，辅助阀是受ECU控制的电磁阀，用来控制辅助回油通道；主阀的开闭由液压自动控制，用来控制主回油通道。

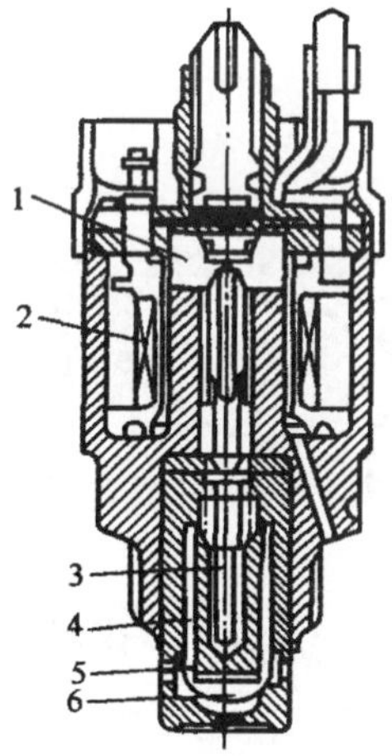

图1－20　伺服式电磁阀
1—电枢；2—线圈；3—电控辅助阀；4—液压主阀；5—辅助阀回油通道；6—主回油通道

伺服电磁阀的工作原理见图1－21。在分配泵进油和泵油过程中，ECU给辅助阀的电磁线圈通电，使辅助阀关闭辅助回油通道；高压腔的燃油经主阀上的小孔进入主阀右侧，主阀左、右两侧的燃油压力相等，但由于主阀右侧的承压面积较大，加之主阀复位弹簧的作用，使主阀压紧左侧的阀座，关闭主回油通道［图1－21a)］；此时分配泵泵油过程产生的高压燃油经高压油管送往喷油器。当需要停止供油时，ECU 立即切断辅助阀电磁线圈中的电流，辅助阀在其复位弹簧作用下打开辅助回油通道［图 1－21b)］，主阀右侧的高压燃油经辅助回油通道流回低压油腔，由于主阀上小孔的节流作用，使主阀右侧的油压迅速降低；一旦主阀右侧的油压泄掉，主阀左侧的高压油将主阀推开［图 1－21c)］，柱塞泵高压油腔的燃油经主回油道迅速流回低压油腔，从而使高压油腔压力迅速降低，分配泵供油立即停止。

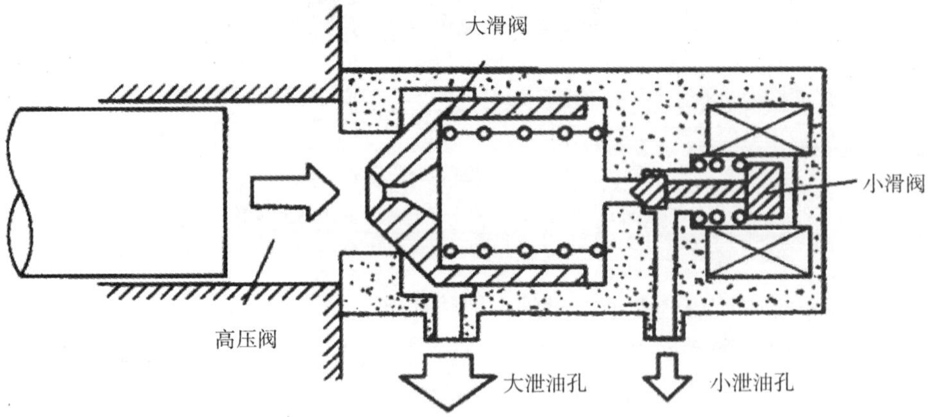

二次控制式泄油电磁阀的结构图

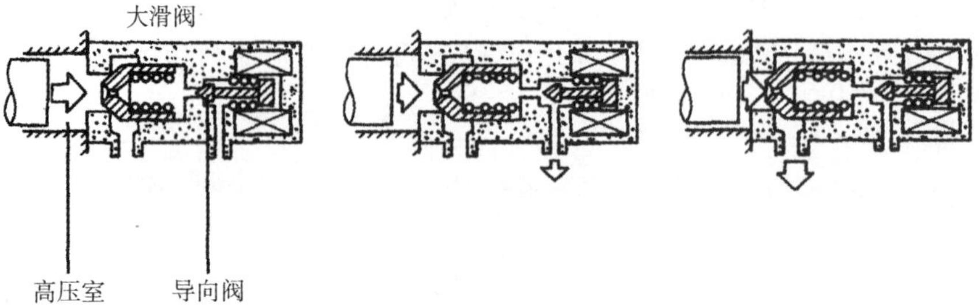

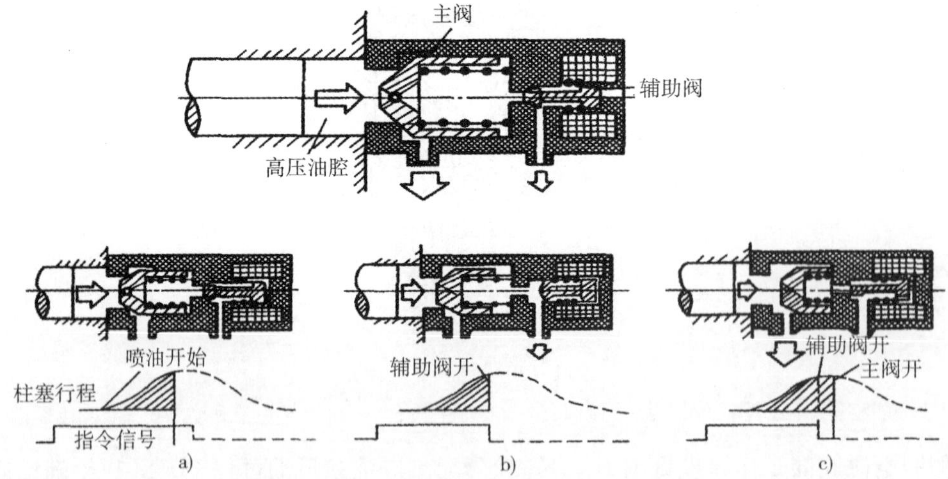

图 1－21　伺服电磁阀工作原理

a）回油控制阀关闭；b）辅助阀开启；c）主阀开启

（2）进油控制方式。采用进油控制方式的分配泵原理见图1－22，其特点是：分配泵的柱塞上取消了进油槽，分配泵柱塞只有吸油和泵油两个行程；分配泵的回油通道与进油通道合二为一，高速电磁阀安装在进油通道中，控制分配泵工作时的供油开始和结束时刻。高速电磁阀为常开阀，在分配泵柱塞吸油行程中高速电磁阀处于开启状态（不通电），泵油行程开始后高压油腔的部分燃油经进油通道（也是回油通道）被压回低压腔，直到由ECU控制的高速电磁阀通电（根据供油正时控制）时，电磁阀关闭进油通道，分配泵高压油腔即产生高压，分配泵向某缸喷油器供油；高速电磁阀断电再次开启时，分配泵高压油腔内油压迅速下降（回油），分配泵向某缸的供油停止。高速电磁阀的关闭时刻即供油的开始时刻，关闭的时间即为供油时间（决定供油量）。

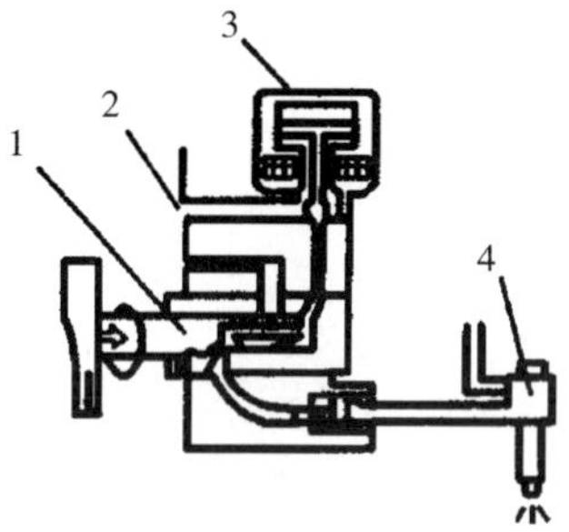

图1－22　进油控制方式的分配泵

1—分配泵柱塞；2—进（回）油口；3—高速电磁阀；4—喷油器

2. 供油正时控制。

早期采用“时间控制”方式的分配泵中，与采用“位置控制”方式的分配泵相同，保留了电控液压供油提前角自动调节器，通过改变分配泵驱动装置中滚轮架与端面凸轮的相对位置，来实现供油正时的控制。两者的共同特点是供油的开始时刻取决于分配泵驱动装置中滚轮架与端面凸轮的相对位置，而不同的是供油结束时刻的控制方式不同，采用“位置控制”方式的分配泵供油结束时刻取决于油量控制滑套的位置，采用“时间控制”方式的分配泵供油结束时刻取决于高速电磁阀的开启时刻。

后期采用“时间控制”方式的分配泵中，取消了电控液压供油提前角自动调节器（见图1－22），完全用高速电磁阀的关闭和开启时刻来控制供油的开始和结束时刻，真正实现了供油正时的“时间控制”。

利用高速电磁阀的关闭和开启时刻来控制供油的开始和结束时刻，虽然实现了供油正时的“时间控制”，但由于在分配泵柱塞高压腔内建立压力需要时间，燃油通过高压油管时的压力传递也需要时间，所以ECU输出的电磁阀驱动脉冲正时与喷油器的实际喷油正时之间必然存在一定程度的时间延迟，总的延迟时间取决于柴油机转速、温度和高压油管长度等因素。在分配泵供油正时的“时间控制”系统中，为提高供油正时控制精度，ECU除根据检测柴油机工况信息的各种传感器信号控制供油正时外，一般还采用两种控制措施：一是采用电磁阀关闭时间传感器来精确测定电磁阀关闭始点和终点时刻，以便向ECU提供电磁阀驱动脉冲的实际输出正时，实现对电磁阀驱动脉冲输出正时的闭环控制；二是采用各种类型的喷油始点传感器，精确测定喷油器的实际喷油始点，ECU根据此传感器的反馈信号修正对分配泵供油正时的控制。

采用“时间控制”方式的分配泵，为准确控制各缸的供油顺序，一般设有供油信号发生器（同汽油机普通电子点火系统中的点火信号发生器），该信号发生器与凸轮轴/曲轴位置传感器制成一体。

1.3.3 径向柱塞式分配泵电控系统

1.3.3.1 径向柱塞式分配泵“位置控制”系统

由径向柱塞式分配泵的结构原理可知，径向柱塞式分配泵的供油量控制可以通过两种途径来实现：一种是控制泵油柱塞的行程，另一种是控制进油量。在非电控径向柱塞式分配泵基础上，取消油量控制阀，利用电控元件控制泵油柱塞行程即可实现供油量的“位置控制”。而供油正时的“位置控制”，可以利用电控元件直接或间接控制分配泵内凸轮相对分配转子的位置来实现。

1. 供油量控制。

为实现对泵油柱塞行程的控制，柱塞的外端（伸出分配转子的一端）加工两个对称的斜面（见图1－23），并用一个座架限制柱塞运动（只能沿分配转子径向移动而不能转动），座架上开槽的弯臂与柱塞外端具有相同的斜度。由于泵油柱塞安装在分配转子中的压油腔内，所以分配转子和泵油柱塞与座架相对位置（沿分配转子轴向）发生变化时，因泵油柱塞斜面与座架弯臂斜面的配合关系，就会改变泵油柱塞的行程，从而改变分配泵的供油量。改变分配转子与座架的相对位置，可以通过使分配转子轴向移动或使座架轴向移动来实现。

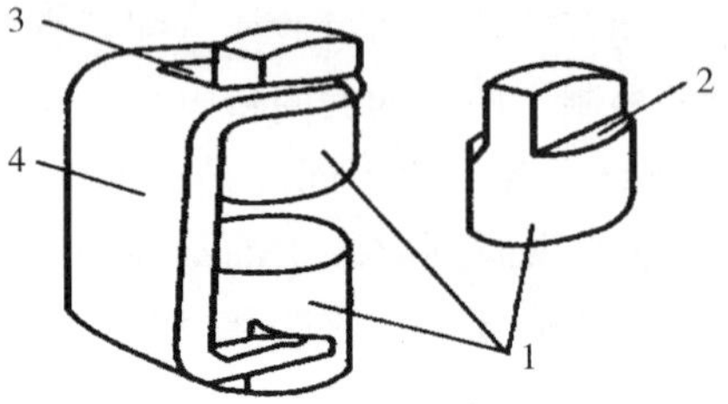

图1－23　泵油柱塞和座架

1—泵油柱塞；2—柱塞斜面；3—座架弯臂槽；4—座架

（1）座架轴向位置控制。座架轴向位置控制机构见图1－24，在驱动分配转子的中部装有端面凸轮和导向管，导向管与端面凸轮接触的一侧为与端面凸轮配合的曲面，导向管轴向是固定的（但随驱动轴转动），因此端面凸轮相对导向管转动时，端面凸轮同时会产生轴向移动。松套在驱动轴上的端面凸轮向右移动时，通过推力圈（用十字轴与驱动轴连接）和推杆（位于中空的驱动轴内）推动柱塞座架向右移动；端面凸轮向左移动时，座架弹簧则推动座架、推杆和推力圈跟随端面凸轮向左移动。

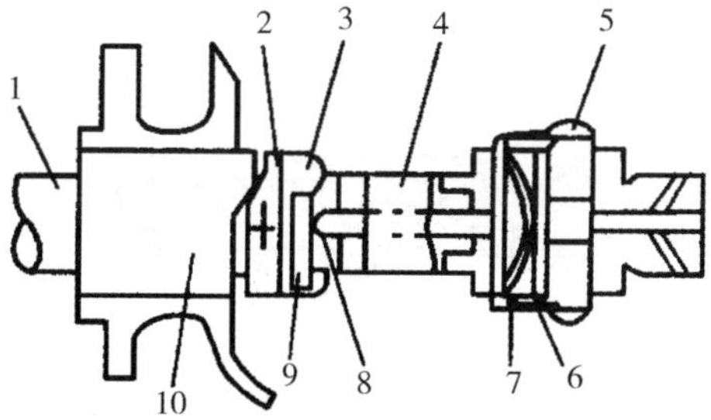

图 1－24　座架轴向位置控制机构

1—驱动轴；2—端面凸轮；3—推力圈；4—驱动轴；5—泵油柱塞；6—座架；
7—座架弹簧；8—推杆；9—十字轴；10—导向管

导向管与端面凸轮之间的相对转动，通过步进电动机控制的液压油缸来实现，见图 1－25。步进电动机通过伺服阀控制液压油缸的油路，以控制液压油缸中活塞的上、下移动，再由液压活塞驱动齿杆和端面凸轮外齿圈使端面凸轮转动，从而实现对座架轴向位置的控制，也就是分配泵柱塞行程或分配泵供油量的“位置控制”。端面凸轮位置传感器用来检测端面凸轮转动的实际位置（反映座架位置或泵油柱塞行程），用以实现分配供油量的闭环控制。

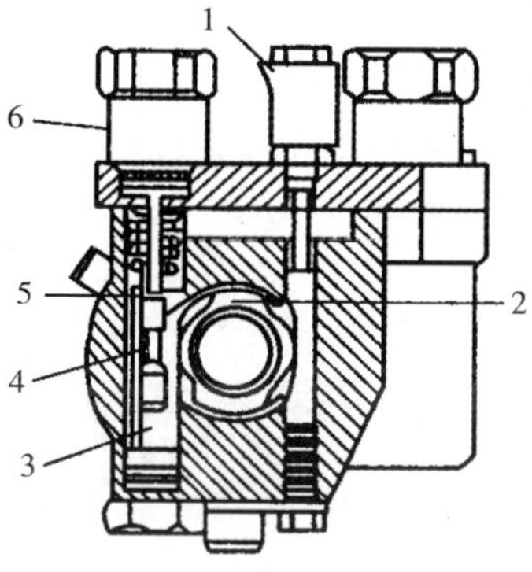

图 1－25　端面凸轮转动位置控制机构

1—端面凸轮位置传感器；2—端面凸轮；3—液压活塞；4—液压油路；
5—伺服阀；6—步进电动机

（2）分配转子轴向位置控制机构见图 1－26。ECU 通过两个电磁阀控制分配转子尾部油腔内的油压，使分配转子产生轴向移动；当进油电磁阀关闭、回油电磁阀开启时，分配转子在弹簧力的作用下向右移动，由于滚柱座斜面与驱动轴爪形槽斜面的配合关系（与前述柱塞斜面和座架弯臂斜面类似），使泵油柱塞行程增大，分配泵供油量增加；反之，进油电磁阀开启、回油电磁阀关闭时，分配转子向左移动，泵油柱塞行程减小，分配泵供油量减少。在分配转子的尾部装有转子位置传感器，向 ECU 提供分配转子实际位置的反馈信号，以便对供油量进行闭环控制。

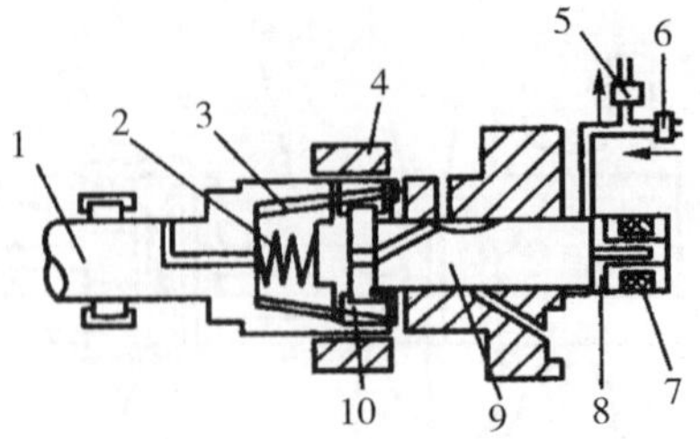

图 1-26　分配转子轴向位置控制机构
1—驱动轴；2—分配转子复位弹簧；3—驱动轴爪形槽斜面；4—内凸轮；5—回油电磁阀；
6—进油电磁阀；7—转子位置传感器；8—油腔；9—分配转子；10—滚柱座

2. 供油正时控制。

径向柱塞式分配泵供油正时的“位置控制”与轴向柱塞式分配泵基本相同，通过在供油提前角自动调节器的油道中安装电磁阀或步进电动机来实现。图 1-27 为用步进电动机控制的供油提前角调节器，步进电动机通过伺服活塞控制供油提前角调节器的液压油路，进而控制调节器中正时活塞的位置，从而实现径向柱塞式分配泵供油正时的“位置控制”。

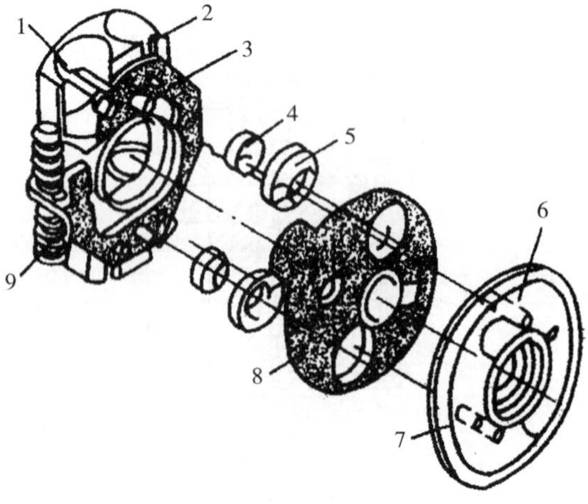

图 1-27　步进电动机控制的供油提前角调节器
1—步进电动机；2—伺服活塞；3—液压油路；4—弹簧；5—传动销；
6—正时活塞；7—分配泵内凸轮；8—法兰（泵上）；9—调时弹簧

1.3.3.2　径向柱塞式分配泵“时间控制”系统

径向柱塞式分配泵“时间控制”系统与轴向柱塞式分配泵“时间控制”系统类似，在分配泵的进油道（也是回油道）中安装一个由 ECU 控制的电磁阀（取代传统的油量控制阀），在保证分配泵柱塞行程一定的前提下，通过控制电磁的开启和关闭时刻，来实现供油量和供油正时的“时间控制”。

一汽大众奥迪 A6 轿车装用的 2.5L TDI 柴油机采用了径向柱塞式分配泵供油量“时间控制”系统，但供油正时仍采用电磁阀控制的“位置控制”系统，其组成见图 1-28。ECU 主要根据加速踏板位置传感器、柴油机转速传感器、空气流量计、冷却液温度传感器来确定供油量和供油正时。分配泵控制器的功用：一是将 ECU 输出来的控制信号进行转换放大，然后驱动分配泵中供油量控制电磁阀和供油正时控制电磁阀工作；二是将安装在分配泵中的泵角传感器（即凸轮轴/曲轴位置传感器）和柴油温度传感器信号经处理后输送给 ECU。

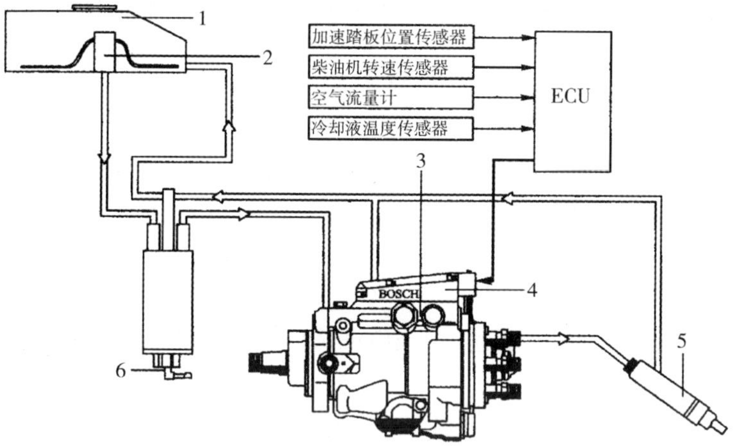

图 1－28　奥迪 A6 轿车 2.5L TDI 柴油机电控燃油喷射系统

1—燃油箱；2—喷油泵；3—电控径向柱塞式分配泵；4—分配泵控制器；5—喷油器；6—柴油滤清器

一汽大众奥迪 A6 轿车 2.5L TDI 柴油机电控径向柱塞式分配泵见图 1－29。供油量的“时间控制”与轴向柱塞式分配泵采用“进油控制方式”基本相同。供油正时控制与本节前述“位置控制”电控系统基本相同，只是控制供油提前角调节器油路的是电磁阀，而不是步进电动机。

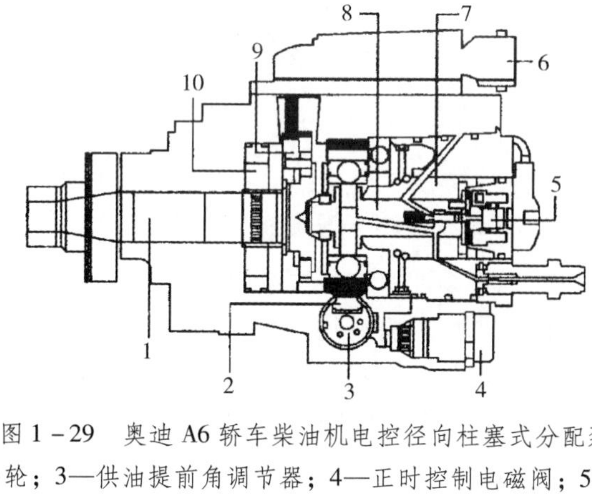

图 1－29　奥迪 A6 轿车柴油机电控径向柱塞式分配泵

1—驱动轴；2—内凸轮；3—供油提前角调节器；4—正时控制电磁阀；5—供油量控制电磁阀；6—分配泵控制器；7—分配套筒；8—分配转子；9—泵角传感器；10—叶片式输油泵

1.3.4　泵喷嘴电控系统

泵喷嘴电控系统优点是提高柴油的喷射压力，使燃油雾化质量提高，有利于改善柴油机的燃烧过程，从而降低排放和噪声。特点是在泵喷嘴电控系统中，取消了传统 P－T 燃油供给系统中结构复杂的 P－T 燃油泵和 P－T 喷油器的计量装置，但保留了传统 P－T 燃油供给系统中利用机械装置驱动喷油器对燃油加压的方式。

电控泵喷嘴的基本工作原理见图 1－30，由低压输油泵经进油道向喷油器供油，进油通道由高速电磁阀控制；高速电磁阀为常开阀（即断电时开启），当机械驱动的压油柱塞向上移动时，压油腔内产生真空，低压输油泵输送来的低压柴油被吸入压油腔［图 1－30a)］。

压油柱塞向下移动的压油初期，由于高速电磁阀仍保持开启，部分柴油被压回低压进油通道［图 1－30b)］。

当高速电磁阀接受 ECU 的指令通电时，电磁阀关闭喷油器进油道，随着压油柱塞压油行程的进行，喷油器内油压迅速升高（喷油压力高达 150 MPa 以上），油压作用在针阀中部的承压锥面上使针阀升起打开喷油孔，喷油器喷油开始［图 1－30c)］。

ECU 控制高速电磁阀断电开启时，喷油器压油腔的柴油回流［图 1－30d)］使油压迅速下降，喷油器喷油结束。高速电磁阀关闭的时刻即是喷油开始时刻，高速电磁阀关闭的持续时间决定了喷油量。

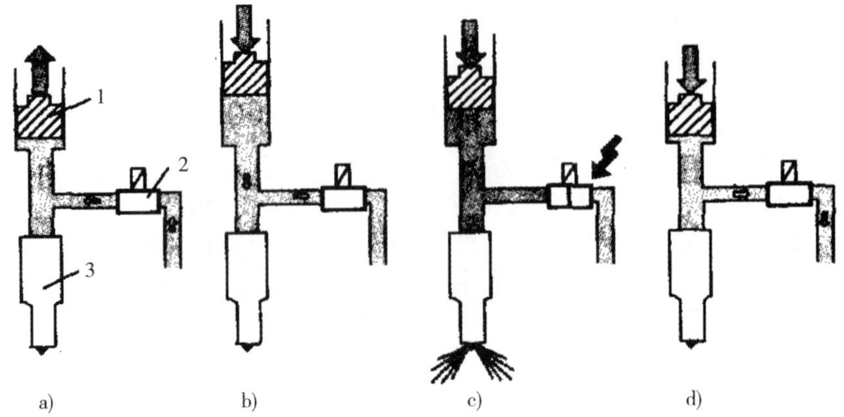

图 1－30　电控泵喷嘴基本工作原理
a）进油过程；b）压油过程；c）喷油过程；d）停油过程
1—压油柱塞；2—高速电磁阀；3—喷油嘴

一汽大众宝来轿车 1.9L TDI 柴油机电控泵喷嘴的结构见图 1－31。

泵喷嘴安装在气缸盖中，进、回油道均在气缸盖内。泵喷嘴主要由驱动机构、高压泵、控制电磁阀和喷油嘴 4 部分组成。泵喷嘴驱动机构（见图 1－32）包括喷射凸轮、滚柱式摇臂、球销等，其功用是驱动泵喷嘴中的高压泵完成泵油；高压泵由泵油柱塞和高压腔组成，其功用是产生高压油；控制电磁阀的功用是控制泵喷嘴的喷油正时和喷油量；喷油嘴主要由针阀、针阀体、喷嘴弹簧、收缩活塞和针阀缓冲元件等组成，喷油嘴的针阀和针阀体与普通柴油机喷油器相同，收缩活塞和针阀缓冲元件用于控制喷油器的喷油规律。

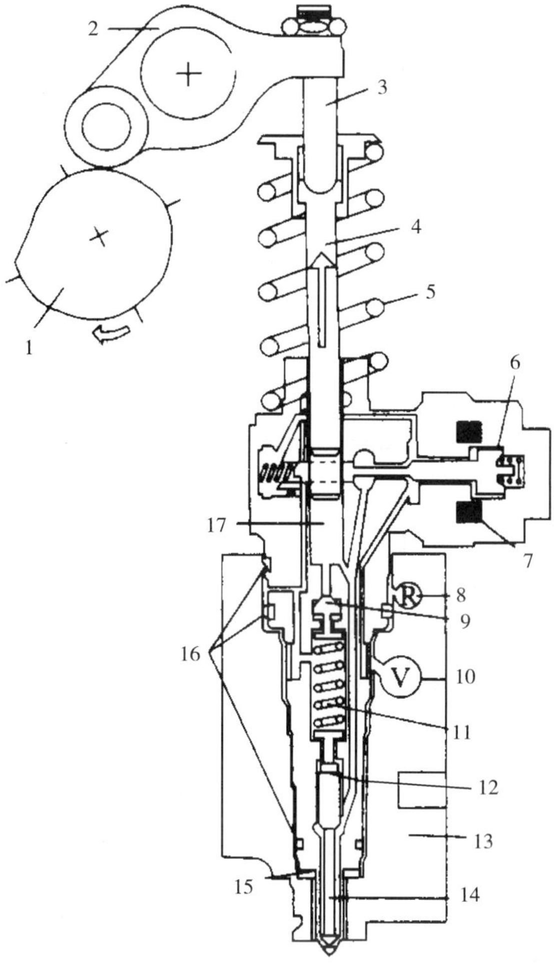

图1－31　宝来轿车柴油机电控泵喷嘴

1—喷射凸轮；2—滚柱式摇臂；3—球销；
4—泵活塞；5—活塞弹簧；6—电磁阀针阀；
7—喷嘴电磁阀；8—回油管；9—收缩活塞；
10—供油管；11—喷嘴弹簧；12—针阀缓冲元件；
13—缸盖；14—针阀；15—隔热密封垫；
16—“O”形环；17—高压腔

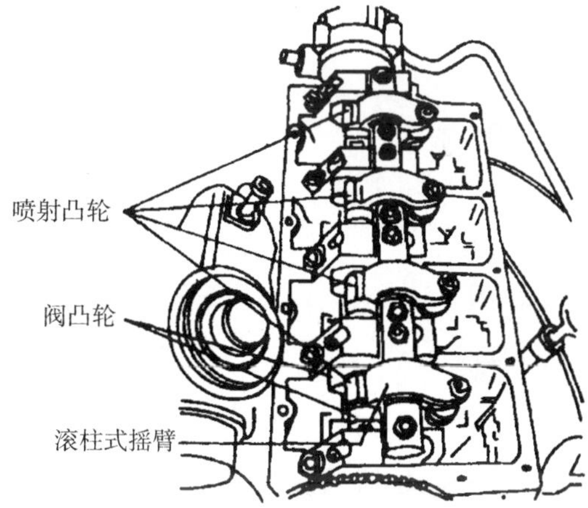

图1－32　宝来轿车柴油机电控泵喷嘴驱动机构

泵喷嘴的工作过程分为3个阶段：进油阶段、预喷射阶段、主喷射阶段。工作过程之后还有泵喷嘴回油过程。

1. 进油阶段。

喷射凸轮的凸峰转过之后，泵油柱塞在柱塞弹簧压力作用下向上移动，高压腔内容积增大。此时，高速电磁阀处于初始的开启状态，进油管到高压腔的通道打开，使柴油进入高压腔，为喷射做好准备。电控泵喷嘴进油阶段见图1－33。

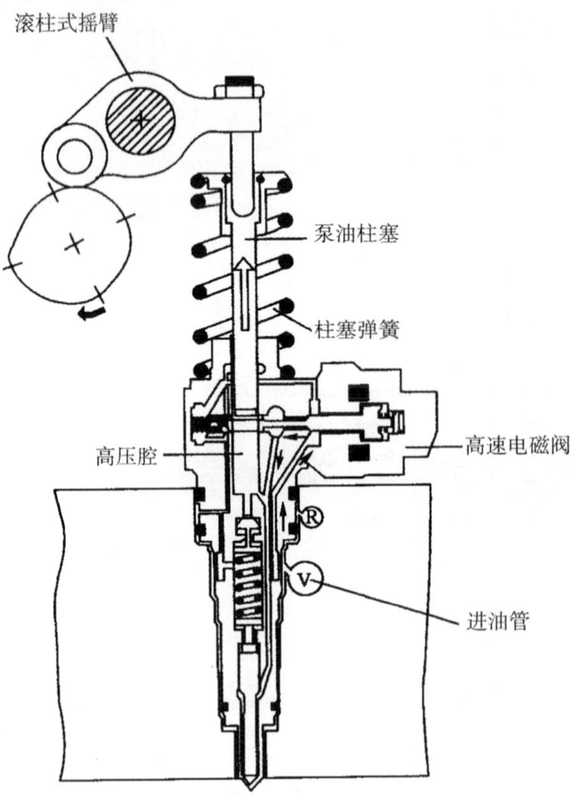

图 1－33　电控泵喷嘴进油阶段

2. 预喷射阶段。

（1）预喷射阶段的功用。喷油速率和喷油规律对柴油机的动力性、经济性、排放和噪声等均有很大的影响。喷油速率是指喷油器在单位曲轴转角（或单位时间）内的平均喷油量，而喷油规律是指喷油器的喷油速率随曲轴转角（或时间）的变化规律。

图 1－34 为几种典型喷油规律图。喷油规律 a［见图 1－34a)］：喷油延续时间短，喷油速率大，曲线变化陡，柴油机经济性和动力性好，但工作粗暴、噪声大。喷油规律 b［见图 1－34b)］：开始喷油速率较大，曲线上升陡，柴油机工作粗暴；后期曲线下降平缓，喷油速率过小，使喷油延续时间长，补燃多，柴油机经济性下降。喷油规律 c［见图 1－34c)］：开始喷油速率较低，曲线变化平缓，柴油机工作柔和；后期喷油速率加大，对保证燃烧过程在上止点附近进行，以获得良好的动力性、经济性和排放性有利。

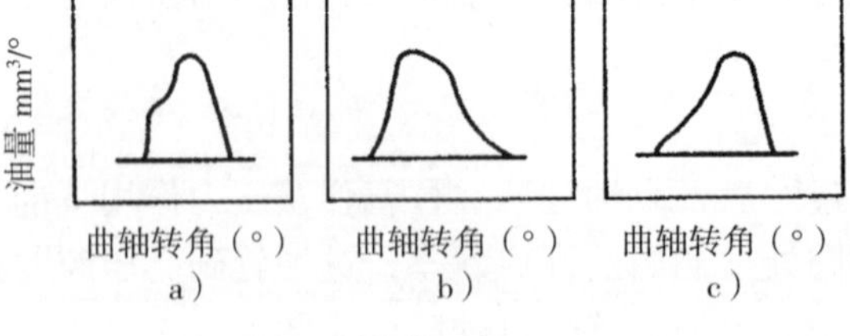

图 1－34　典型喷油规律图

a）喷油规律 a；　b）喷油规律 b；　c）喷油规律 c

保证合适的喷油规律，对改善柴油机的燃烧过程、降低柴油机的排放和噪声、提高柴油机的动力性和经济性非常重要。比较理想的喷油规律是“先缓后急并尽量缩短喷油时间”。喷油规律集中体现了喷油过程中喷油泵供油压力、喷油器喷油压力、缸内气体压力、喷油器喷孔尺寸、喷油器针阀升程等参数之间的相互关系，为保证合适的喷油规律，必须合理设计供油系统的结构，合理选择其参数，并在使用中正确调整。

一汽大众宝来轿车 1.9L TDI 柴油机电控泵喷嘴系统，利用收缩活塞将喷射过程分为预喷射（前期喷射）和主喷射（后期喷射）两个阶段，并利用缓冲活塞控制针阀上升时的升程变化，从而保证其具有“先缓后急”的理想喷油规律。

（2）预喷射阶段的进行。

喷射凸轮通过滚柱式摇臂驱动泵油柱塞向下移动，初期由于高速电磁阀仍未关闭，高压腔内的部分柴油被压回到进油管，直到 ECU 控制的高速电磁阀通电、高速电磁阀关闭高压腔到进油管的通道为止；然后高压腔内开始产生压力，当压力达到 18 MPa 时，针阀承压锥面上承受的上升力（油压分力）高于喷嘴弹簧力，针阀上升开启喷油孔，预喷射开始，见图 1－35。

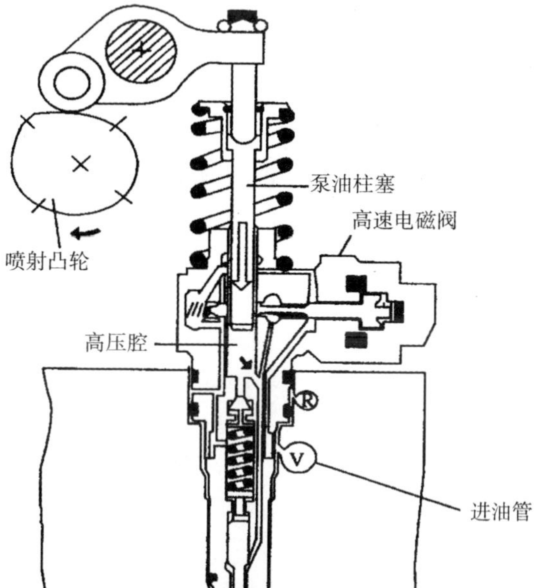

图 1－35　电控泵喷嘴预喷射开始

在针阀上升开启喷油孔的过程中，缓冲活塞起到限制针阀上升速度的功用，借以实现理想喷油规律的“先缓”。缓冲活塞作用原理见图 1－36，喷油开始前，喷嘴弹簧将缓冲活塞和针阀压至最下端位置，使针阀关闭喷油孔，此时在针阀室上部充满柴油；开始喷油时，针阀和缓冲活塞一起上升，针阀室上部的柴油被压回喷嘴弹簧室，由于缓冲活塞与喷嘴内孔之间泄油间隙的节流作用，使针阀的上升速度受到阻尼，喷油速率的增长平缓。针阀上升初期［图 1－36a)］，泄油间隙足够大、节流作用小，缓冲活塞对针阀上升的“阻尼”作用较小，但当缓冲活塞下部开始进入针阀室与喷嘴弹簧室之间直径较小的内孔时

[图1－36b)]，由于泄油间隙减小、节流作用增强，缓冲活塞对针阀上升的“阻尼”作用明显增大，针阀升程增加更缓慢。

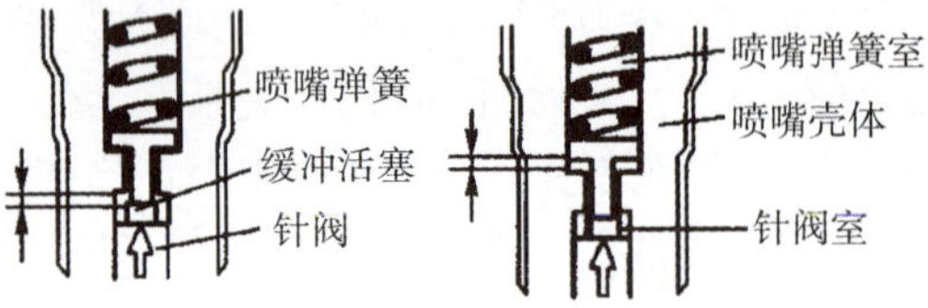

图1－36 缓冲活塞作用原理
a）针阀上升初期；b）针阀上升后期

预喷射阶段的喷油量很少，时间很短。收缩活塞的功用就是将喷油分成预喷射和主喷射两个阶段，同时限制预喷射时间，提高主喷射时的喷油压力。收缩活塞作用原理见图1－37，预喷射开始后，高压腔内的油压作用在收缩活塞上，随着泵油柱塞压油行程的继续进行，高压腔内的油压进一步提高。当达到一定压力时，收缩活塞下移，高压腔内容积增大，使高压腔内的油压瞬间下降，针阀关闭喷油孔，预喷射结束。此外，由于收缩活塞的下移增加了喷嘴弹簧的预紧力，在预喷射后的主喷射阶段，使针阀上升开启喷油孔所需的油压必然比预喷射过程中的油压高。

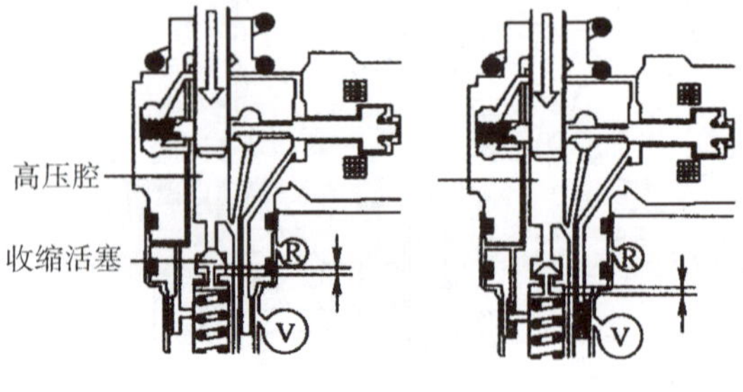

图1－37 收缩活塞作用原理
a）预喷射开始；b）预喷射结束

3. 主喷射阶段。

预喷射结束后，高速电磁阀仍然关闭，随着泵油柱塞继续压油，高压腔内油压立即重新上升，当油压上升到约30 MPa时，针阀再次上升开启喷油孔，主喷射阶段开始，见图1－38。在主喷射阶段，由于喷油孔的节流作用，喷油压力会进一步提高，最高压力可达205 MPa。

当喷油量达到预期控制目标时，ECU切断高速电磁阀电路，电磁阀开启，高压腔的柴油回流到进油管，压力迅速下降，喷嘴弹簧迅速使针阀关闭喷油孔，同时收缩活塞和缓冲活塞也回到初始位置，主喷射阶段结束。

由泵喷嘴的工作过程可知，高速电磁阀通电时刻即为喷油的开始时刻，其通电时间决定了喷油量。

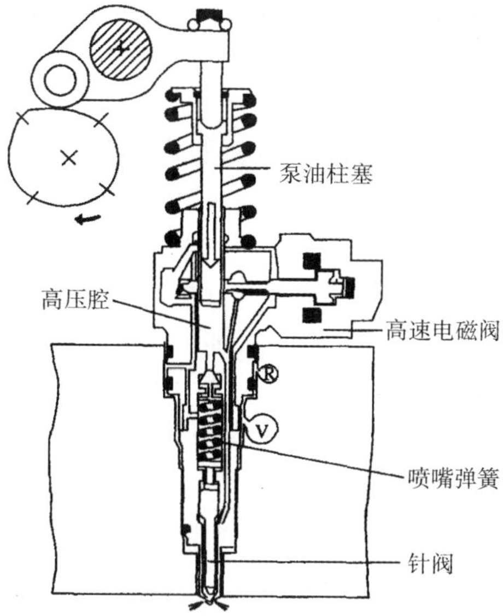

图 1 - 38　电控泵喷嘴主喷射开始

4. 泵喷嘴回油。

泵喷嘴回油线路见图 1 - 39。泵喷嘴回油的目的除使多余的柴油经回油管流回燃油箱外，还可以冷却泵喷嘴、排除泵油柱塞处泄出的柴油、通过回油管节流孔分离来自进油管内的气泡。

泵喷嘴进油阶段高压腔充满油后，或高速电磁阀关闭进油通道后，来自进油管的柴油全部经回油管流回燃油箱。

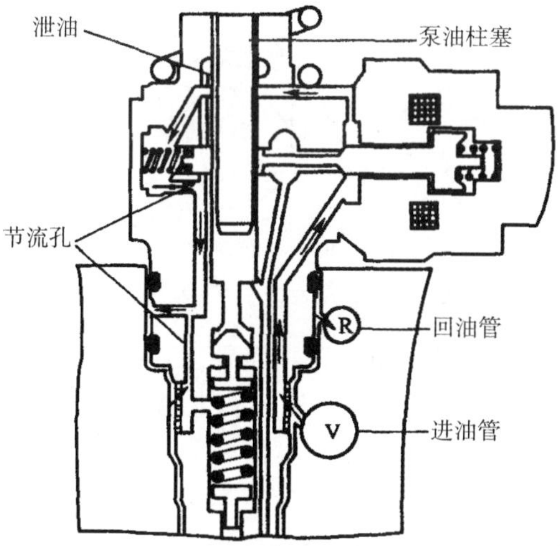

图 1 - 39　电控泵喷嘴回油

1.3.5　单体泵电控燃油喷射系统

在单体泵电控系统中，柴油机每个气缸均配装一个电控单体泵，燃油喷射由各自的喷射单元来完成。柴油从油箱出来后先经过一个低压输油泵加压，再经过单体泵加压，最高能够达到200～250 MPa的高压喷射，可使柴油极好地雾化，有利于提高柴油机的动力性、经济性和排放性。

单体泵电控系统的燃油喷射一般由ECU通过电磁阀控制，电磁阀的瞬时动作决定喷油的时刻，喷油量则由电磁阀通电时间的长短来确定。早期的电控单体泵见图1－40，由ECU控制的二位二通电磁阀安装在单体泵的出油端，控制其回油通道。当电磁阀开启单体泵回油通道时，单体泵内的柱塞即使进入泵油行程，也不能使柴油加压；只有当电磁阀关闭单体泵回油通道时，油压迅速升高，高压柴油经一段很短的高压油管供给喷油器并使喷油器喷油，直到电磁阀再次开启回油通道时，油压迅速降低，喷油立即停止。电磁阀的关闭时刻即为单体泵供油的开始时刻，每次关闭的持续时间决定供油量。

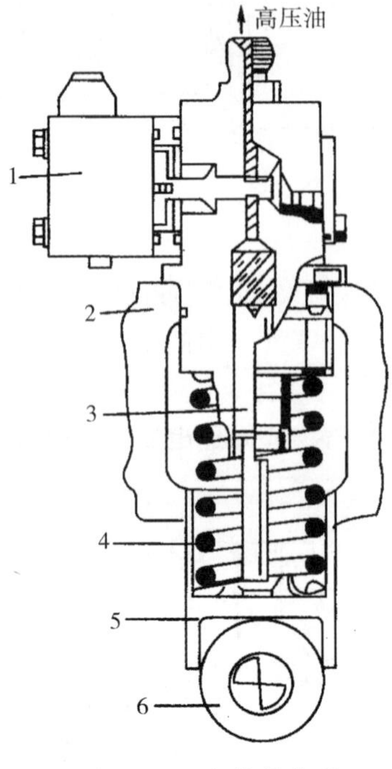

图1－40　电控单体泵

1—高速电磁阀；2—柴油机；3—泵油柱塞；4—柱塞弹簧；5—滚轮体；6—滚轮

为使单体泵的供油规律符合柴油机的工作需要，有些单体泵电控系统采用了变量柱塞单体泵，见图1－41。变量柱塞单体泵在泵油柱塞上方增加了一个增压套筒，这样就在单体泵中形成两个泵油腔：一个是柱塞与增压套筒之间形成的较小泵油腔*A*，另一个是增压套筒与柱塞套筒之间形成的较大泵油腔*B*。在单体泵的泵油行程中，开始阶段是由柱塞压缩较小泵油腔*A*中的柴油，由于柱塞顶部压油面积小，供油量较少；后期柱塞带动增压套筒压缩较大泵油腔*B*中的柴油，由于增压套筒顶部压油面积大，所以供油量也较多，整个供油过程形成了初期供油量小、后期供油量大的供油规律。通过匹配柱塞、增压套筒和柱塞套筒的尺寸，可以改变两个泵油腔*A*和*B*的容积以及两个阶段的供油行程，从而调整单体泵的供油规律。与前述电控单体泵一样，利用高速电磁阀控制变量柱塞泵的回油通道，以控制其供油的开始与结束时刻。

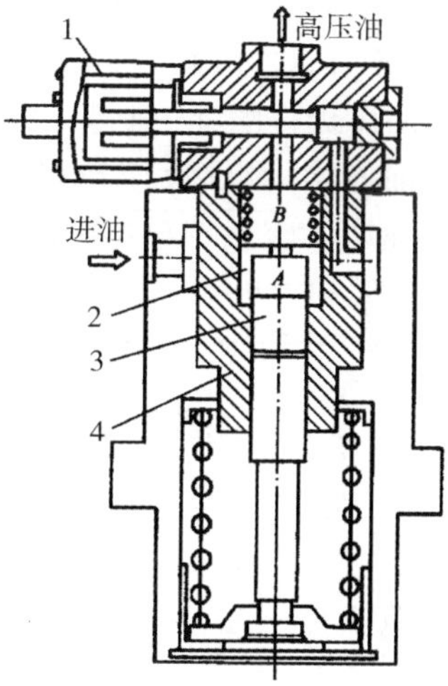

图 1－41　电控变量柱塞单体泵
1—高速电磁阀；2—增压套筒；3—泵油柱塞；4—柱塞套筒

目前，电控单体泵系统主要是由于价格较低和结构简单的优势，才在大功率柴油机中占有一定的地位。随着柴油机电控技术的发展，共轨式电控燃油喷射系统仍是未来柴油机技术的发展方向。

1.3.6　共轨电控燃油喷射系统

共轨式电控燃油喷射系统的类型：

共轨技术不仅是指用一个公共油轨（简称共轨）给各缸喷油器输送燃油，还包括用高压（或中压）输油泵、压力传感器和 ECU 组成的闭环系统独立控制喷油压力的供油方式。在共轨式电控燃油喷射系统（以下简称共轨系统）中，由高压（或中压）输油泵将高压燃油输送到公共油轨，ECU 对共轨内的油压和喷油时间进行控制。

保持喷油压力一定，通过控制喷油时间来控制喷油量，即称为“时间—压力控制”方式；保持喷油时间一定，通过控制喷油压力来控制喷油量，即称为“压力控制”方式。

按照共轨中的压力高低，共轨系统可分为高压共轨和中压共轨两种基本类型。

按控制喷油器喷油的电控执行元件不同，共轨系统可分为电磁阀式和压电式两种类型。

1.3.6.1　**高压共轨系统**

1. 高压共轨系统基本组成。

高压共轨系统主要由油箱、高压输油泵、共轨、喷油器和各种电子元件组成，见图1－42。

工作过程：高压输油泵从油箱中吸出柴油并将油压提高到约 120 MPa 后输入共轨，高压输油泵的供油量一般几倍于实际喷油量以保证供油的可靠性，多余的燃油经回油管流回油箱。高压输油泵的出口端装有一个用来调节共轨中油压的调压阀，ECU 根据柴油机的转速、负荷等控制调压阀的开度，从而增加或减少高压输油泵输送给共轨的油量，实现对共轨中油压的控制，以保证供油压力稳定在目标值，使喷油压差保持不变。此外，ECU还根据燃油压力传感器信号对共轨中的油压进行闭环控制。

柴油机高压共轨系统采用的喷油器均为电/液控制式，它主要由高速电磁阀和各种液压伺服机构组成。ECU通过控制高速电磁阀工作对喷油器喷油的开始时刻和喷油时间进行控制。液压伺服机构的工作油液就是共轨中的高压柴油。

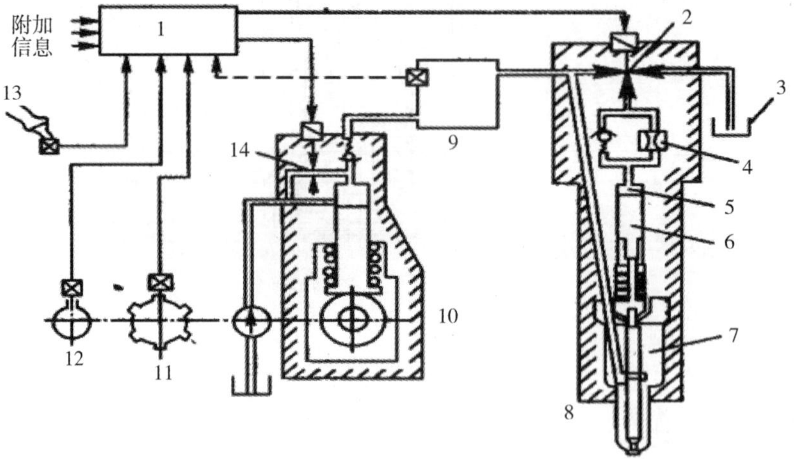

图1-42　高压共轨系统

1—ECU；2—三通电磁阀；3—油箱；4—节流孔；5—控制室；6—控制活塞；
7—喷油器针阀偶件；8—喷油器；9—共轨；10—高压输油泵；11—曲轴位置传感器；
12—凸轮轴位置传感器；13—加速踏板位置传感器；14—调压阀；15—燃油压力传感器

2. 高压共轨喷油器。

高压共轨系统中所用的电/液控制式喷油器有两种类型：二位三通电磁阀式、二位二通电磁阀式。

（1）二位三通电磁阀式喷油器。

①结构：见图1-43。

二位三通电磁阀安装在喷油器顶部，主要由阀体、电磁线圈、内阀和外阀组成，内阀和电磁线圈均固定在阀体中，套装在内阀上的外阀与电磁阀的电枢做成一体，电磁阀通电和断电时，外阀则上下移动。

内阀下部密封锥面与其阀座（位于外阀下部中心孔的内侧）控制喷油器控制室进油通道，外阀下部密封锥面与其阀座（位于阀体上）控制喷油器控制室回油通道。

②工作过程：

电磁阀不通电时，外阀在其复位弹簧作用下保持在下端极限位置，此时外阀与其阀座压紧，内阀则离开其阀座，控制室的回油通道关闭、进油通道开启，共轨中的高压柴油进入控制室；尽管喷油器下部的油腔始终与共轨中保持相等的高压（油腔与油轨经油道连通），但喷油器针阀的承压锥面比控制活塞上部承压面小，加之针阀上作用着复位弹簧弹力，所以电磁阀断电使高压油进入控制室时，喷油器不喷油。

当ECU接通电磁阀电路时，产生的电磁力将外阀向上吸起，外阀离开其阀座，内阀则与其阀座压紧，控制室的回油通道开启、进油通道关闭，从而使控制室油压迅速下降，喷油器油腔内的高压油将针阀顶起开始喷油，直到电磁阀再次断电使高压油进入控制室时，喷油器喷油结束。

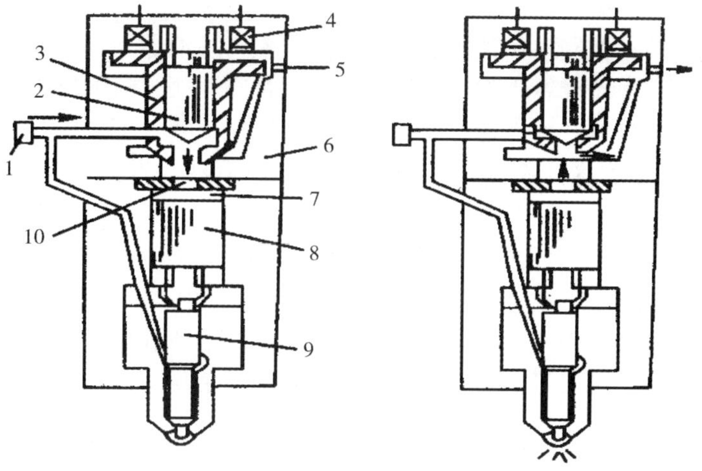

图1－43　二位三通电磁阀式高压共轨喷油器

a）电磁阀断电不喷油；b）电磁阀通电喷油

1—共轨；2—内阀；3—外阀；4—电磁线圈；5—回油管；6—阀体；7—控制室；8—控制活塞；9—针阀；10—量孔

（2）二位二通电磁阀式喷油器。

①结构：

二位二通电磁阀式喷油器与上述二位三通电磁阀式喷油器的结构原理基本相同。

主要区别是只用电磁阀控制喷油器控制室的回油通道，而不控制进油通道，但进油通道中装有节流孔，见图1－44。

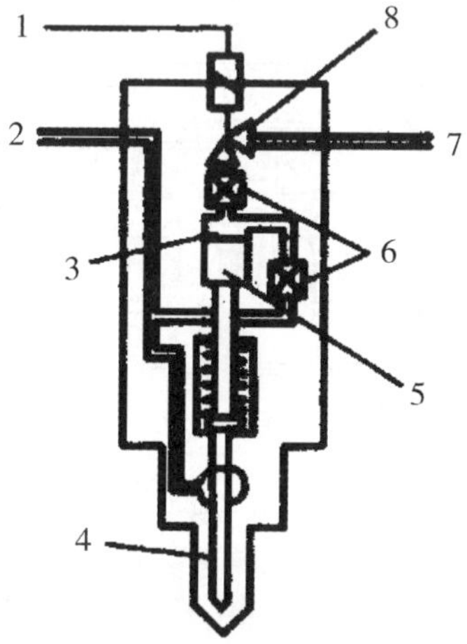

图1－44　二位二通电磁阀式高压共轨喷油器

1—控制信号线；2—进油通道；3—控制室；4—针阀；5—控制活塞；6—节流孔；7—回油通道；8—电磁阀

来自共轨中的高压柴油进入喷油器后分成两路，一路直接进入喷油器下部的油腔，另一路经过节流孔进入控制室。

②工作过程：

电磁阀不通电时，控制室回油通道关闭，控制室与喷油器下部油腔内的油压相等，在控制活塞上部油压和复位弹簧力作用下，使喷油器针阀关闭，喷油器不喷油。

电磁阀通电时，控制室回油通道开启，作用在液压活塞上部的油压迅速下降，喷油器下部油腔内的高压燃油将针阀顶开，使喷油器开始喷油，直到电磁阀再次断电时喷油结束。

在喷油器控制室的进、回油通道中各有一个节流孔，进油通道中的节流孔（图中右侧）比回油通道中的节流孔（图中上部）小，否则即使电磁阀开启回油通道，控制室的油压也不会下降，喷油器也就无法喷油。回油通道中的节流孔主要是控制喷油规律，当电磁阀通电开启控制室回油通道后，节流孔可减缓控制室油压下降的速度，从而减慢针阀上升的速度，满足喷油规律“先缓”的要求。

1.3.6.2 压电式共轨系统

新款奥迪 A6 轿车装用的 3.0L TDI 柴油机采用了 Bosch 公司生产的压电式共轨系统（见图 1－45），该系统可降低柴油机废气排放高达 20%，提高功率 5%，降低油耗 3%，降低噪声 3 dB（A）。

柴油机工作时，柴油由低压电动燃油泵输送给具有泵油量调节功能的高压油泵，分配单元将进入的燃油分成两路：一路供给泵油元件，另一路用于冷却传动机构和润滑轴承。高压油泵将燃油压缩至最高压力达 160 MPa，并将其输入共轨。拧紧在共轨上的燃油压力传感器用于燃油压力的闭环控制，而安装在共轨上的调压阀则用于调节共轨中的油压。

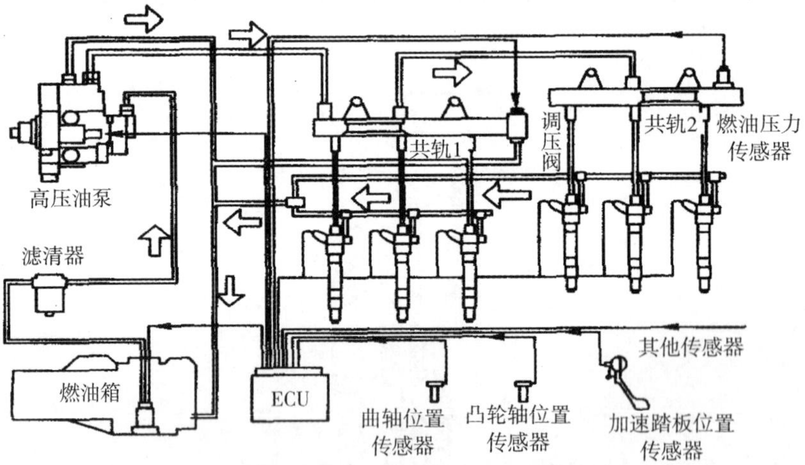

图 1－45　Bosch 公司压电式共轨系统

压电式喷油器：压电元件具有正向和反向压电效应，当压电元件受到外力变形时，会在压电元件两端产生电压，如压电式进气管绝对压力传感器、爆燃传感器即是利用这一原理来产生信号的；反之，当在压电元件两端施加电压时，压电元件就会发生形变，给压电元件施加正向电压时其体积膨胀，施加反向电压时其体积收缩，压电式喷油器就是利用这一原理来使喷油器控制室油道通断或针阀升程改变，从而实现对喷油量和喷油正时的控制。此外，利用压电元件快速响应的能力，通过压电元件通、断电多次切换，即可实现多次喷射，以满足最佳喷油规律的要求。

1. 用压电元件控制油道的喷油器。

此类喷油器的结构原理与前述高压共轨、中压共轨系统采用电磁阀控制的喷油器基本相同，只是用压电元件取代了电磁阀，所以高压共轨系统和中压共轨系统均可使用。Bosch 公司生产的压电式共轨系统一般采用此类喷油器。

2. 用压电元件控制针阀升程的喷油器。

此类喷油器在直喷式的汽油机和柴油机上均已得到应用，其结构见图 1－46。传统的柴油机喷油器都是利用燃油压力作用在针阀中部的承压锥面上来使针阀开启实现喷油，而用压电元件控制针阀升程的喷油器，则是利用压电元件直接控制针阀升程来实现喷油。因此，用压电元件控制针阀升程的喷油器，针阀中部无承压锥面和相应的压力室，称之为无压力室喷油器（VCO 喷油器）。VCO 喷油器无增压功能，只适用高压柴油共轨系统。

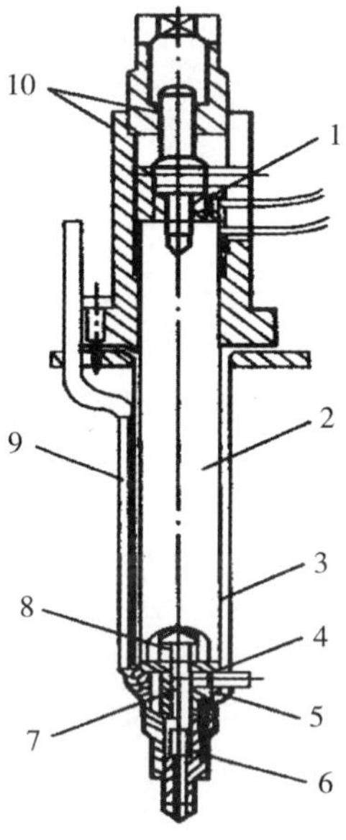

图 1－46　VCO 喷油器

1—石英测量垫片；2—压电执行器；3—外壳；4—密封垫；5—紧固螺套；6—针阀体；7—压杆；8—压帽；9—高压油管；10—差动螺纹

VCO 喷油器下部结构见图 1－47。由 ECU 控制给压电元件施加正向电压时，压电元件膨胀而使喷油器针阀关闭，喷油器不喷油；给压电元件施加反向电压时，压电元件收缩而使喷油器针阀开启，喷油器开始喷油。为保证喷油器不喷油时压电元件能将针阀压紧，依靠给压电元件施加正向电压显然会导致电能损耗，所以在喷油器顶部设有差动螺纹，可通过差动螺纹来调整压电元件的刚度（即预压力），而石英测量垫片则用来精确测量差动螺纹的调整量。

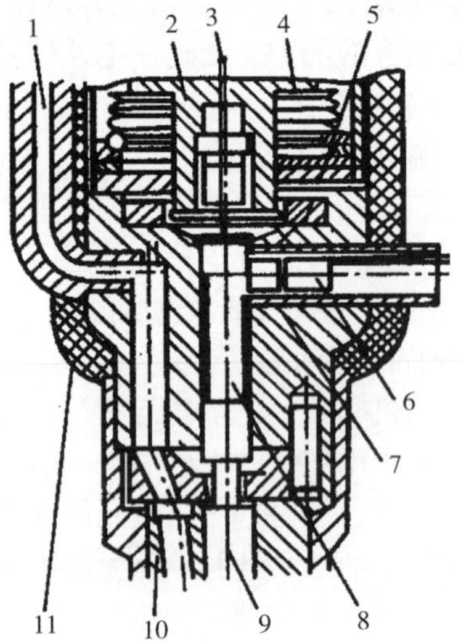

图 1-47　VCO 喷油器下部结构

1—高压油管；2—压电元件；3—压帽；4—碟形弹簧；5—膜片；6—磁铁；
7—霍尔式针阀位置传感器；8—压杆；9—针阀；10—针阀体；11—外壳

此外，采用其他喷油器的共轨系统，通过改变共轨中的油压或喷油器喷油时间来控制喷油量，而采用压电元件控制针阀升程式喷油器的共轨系统，则是利用压电元件直接控制针阀升程来改变喷油孔流通截面，从而实现对喷油量的控制。在喷油压力和喷油时间一定的前提下，喷油器的喷油量与喷油器针阀的升程成正比，而喷油器针阀的升程与施加在压电元件两端的反向电压成正比，所以通过控制给压电元件施加的反向电压，即可控制喷油量。

☞学习工作页

学习工作页3	学习单元	柴油发动机电控燃油喷射系统的认识
	学习任务	柴油发动机电控燃油喷射系统的类型

姓　名		班　级		小　组	
日　期		开始时间		结束时间	

1. 填空题。

(1) 直列柱塞泵供油正时电控系统主要由______、电磁阀、柴油机转速传感器、正时传感器和______等组成。

(2) 泵喷嘴电控系统优点是提高柴油的______，使燃油雾化质量提高，有利于改善柴油机的燃烧过程，从而降低排放和噪声。

(3) 高压共轨系统主要由油箱、高压输油泵、共轨、______和各种电子元件组成。

2. 判断题。

(1) 柴油发动机电控燃油喷射控制系统有两种基本类型：开环控制系统和闭环控制系统。(　　)

(2) 闭环控制系统除具有开环控制系统的功能外，还对其控制结果进行检测，并将检测结果（即反馈信号）输入ECU，ECU则根据反馈信号对其控制误差进行修正，所以闭环控制系统的控制精度比开环控制系统高。(　　)

(3) 轴向柱塞式分配泵“位置控制”系统是利用电子调速器通过控制分配泵中的油量控制滑套位置来实现供油量的控制，利用电磁阀通过控制供油提前角自动调节器中正时活塞两侧的油压（决定正时活塞位置）来实现供油正时控制。(　　)

3. 完成任务。

在教师提供的车辆或电控柴油发动机上，通过查阅维修手册等资料，判断其电控燃油喷射系统属于哪一种类型，并说明它是如何工作的。

车型：______________________________

柴油喷射系统类型：______________________________

柴油喷射系统的部件：______________________________

柴油喷射系统的工作过程：______________________________

____

指导教师评语：

____

____

教师签字：______________　日期：______年______月______日

单元2 柴油发动机共轨电控燃油喷射系统主要部件检修

☞学习情境

一辆哈佛汽车，起动机可以运转但是发动机无法启动，经检测电路及气缸压力均正常。初步判断是燃油系统出现故障，经过进一步排查是高压油泵故障，更换高压油泵后，故障排除。

☞单元学习目标

通过本单元的学习，应掌握柴油发动机燃油喷射控制系统主要部件的检修技能，其具体内容有：

1. 掌握喷油器的结构原理及其检修；
2. 油压控制电磁阀的检修；
3. 油轨压力传感器的检修；
4. 曲轴、凸轮轴位置传感器的检修；
5. 共轨柴油发动机电控燃油喷射系统的常见故障诊断与排除。

☞学习信息资源

有关柴油发动机燃油喷射控制系统主要部件检修的资源有：

1. 各汽车生产厂商的网页；
2. 维修手册；
3. 有关安全的法律、法规；
4. 提供各类维修知识和维护资料的网站。

☞学习场所和设备

学习的环境和使用的设备有：

1. 车间或模拟车间；
2. 个人防护用品、用具；
3. 汽车维修设备和工具；
4. 安全的工作环境和工作场所；

5. 电控发动机总成；
6. 装备有电控发动机的车辆。

☞单元学习任务

为了掌握柴油发动机燃油喷射控制系统主要部件的检修能力，本单元安排的学习任务有：

任务1　共轨电控燃油喷射系统综述；
任务2　共轨电控燃油喷射系统常见故障的诊断与排除。

学习任务2.1　共轨电控燃油喷射系统综述

☞学习目标

通过本任务的学习，完成任务后能够回答以下问题：
1. 柴油发动机电控系统主要的部件有哪些？
2. 掌握柴油发动机电控燃油喷射系统各传感器的结构原理与检修。

☞学习信息

在汽车新技术高速发展的今天，柴油机均已经采用高压共轨电控喷射系统，对于目前的维修工来说具有较大的挑战，要求具有高素质和高技能，方能完成汽车故障判断与维修工作，尤其是对共轨电控燃油喷射系统主要部件的结构、原理及电路图的掌握以及检修。

2.1.1　喷油器

Bosch共轨系统第二代喷油器采用的是电磁阀式喷油器，由孔式喷油嘴和电磁阀（喷油器电磁阀的灵敏度为0.2 ms左右）等组成。喷油器喷孔的数量一般为6个左右。来自高压共轨的高压燃油，经油道流向喷油嘴，同时经节流孔流向针阀控制腔，针阀控制腔通过球阀控制的泄油孔与回油管路相连。

如图2－1所示，当喷油孔的电磁阀不通电时，泄油孔关闭，作用在针阀控制活塞顶部的压力大于作用在针阀承压面上的压力，针阀被迫进入阀座而将高压油道与燃烧室隔离。当喷油器的电磁阀通电时，泄油孔被打开，针阀控制腔的压力降低，作用于针阀控制活塞顶部的压力也随之下降。一旦压力降至低于作用在喷油嘴针阀承压面上的压力，针阀上升，燃油经喷油嘴喷孔喷入燃烧室。此外，在控制柱塞处泄漏的燃油与通过回油管和高压油泵出来的回油一起流回燃油箱。

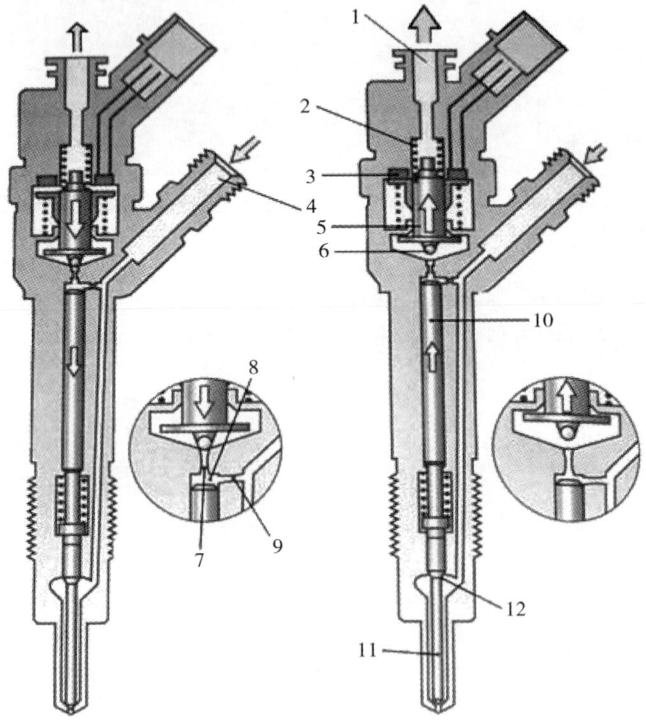

图 2-1　喷油器

1—球阀；2—电枢轴；3—线圈；4—高压燃油连接管；5—回位弹簧；6—回油管；7—针阀控制活塞；8—承压腔；9—喷油嘴；10—针阀；11—进油口；12—承压腔

1. 作用。

电子控制模块（ECM）操纵喷油器电磁阀以控制燃油计量和正时。每个喷油器电磁阀通过驱动导线和回路导线连接到 ECM。电脉冲信号从 ECM 上的驱动导线发送到喷油器，并在驱动电磁阀后返回 ECM 回路导线。每种电磁阀都是常闭型，仅在喷油和计量期间收到 ECM 的电脉冲时才开启。

2. 结构、原理。

（1）结构。

喷油器主要由控制柱塞、喷油嘴针阀和电磁阀等组成，如图 2-2 所示。

①喷油器。

每个喷油器装有一个在约 80 V 直流电压下工作的控制电磁线圈。

在电子控制模块（ECM）指示下，电磁线圈控制燃油的计量和喷油正时。

两级喷射：怠速和低速部分载荷（引燃喷射）。

将带有进油孔（下钻孔）的喷油器安装到高压接头入口。

保持较低的夹紧扭矩。

3.5 N·m±0.35 N·m，然后是 75 度 ±5 度。

②高压接头。

安装到气缸盖上的孔中。

③ “O” 形密封环。

连接管定位球（12 点钟位置），以后的将有两个定位球。

装配之前要立即润滑 “O” 形密封环。

高压连接管必须和油嘴配对使用，两者不可单独更换。

拧紧连接管螺母，扭矩为 50 N · m ±5 N · m。

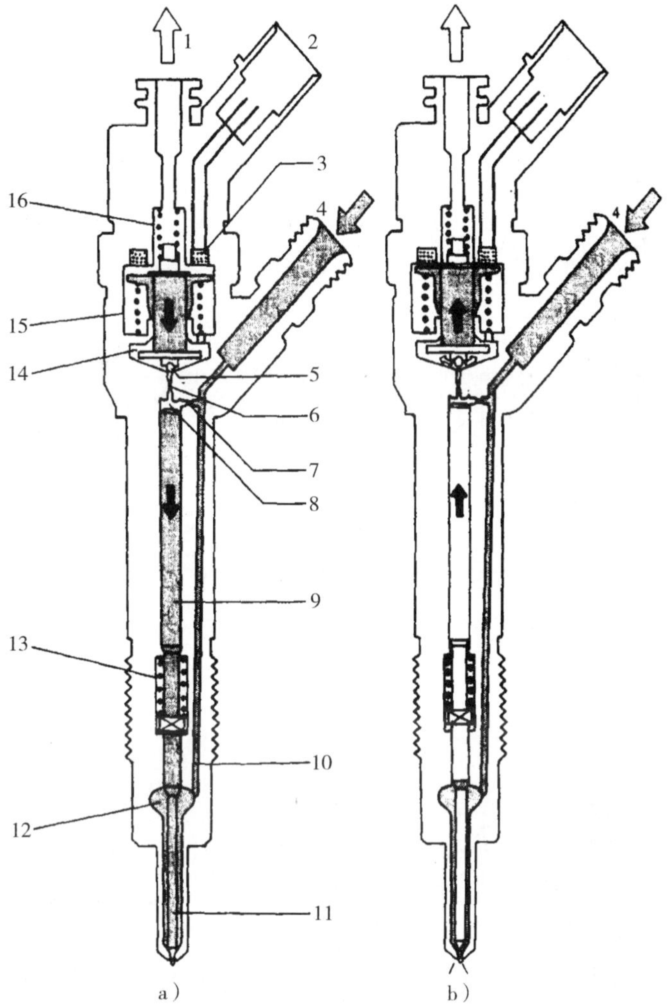

图 2－2　喷油器结构

a）喷油器关闭（静止状态）；b）喷油器开启（喷油）

1—回油管；2—电线接头；3—电磁阀；4—高压燃油进油口；5—单向球阀；6—泄油孔；7—进油孔；8—阀控制腔；9—柱塞；10—油道；11—针阀；12—喷嘴腔；13—喷嘴弹簧；14—阀控制室；15—大弹簧；16—小弹簧

（2）工作原理。

①喷油器关闭（静止状态）。

电磁阀在静止状态不受控制，因此是关闭的。回油节流孔关闭时，电枢的钢球通过阀弹簧压在回油节流孔的座面上。控制室内建立共轨的高压，同样的压力也存在于喷油嘴的内腔容积中。共轨压力在控制柱塞端面上施加的力及喷油器调压弹簧的力大于作用在针阀承压面上的液压力，针阀处于关闭状态。

②喷油器开启（喷油开始）。

喷油器一般处于关闭状态，当电磁阀通电后，在吸动电流的作用下迅速开启（图2-3）。当电磁铁的作用力大于弹簧的作用力时，回油节流孔开启，在极短时间内，升高的吸动电流成为较小的电磁阀保持电流。随着回油节流孔的打开，燃油从控制室流入上面的空腔，并经回油通道回流到油箱。控制室内的压力下降，于是控制室内的压力小于喷油嘴内腔容积中的压力。控制室中减小了的作用力引起作用在控制柱塞上的作用力减小，从而针阀开启，开始喷油。

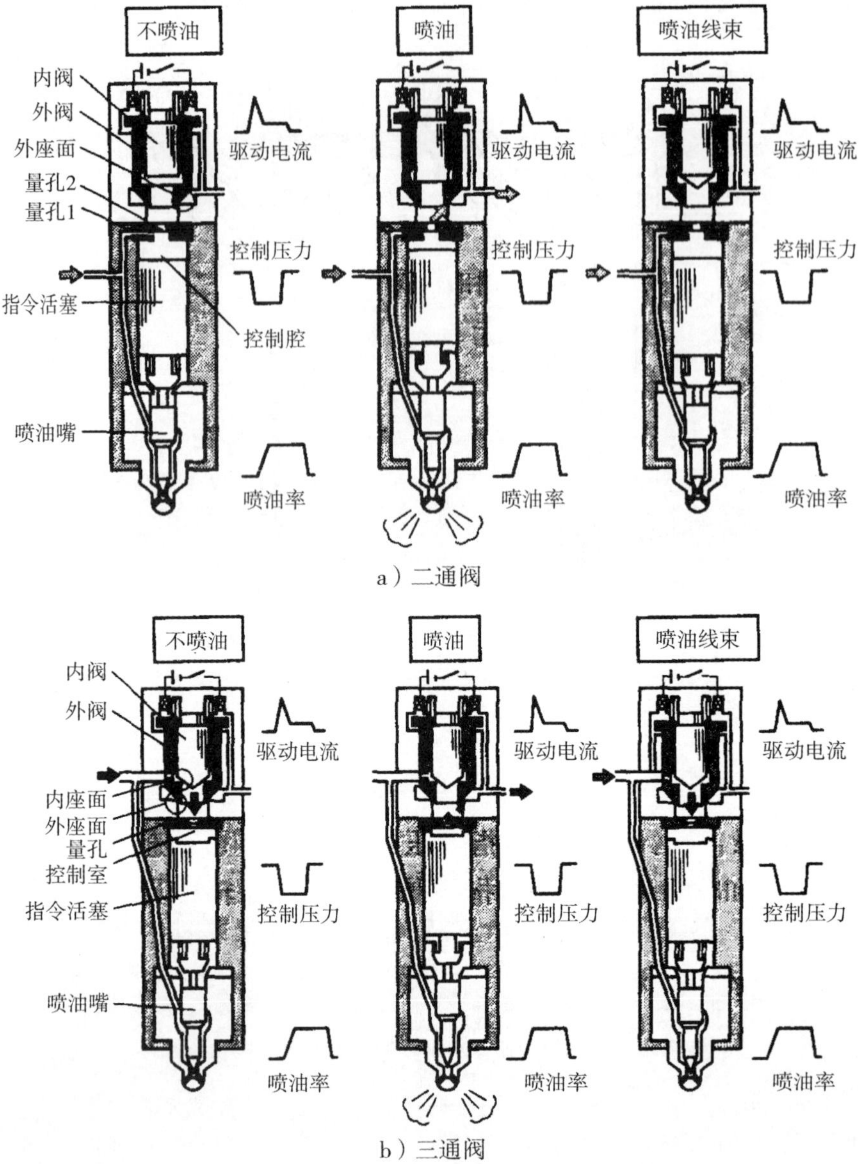

图2-3 喷油器工作原理

针阀开启速度决定于进、回油节流孔之间的流量差。控制柱塞达到上限位置，并定位在进、回油节流孔之间。此时，喷油嘴完全打开，燃油以近于共轨压力喷入燃烧室。

③喷油器关闭（喷油结束）。

如果不控制电磁阀，则电枢在弹簧力的作用下向下压，钢球关闭回油节流孔。

3. 安装位置。

喷油器一般安装在气缸盖上。如图 2－4 所示。

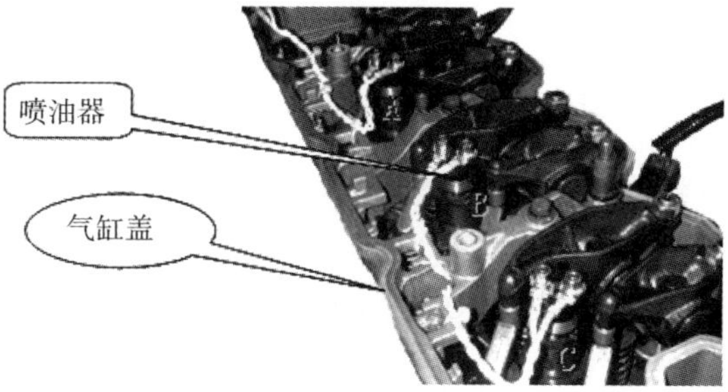

图 2－4　喷油器安装位置

4. 检修。

喷油器电磁阀与 ECM 连接电路如图 2－5 所示。

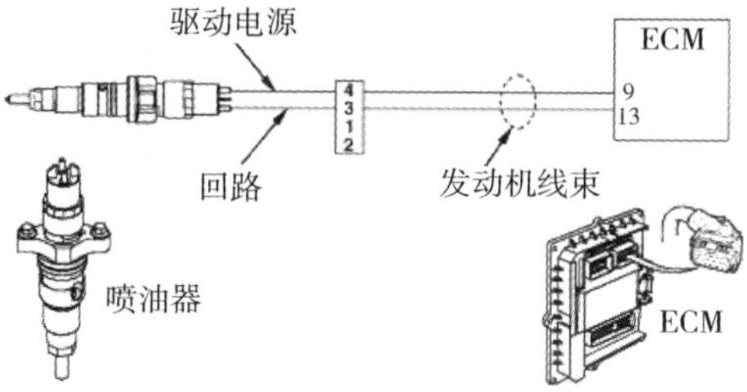

图 2－5　喷油器电磁阀与 ECM 连接电路

（1）外线路检查。

参考电路图，用万用表的电阻挡分别测量传感器线束端 3#、4#端子与 ECU 线束端 9#、13#对应端子之间的电阻值，来判断外线路是否存在短路及断路故障。

（2）执行器阻值测量。

关闭点火开关，拔下喷油器电磁阀插头，测量执行器端 3#与 4#端子间的电阻值，标准阻值小于 0. 5 Ω，否则更换喷油器。（减去万用表表笔电阻以求得准确的电磁阀电阻）

（3）电磁阀工作电压检查。

起动发动机情况下，喷油器电磁阀端子处应有 5 V 脉冲电压输入；或用试灯（须串联 300 Ω 左右的电阻）连接喷油器电磁阀的两个端子，起动时试灯应时亮时灭。

5. 信号失效模式分析。

当喷油器控制电路失效时，发动机排气管冒黑烟、故障灯亮。引起此故障可能的原因包括喷油器损坏、电磁线圈及控制线路开路或短路、电源电压故障。

（1）发动机无法起动：当燃油中的杂质过多，若有两支及以上的喷油器堵塞时，喷油器回油量过大，导致发动机轨压在建立后出现回落现象，引起发动机无法起动。

（2）发动机抖动：若有一支喷油器堵塞，或者喷油器电磁阀线路与发动机金属磨损搭铁，或者某缸喷油器电磁阀与 ECU 连接断路，会造成发动机抖动且出现“N 缸喷油器无效应信号”故障码。

（3）发动机飞车（极少）：若燃油中杂质过多导致喷孔堵塞，发动机高速运转时，燃油压力将喷头压掉，大量燃油进入燃烧室。

2.1.2　油压控制电磁阀

1. 作用。

ECM 根据加速踏板位置传感器、凸轮轴位置传感器、曲轴位置传感器等的信号，确定高压共轨内的燃油压力，通过占空比信号（PWM）调节共轨压力调节阀控制共轨压力，并通过共轨压力传感器的反馈信号，实现对共轨内的燃油压力闭环控制。

2. 安装位置。

电子燃油控制执行器位于发动机的进气侧，安装在后齿轮室上的高压泵上。如图 2－6 所示。

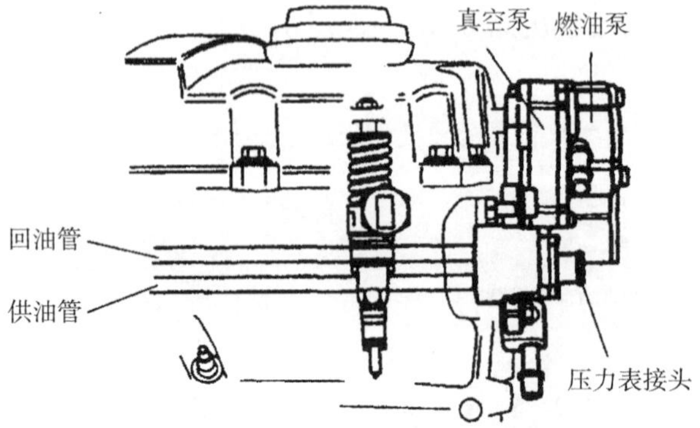

图 2－6　电子燃油控制执行器安装位置

3. 结构原理。

电子燃油控制执行器有安装法兰，用以固定在高压泵或共轨上。衔铁销将钢球压在密封座上，以使高压端对低压端密封。一方面弹簧将衔铁销往下压，另一方面电磁线圈还对衔铁销有作用力。为进行润滑和散热，整个电磁阀周围都有燃油流过。

电子燃油控制执行器有两个调节回路：一个是低速电子调节回路，用于调整共轨中可变化的平均压力值；另一个是高速机械液压式调节回路，用以补偿高频压力波动。

（1）电子燃油控制执行器不工作时。

共轨或供油泵出口处的压力高于调压阀进口处的压力。由于无蓄电池的电磁铁不产生作用力，当燃油压力大于弹簧力时，调压阀打开，根据输油量的不同，打开程度大一些或小一些。弹簧的设计负荷约 10 MPa。

（2）电子燃油控制执行器工作时。

如果要提升高压回路中的压力，除了弹簧力之外，还需要再建立一个磁力，控制调压阀，直至磁力和弹簧力与高压压力之间达到平衡时才被关闭。然后调压阀停留在某个开启位置，保持压力不变。当供油泵改变，燃油经喷油器从高压部分流出时，通过不同的开度予以补偿。电磁铁的作用力与控制电流成正比。控制电流的变化通过脉宽调制来实现。调制频率为 1 kHz 时，可以避免电枢的干扰运动和共轨中的压力波动，如图 2－7 所示。

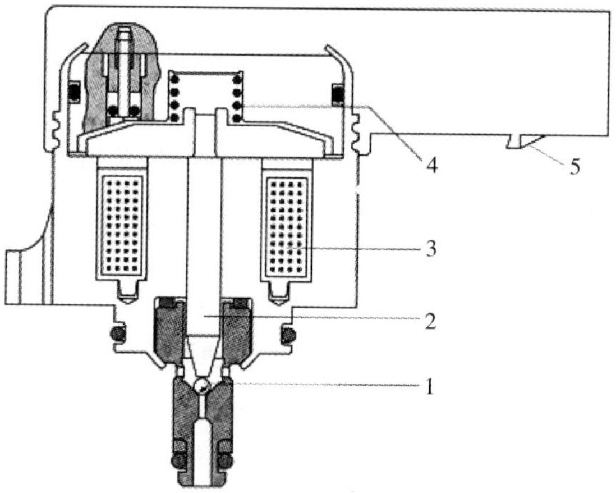

图 2－7　电子燃油调压阀

1—球阀；2—衔铁销；3—电磁线圈；4—弹簧；5—电气接头

4. 检修。

电子燃油控制执行器与 ECM 连接电路如图 2－8 所示。

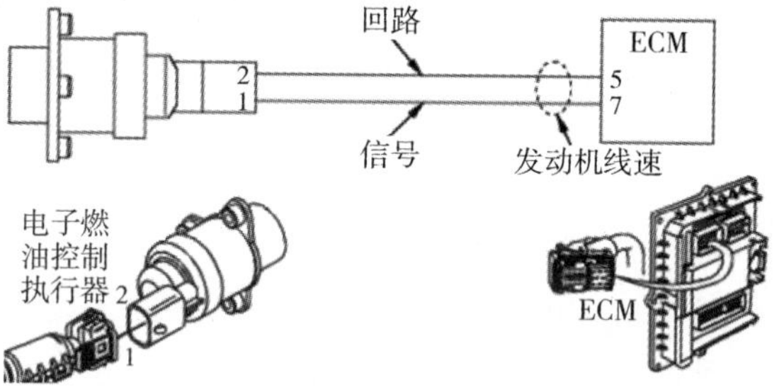

图 2－8　电子燃油控制执行器与 ECM 连接电路

（1）外线路检查。

参考电路图，用万用表的电阻挡分别测量电子燃油控制执行器线束端 1#、2#端子与 ECU 线束端 5#、7#对应端子之间的电阻值，来判断外线路是否存在短路及断路故障。

（2）电子燃油控制执行器阻值测量。

关闭点火开关，拔下电子燃油控制执行器插头，测量电子燃油控制执行器 1#与 2#端子间的电阻值（减去万用表表笔电阻以求得准确的电磁阀电阻），标准阻值为 1.0～2.2 Ω，否则更换电子燃油控制执行器。

（3）听声音判断工作是否异常。

电子燃油控制执行器在断电时关闭，切断低压油路与高压油路的联系，在通电时则打开。因此，点火开关处于 ON 时，应该听见电子燃油控制阀发出清脆的“咔嗒”声，同时还应听到电子燃油控制执行器发出连续不断的嗡鸣声，且把手放上应能够感到明显震动，否则更换电子燃油控制执行器。

5. 信号失效模式分析。

当电子燃油控制执行器失效时，发动机冷态时起动困难、故障灯点亮。引起此故障可能的原因包括电子燃油控制执行器损坏，线路开路、短路或电源电压故障。

2.1.3 共轨压力传感器

共轨压力传感器是普通的电控汽油机所没有的，但是共轨柴油机所必需的。共轨压力是柴油机共轨系统的重要参数。

1. 作用。

测定油轨中的燃油压力，并向 ECM 提供电信号，由 ECM 对高压油泵上的 PCV 阀实施反馈控制，通过增减供油量来调节油轨中的油压，使其稳定在目标值范围。

2. 结构原理。

共轨系统共轨压力传感器由压力敏感元件（焊接在压力接头上）、带求值电路的电路板和带电气插头的外壳组成，如图 2 -9。燃油经过一小孔流向共轨压力传感器，传感器的膜片将孔的末端封住。高压燃油经压力室的小孔流向膜片。膜片上安装有半导体敏感元件，可将压力转换成电信号。通过导线将产生的电信号传送到一个向 ECM 提供测量信号的求值电路。

当膜片形状变化时，膜片上涂层的电阻发生变化。系统压力引起膜片形状变化（150 MPa时的变化量约为 1 mm），促使电阻值改变，并在 5 V 供电的电阻电桥中产生电压变化。电压在 0 ~70 mV 之间变化（具体数值由压力决定），经求值电路放大到 0.5 ~4.5 V。精确测量油轨中的压力是共轨系统正常工作的必要条件。共轨压力传感器的测量精度约为最大值的 2% 。

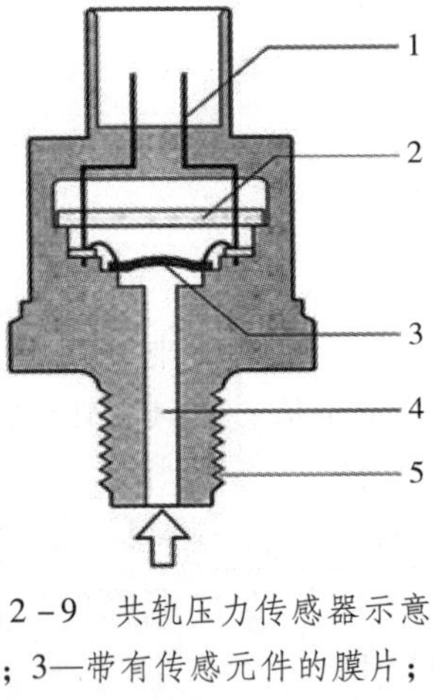

图 2 -9　共轨压力传感器示意图

1—电气接头；2—求值电路；3—带有传感元件的膜片；4—高压接头；5—固定螺纹

3. 安装位置。

共轨压力传感器安装在高压油轨上，如图 2 -10。

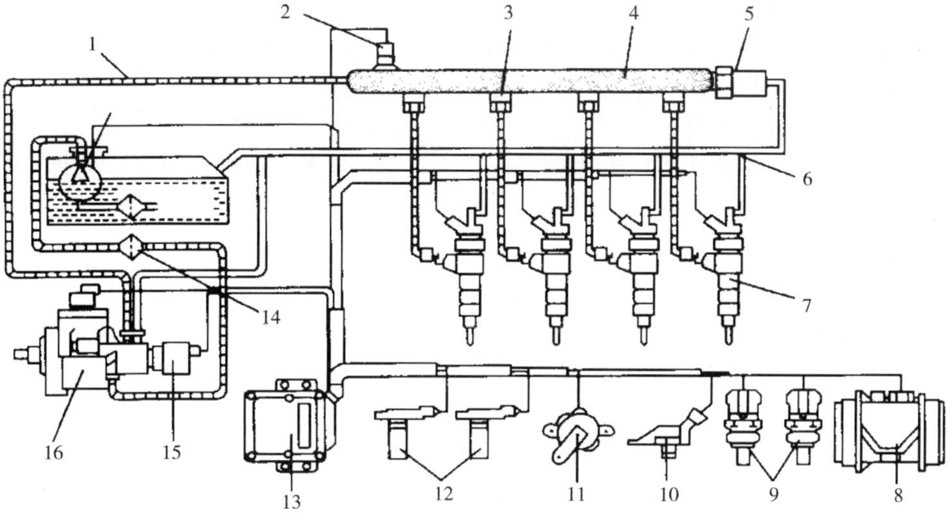

图2－10　共轨压力传感器安装位置

1—高压油管；2—共轨压力传感器；3—流量限制阀；4—共轨；5—安全溢流阀；6—低压回油管；7—带电磁阀的喷油器；8—空气流量传感器；9—冷却水温和进气温度传感器；10—增压压力和大气压力传感器；11—加速踏板传感器；12—凸轮轴和曲轴传感器；13—ECU；14—滤清器；15—PCV；16—高压泵

4. 特性。

共轨压力传感器的输出电压随共轨压力的升高而升高，如图2－11。

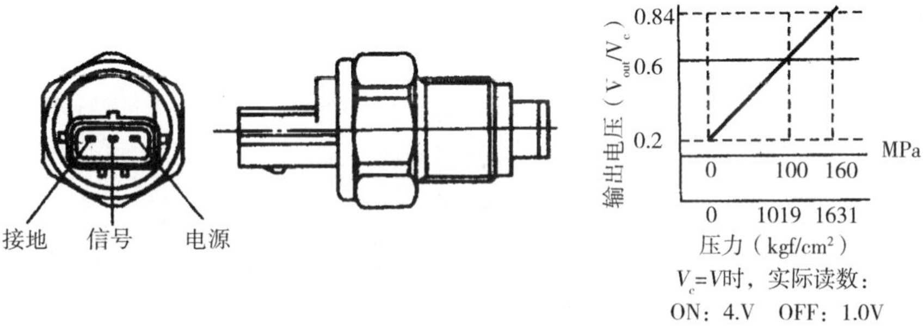

图2－11　共轨压力传感器特性

5. 检修。

共轨压力传感器与ECM连接电路，如图2－12。

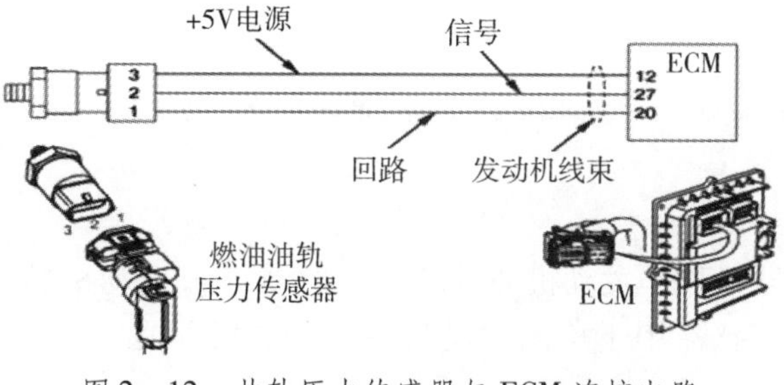

图2－12　共轨压力传感器与ECM连接电路

（1）外线路检查。

用万用表的电阻挡，分别测量1#端子与20#端子、2#端子与27#端子、3#端子与12#端子之间的电阻值，来判断外线路是否存在短路及断路故障。

（2）传感器电压值测量。

关闭点火开关，拔下共轨压力传感器插头，点火开关置于ON，测量传感器侧插头3#端子与搭铁间的电压应为5 V，2#端子与搭铁间的电压应为0.5 V左右，1#端子与搭铁间的电压为0 V。

（3）数据流检测。

用“INSITE故障诊断软件”读取发动机系统数据流，涉及共轨压力的数据流共有4个：“燃油系统共轨压力”“共轨压力设定值”“实际共轨压力最大值”“共轨压力传感器输出电压”。

当发动机水温达到80 ℃、怠速运转时，“共轨压力传感器输出电压”应为1 V左右，“燃油系统共轨压力”及“共轨压力设定值”均为25 MPa左右，“共轨压力设定值”与“燃油系统共轨压力”数值十分接近。

当逐渐踩加速踏板，提高发动机转速时，上述4个数据流逐渐增加，“燃油系统共轨压力”“共轨压力设定值”“实际共轨压力最大值”等最大数值为180 MPa，“共轨压力传感器输出电压”的最大值为4.5 V。如无变化应检查线束连接情况和传感器。

表2－1　共轨压力传感器检测技术规范

共轨压力传感器		
扭矩＝35 N·m［792.48cm－lb］		
压力（PPa）	压力（psi）	直流电压（V）
0	0	0.50
40	5801	1.39
70	10153	2.06
100	14504	2.72
140	20305	3.61
180	26107	4.50

6. 信号失效模式分析。

当共轨压力传感器失效时，具有应急行驶功能的调压阀以固定的预定值控制油压，其故障结果会使发动机排气管冒黑烟、故障灯亮。

2.1.4　发动机转速（曲轴位置）传感器

1. 作用。

发动机转速传感器又称作发动机曲轴位置传感器（或发动机转角传感器）。在电控柴油机中，发动机转速传感器用于检测发动机转速和曲轴位置，ECM根据此信号计算喷油始点和喷油量。

2. 结构原理。

（1）结构。

Bosch 共轨系统广泛采用了电磁感应式的曲轴位置传感器，经常安装在飞轮壳上或齿轮室处（或其他处），通常有两个接线端子（3 个端子的，增加端子为屏蔽线）。

电磁感应式速度传感器内部有一电磁铁芯和磁线绕组，电磁铁芯产生电磁场，速度信号轮在旋转时切割磁场，在磁线绕组上产生交流信号，ECM 通过计量交流信号的频率即可计算出信号轮的转速，如图 2－13 所示。

触发轮 6（或称信号盘）与曲轴同步旋转，在其外圆周加工了许多凸齿或凹齿。传感器固定在发动机机体上，磁铁芯与触发轮保持 0.5～1.2 mm 的间隙。

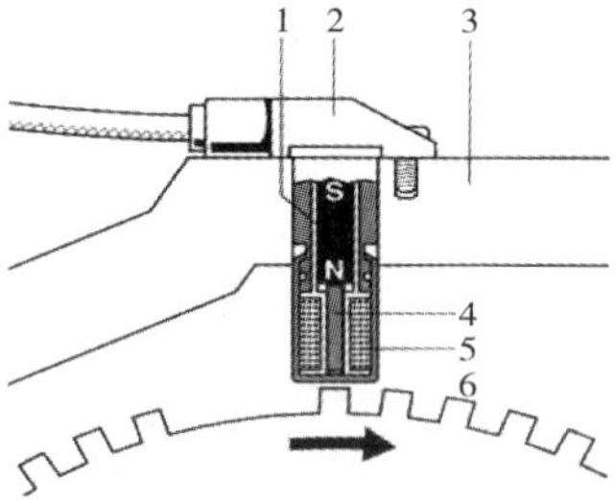

图 2－13　发动机转速传感器结构

1—永久磁铁；2—壳体；3—发动机机体；4—软磁铁芯；5—线圈绕组；6—带定时记号的触发轮

（2）工作原理。

当发动机旋转时，触发轮的轮齿顺序通过磁头，使磁隙不断发生变化，通过感应线圈的磁通也不断发生变化，从而在线圈的两端产生交变电动势。这些交流信号经过整形放大后，形成方波被送入 ECM。为了让 ECM 根据传感器信号判断曲轴位置，还应在触发轮上对应着某一缸的上止点做一个或几个空缺齿。如图 2－14 所示。

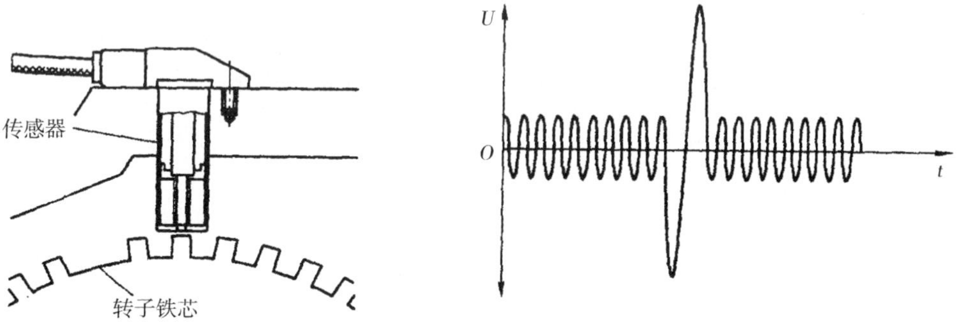

图 2－14　发动机转速传感器工作原理

3. 安装位置。

发动机转速传感器一般安装在缸体或喷油泵上，或曲轴前端，或飞轮壳上。如图 2－15 所示。

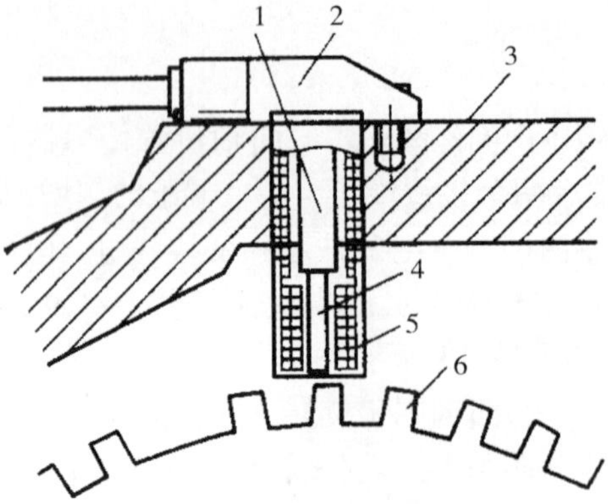

图 2－15　发动机转速传感器安装位置

1—永久磁铁；2—壳体；3—发动机机体；4—软磁铁芯；5—线圈绕组

4. 特性。

（1）电磁式曲轴转速传感器不需要外加电源，永久磁铁起着将机械能转变为电能的作用，其电磁能不会损失。

（2）当发动机转速变化时，转子凸齿转动的速度将发生变化，铁芯中的磁通量变化率也随着发生变化。

（3）发动机转速越高，磁通量变化率也越大，线圈中的感应电动势也就越高，传感器输出的信号电压也随之升高。

5. 检修。

发动机转速传感器与 ECM 连接电路如图 2－16 所示。

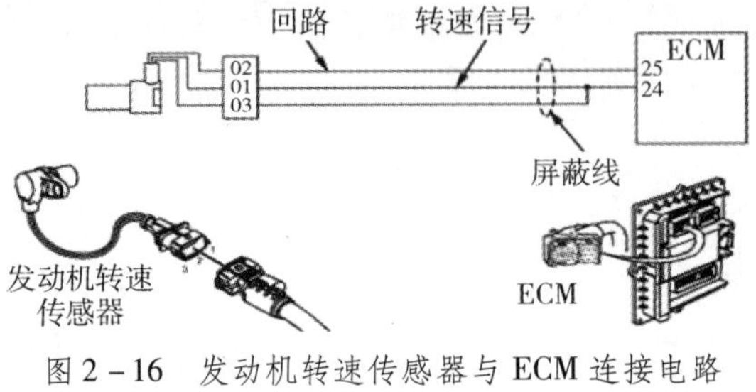

图 2－16　发动机转速传感器与 ECM 连接电路

（1）外观检查。

①检查传感器安装状态是否符合要求（传感器与信号轮的标准间隙一般为 0.8 ~ 1 mm）；

②拆下传感器检查永久磁铁部位是否吸附有铁屑。

（2）外线路检查。

参考电路图，用万用表的电阻挡分别测量传感器线束端 02#、01#、03#端子与 ECU 线束端 25#、24#对应端子之间的电阻值，来判断外线路是否存在短路及断路故障。

（3）传感器阻值测量。

关闭点火开关，拔下发动机转速传感器插头，测量传感器端 01#与 02#端子间的电阻值，标准阻值应为 650 ~ 1000 Ω（机型不同，差异较大），否则更换发动机转速传感器。

表 2－2　发动机转速传感器技术规范

发动机转速传感器		
扭矩 =8 N · m ［71in－lb］		
温度（℃）	温度（℉）	电阻（Ω）
－30	－22	688
20	68	860
50	122	963

（4）测量信号电压。

插接好发动机转速传感器插头，起动发动机或发动机工作时，测量传感器端 01#与02#端子之间的电压，正常应有脉冲信号输出。

（5）波形检测。

可以用故障检测仪测量发动机转速传感器输出波形。因波形所含的信息量丰富，发动机转速传感器的波形检测十分实用。

6. 信号失效模式分析。

当发动机转速传感器失效时，发动机起动困难或无法起动、故障灯亮。

2. 1. 5　凸轮轴位置传感器

1. 作用。

凸轮轴位置传感器的功用是采集配气凸轮轴的位置信号，并输入 ECM，以便 ECM 识别气缸 1 压缩上止点，从而进行顺序喷油量、喷油时刻控制和爆燃控制。此外，凸轮轴位置信号还用于发动机起动时识别出第一次点火时刻。因为凸轮轴位置传感器能够识别哪一个气缸活塞即将到达上止点，所以称为气缸识别传感器。

2. 安装位置。

安装在供油泵凸轮轴上，或安装在凸轮轴驱动齿轮上，如图 2－17 所示。

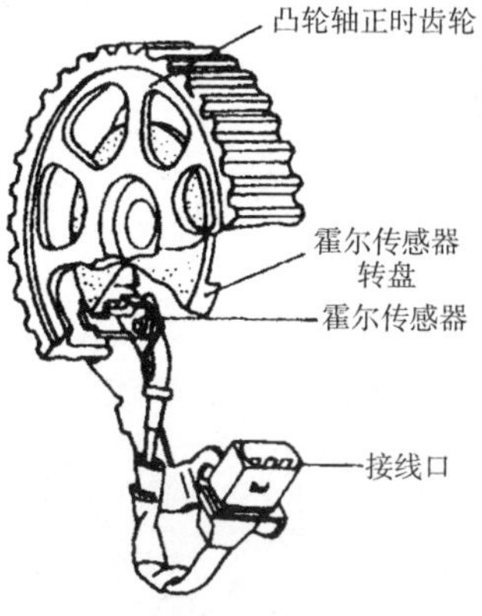

图 2－17　凸轮轴位置传感器安装位置

3. 结构原理。

磁感应式凸轮轴位置传感器的工作原理：磁力线穿过的路径为永久磁铁 N 极→定子与转子间的气隙→转子凸齿→转子凸齿与定子磁头间的气隙→磁头→导磁板→永久磁铁 S 极。当信号转子旋转时，磁路中的气隙就会周期性地发生变化，磁路的磁阻和穿过信号线圈磁头的磁通量随之发生周期性变化。根据电磁感应原理，传感线圈中就会感应产生交变电动势。如图 2－18 所示。

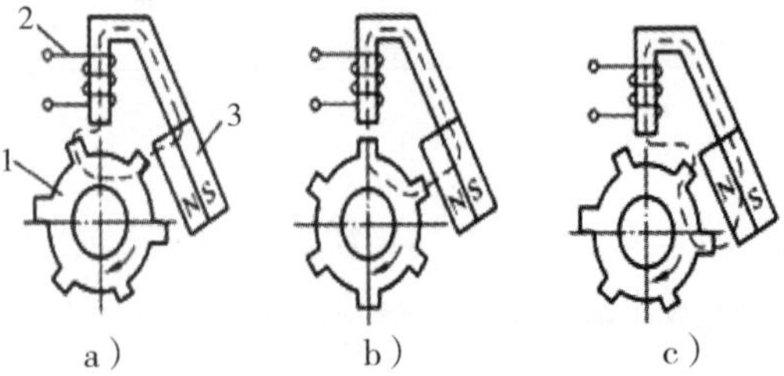

图 2－18　磁感应式凸轮轴位置传感器工作原理

a）接近；b）对正；c）离开

1—信号转子；2—传感线圈；3—永久磁铁

由于转子凸齿与磁头间的气隙直接影响磁路的磁阻和传感线圈输出电压的高低，因此在使用中，转子凸齿与磁头间的气隙不能随意变动。气隙如有变化，必须按规定进行调整，气隙一般设计在 0.2～0.4 mm 范围内。

4. 特性。

（1）电磁式凸轮轴位置传感器不需要外加电源，永久磁铁起着将机械能转变为电能的作用，其电磁能不会损失。

（2）当发动机转速变化时，转子凸齿转动的速度将发生变化，铁芯中的磁通量变化率也随着发生变化。

（3）转速越高，磁通量变化率也越大，线圈中的感应电动势也就越高，传感器输出的信号电压也随之升高。

5. 检修。

凸轮轴位置传感器与 ECM 连接电路如图 2－19 所示。

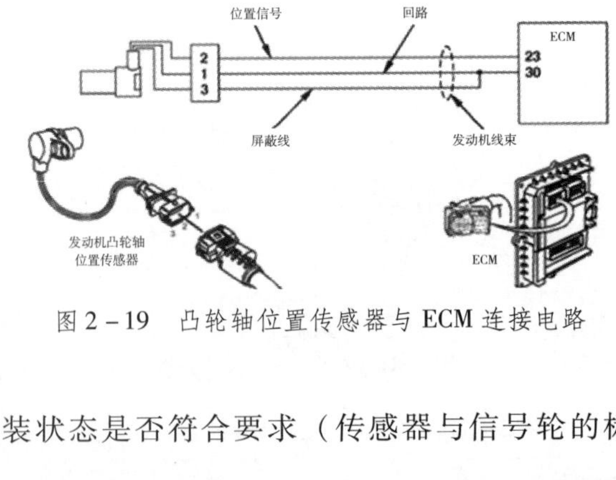

图 2－19　凸轮轴位置传感器与 ECM 连接电路

（1）外观检查。

①检查传感器安装状态是否符合要求（传感器与信号轮的标准间隙一般为 0.8～1 mm）；

②拆下传感器检查永久磁铁部位是否吸附有铁屑。

（2）外线路检查。

参考电路图，用万用表的电阻挡分别测量传感器线束端 1#、2#、3#端子与 ECU 线束端 23#、30#对应端子之间的电阻值，来判断外线路是否存在短路及断路故障。

（3）传感器阻值测量。

关闭点火开关，拔下凸轮轴位置传感器插头，测量传感器端 1#与 2#端子间的电阻值，标准阻值为 650 ~ 1000 Ω（机型不同，差异较大），否则更换凸轮轴位置传感器。

表 2 – 3　凸轮轴位置传感器技术规范

凸轮轴位置传感器		
扭矩 = 8 N · m［71in – lb］		
温度（℃）	温度（℉）	电阻（Ω）
– 30	– 22	688
20	68	860
50	122	963

（4）测量信号电压。

插接好凸轮轴位置传感器插头，起动发动机或发动机工作时，测量传感器端 01#与02#端子之间的电压，正常应有脉冲信号输出。

（5）波形检测。

可以用故障检测仪测量凸轮轴位置传感器输出波形。因波形所含的信息量丰富，凸轮轴位置传感器的波形检测十分实用。

6. 信号失效模式分析。

当凸轮轴位置失效时，发动机起动困难或无法起动、故障灯亮。

☞学习工作页

<table>
<tr><td rowspan="2">学习工作页 1</td><td>学习单元</td><td colspan="4">柴油发动机共轨电控燃油喷射系统主要部件检修</td></tr>
<tr><td>学习任务</td><td colspan="4">共轨电控燃油喷射系统综述</td></tr>
<tr><td>姓　名</td><td></td><td>班　级</td><td></td><td>小　组</td><td></td></tr>
<tr><td>日　期</td><td></td><td>开始时间</td><td></td><td>结束时间</td><td></td></tr>
</table>

1. 填空题。

(1) Bosch 共轨系统第二代喷油器采用的是电磁阀式______，由孔式喷油嘴和电磁阀（喷油器电磁阀的灵敏度为 0.2 ms 左右）等组成。

(2) 喷油器主要由控制柱塞、喷油嘴针阀和______等组成。

(3) 油压控制电磁阀的作用是 ECM 根据加速脚踏板位置传感器、凸轮轴位置传感器、______位置传感器等的信号，确定高压共轨内的燃油压力，通过______调节共轨压力调节阀控制共轨压力，并通过共轨压力传感器的反馈信号实现对共轨内的燃油压力闭环控制。

2. 判断题。

(1) 共轨压力传感器信号故障原因与喷油器电磁线圈故障有关。(　　)

(2) 发动机起动困难与凸轮轴位置传感器损坏无关。(　　)

(3) 发动机冒黑烟与废气涡轮增压器系统故障关系较密切。(　　)

(4) 电控柴油机功率不足故障比较常见，但是由于机型不同、电控系统不同，故障原因有所差异，应结合具体机型，特别注意各传感器及执行器的失效保护模式。(　　)

(5) 曲轴、凸轮轴位置传感器以及喷油器故障等都会引起电控柴油机怠速不稳。(　　)

指导教师评语：

____

____

教师签字：____________　日期：______年______月______日

学习任务2.2　共轨电控燃油喷射系统常见故障的诊断与排除

☞学习目标

在装备电控柴油发动机的车辆（或电控柴油发动机总成、电控柴油发动机实验台架）上，认识柴油发动机的电控系统。对比以下学习信息，有重点地进行学习。

本次任务是认识柴油机的电控系统，完成任务后能够回答以下问题：

1. 电控柴油机起动困难故障诊断与排除。
2. 电控柴油机冒黑烟故障诊断与排除。
3. 电控柴油机功率不足故障诊断与排除。
4. 电控柴油机怠速不稳故障诊断与排除。

☞学习信息

通过该部分学习，能掌握柴油发动机共轨电控燃油喷射系统常见故障的诊断与排除。

柴油发动机共轨电控燃油喷射系统及主要部件在使用过程当中，由于技术状况的问题和燃油质量的问题会导致电磁式喷油器出现电路故障和机械故障，所以要根据技术标准来对电磁式喷油器进行检测和维修，排除故障。

1. 清除故障代码，故障灯熄灭；
2. 共轨油压在怠速时为35～36 MPa，加速时有升高；
3. 发动机排烟正常；
4. 发动机怠速稳定在750～850 r/min。

2.2.1　设备器材

1. 高压共轨式电控柴油机；
2. 万用表；
3. 故障诊断软件。

2.2.2　作业准备

1. 清洁发动机；
2. 万用表；
3. 诊断软件与发动机连接。

2.2.3 操作步骤

故障闪码（闪码的读取及消除）——不需用诊断仪，方便有效。 ISBe 电控柴油机普遍可以利用故障诊断灯进行读取故障闪码（不需要诊断仪），可以对柴油机电控系统进行初步诊断。 故障诊断灯：当车出现故障时，可以通过整车仪表盘上的闪码灯读出闪码，参照闪码表初步判断错误原因。故障闪码读取操作： （1）点火钥匙开关处于接通位置； （2）按下—松开故障诊断请求开关； （3）闪码灯将报出闪码； （4）每一次操作只闪烁一个闪码，直至循环至第一个为止； （5）闪码由三位数组成，如闪码 324。	 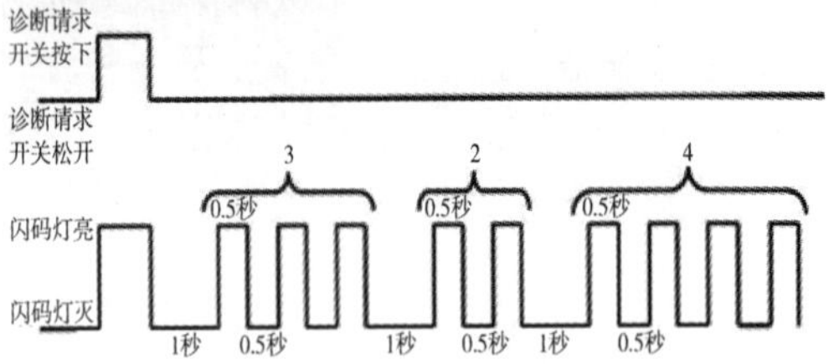
检查起动系统是否存在故障： 检查时有几个要素：空挡开关、起动继电器、电瓶、车下停车开关的关联。①检查是否挂在空挡位置；②检查车下停车开关的位置（应处于断开状态）；③检查空挡开关（一般安装在变速箱上）及接线是否完好，试着使用紧急起动（点火开关持续按下 3 秒以上）；④检查电瓶电压是否过低，以致不能带动起动机；⑤检查起动机继电器及接线是否完好；⑥检查起动机是否已烧坏；⑦检查点火开关及起动开关是否已坏。	
ECM 系统没有通电：点火开关处于 ON 时，故障灯不亮（应通电自检亮 2 s 后熄灭）；诊断仪无法通讯。	

蓄电池电压不足：蓄电池充电或更换蓄电池。	
预热不足：检查预热线路是否正常；检查预热塞或预热栅格阻值是否正常；检查蓄电池容量。	
喷油器不喷油：检修喷油器 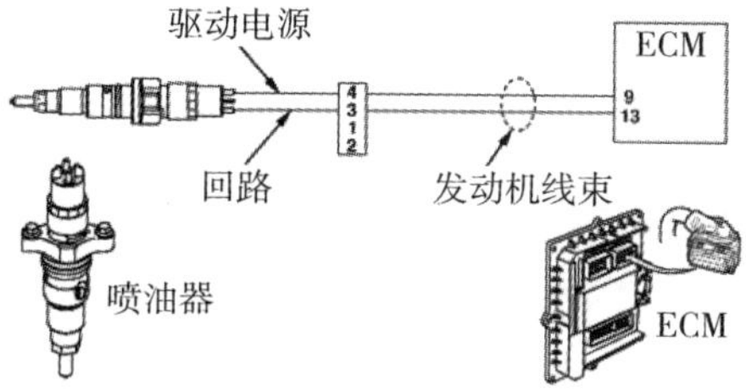	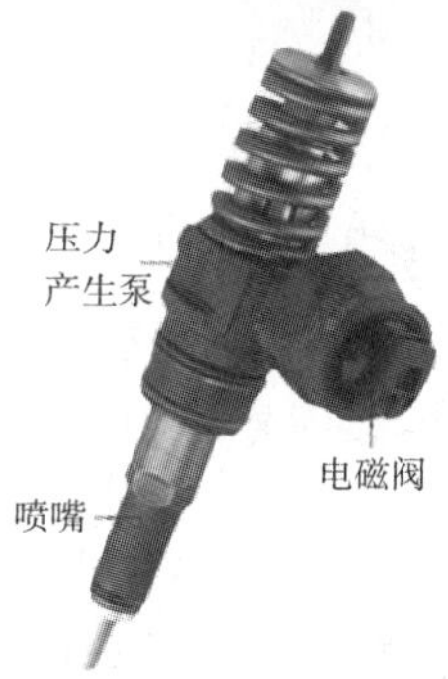
高压油泵供油压力不足：	
检测共轨压力传感器	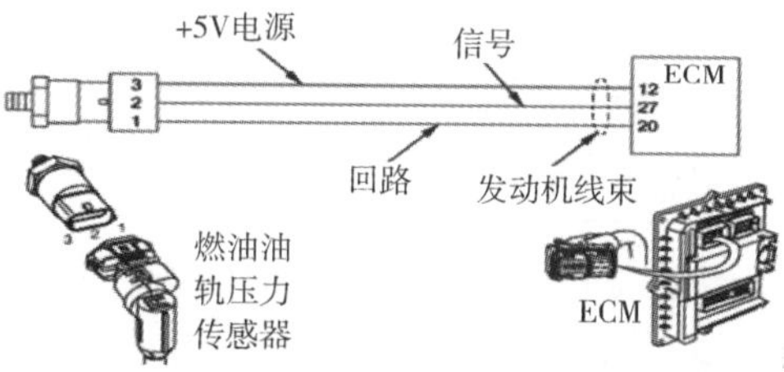
检修凸轮轴位置传感器和曲轴位置传感器	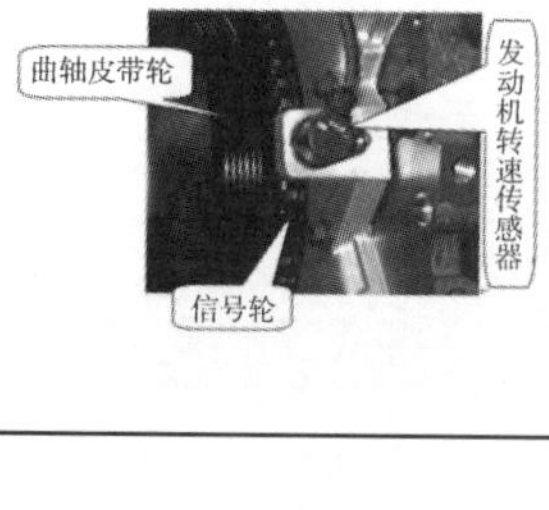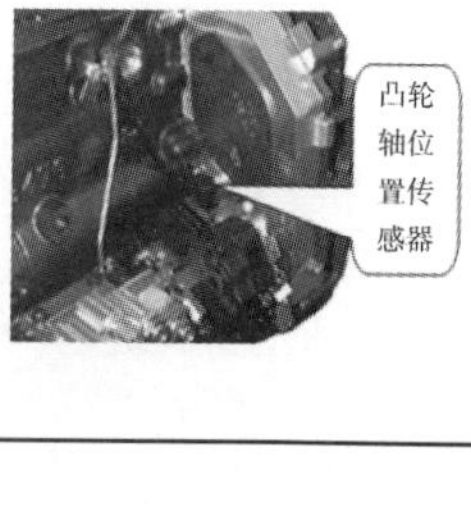

检修低压油路	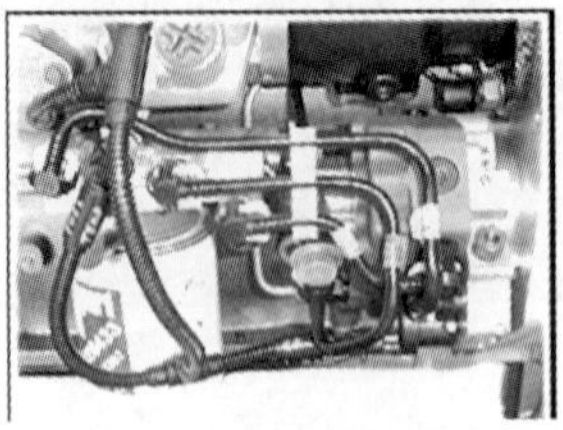

柴油机 ISBe 共轨系统起动困难故障排除如表 1 所示。

表 1　发动机起动困难，可能的故障部位及特征、故障排除方法

可能的故障部位及特征	故障排除方法
（1）防盗系统故障	（1）检查防盗系统
（2）电源电压不正确	（2）检查电源电压
（3）主继电器不能闭合	（3）检查主继电器
（4）保险丝、导线连接或插头不良	（4）检查保险丝、导线连接或插头连接是否牢固
（5）曲轴位置传感器损坏	（5）检查曲轴位置传感器
（6）凸轮轴位置传感器损坏	（6）检查凸轮轴位置传感器
（7）共轨压力传感器损坏	（7）检查共轨压力传感器
（8）没有燃油或燃油品质不正确	（8）按规定牌号添加燃油
（9）燃油系统有空气	（9）排除燃油系统空气
（10）低压油路堵塞或漏气	（10）检修低压油路
（11）预热电路（冬季）故障	（11）检查预热电路
（12）高压油泵或进油计量比例电磁阀故障（不能建立高压）	（12）检查高压油泵或进油计量比例电磁阀
（13）ECM 故障	（13）检查 ECM
（14）喷油器电磁阀故障	（14）检查喷油器电磁阀

2.2.4 记录与分析

故障 1 电控柴油机起动困难故障的诊断与排除

姓 名		日 期	
班 级		学 号	

1. 诊断方法。

ISBe 电控柴油机普遍可以利用故障诊断灯读取故障闪码（不需要诊断仪），可以对柴油机电控系统进行初步诊断。

故障闪码读取操作：

（1）______________________；

（2）______________________；

（3）______________________；

（4）______________________；

（5）______________________。

2. 电控柴油机起动困难故障诊断。

电控柴油机起动困难故障比较常见，但是故障原因复杂，机型不同、电控系统不同，故障原因有所差异，下面以康明斯 ISBe Bosch 共轨为例，分析故障原因及故障诊断和排除。

（1）检查起动系统是否存在故障。

对于起动机受 ECM 控制的整车，在起动时 ECM 首先检查空挡信号，然后输出一个电流驱动起动继电器，继电器接通后电瓶带动起动机起动。

检查时有几个要素：______、______、______、______。

①检查____；

②检查____；

③检查____；

④检查____；

⑤检查____；

⑥检查____；

⑦检查____。

假设起动系统正常，Bosch 共轨柴油机起动困难故障应按下列步骤逐步排除。

（2）ECM 系统没有通电。

①故障现象：____

____

②诊断与排除：______________________________________

____

（3）蓄电池电压不足。

①故障现象：____

____

②诊断与排除：

(4) 无法建立工作时序。

①故障现象：

②诊断与排除：

(5) 预热不足。

①故障现象：

②诊断与排除：

(6) ECM 软、硬件或高压系统故障。

①故障现象：

②诊断与排除：

(7) 喷油器不喷油。

①故障现象：

②诊断与排除：

(8) 高压油泵供油压力不足。

①故障现象：

②诊断与排除：

(9) 共轨压力难以建立。

①故障现象：

②诊断与排除：

(10) 共轨压力持续超高。

①故障现象：

②诊断与排除：

(11) 机械组件故障。

①故障现象：

②诊断与排除：

通过上述检查，学生得出以下结论：

（1）______________________________

（2）______________________________

（3）______________________________

故障排除后，进行如下检查：

（1）起动发动机，检查故障灯是否闪烁：

____

（2）检查怠速情况：______________________________

（3）检查排放情况：______________________________

故障 2　电控柴油机冒黑烟故障的诊断与排除

姓　名		日　期	
班　级		学　号	

1. 诊断方法。

ISBe 电控柴油机普遍可以利用故障诊断灯读取故障闪码（不需要诊断仪），可以对柴油机电控系统进行初步诊断。

故障闪码读取操作：

（1）____________________；

（2）____________________；

（3）____________________；

（4）____________________；

（5）____________________。

2. 电控柴油机冒黑烟故障诊断。

（1）燃油品质不良。

①故障现象：______________________________

②故障诊断与排除：______________________________

____

____

____

（2）喷油器故障。

①故障现象：______________________________

②故障诊断与排除：______________________________

____

____

____

（3）冷却液温度传感器故障（指示值过低）。

①故障现象：______________________________

②故障诊断与排除：______________________

____

____

____

（4）共轨压力信号漂移。

①故障现象：______________________

②故障诊断与排除：______________________

____

____

____

（5）进气压力信号漂移。

①故障现象：______________________

②故障诊断与排除：______________________

____

____

____

（6）其他系统故障。

①故障现象：______________________

②故障诊断与排除：______________________

____

____

____

通过上述检查，学生得出以下结论：

（1）______________________

（2）______________________

（3）______________________

故障排除后，进行如下检查：

（1）起动发动机，检查故障灯是否闪烁：

____

（2）检查怠速情况：______________________

（3）检查排放情况：______________________

故障3　电控柴油机功率不足故障诊断与排除

姓　名		日　期	
班　级		学　号	

1. 诊断方法。

ISBe 电控柴油机普遍可以利用故障诊断灯读取故障闪码（不需要诊断仪），可以对柴油机电控系统进行初步诊断。

故障闪码读取操作：

（1）______________________；

（2）______________________；

（3）______________________；

（4）______________________；

（5）______________________。

2. 电控柴油机功率不足故障诊断。

（1）热保护引起功率不足。

①故障现象：

a. ______________________

b. ______________________

c. ______________________

d. ______________________

e. ______________________

f. ______________________

②故障诊断与排除：

a. ____

b. ____

c. ____

d. ____

e. ____

f. ____

（2）电控柴油机进入失效保护模式。

①故障现象：

a. ______________________

b. ______________________

c. ______________________

d. ______________________

e. ______________________

f. ______________________

g. ______________________

h. ______________________

i. ______________________

②故障诊断与排除：

a. ____________________

b. ____________________

c. ____________________

d. ____________________

e. ____________________

f. ____________________

g. ____________________

h. ____________________

（3）机械系统原因。

①故障现象：

a. __________

b. __________

c. __________

d. __________

e. __________

f. __________

g. __________

h. __________

i. __________

②故障诊断与排除：

a. ____________________

b. ____________________

c. ____________________

d. ____________________

通过上述检查，学生得出以下结论：

（1）____________________

（2）____________________

（3）____________________

故障排除后，进行如下检查：

（1）起动发动机，检查故障灯是否闪烁：

____

（2）检查怠速情况：__________

（3）检查排放情况：__________

故障 4　电控柴油机怠速不稳故障的诊断与排除

姓　名		日　期	
班　级		学　号	

1. 诊断方法。

ISBe 电控柴油机普遍可以利用故障诊断灯读取故障闪码（不需要诊断仪），可以对柴油机电控系统进行初步诊断。

故障闪码读取操作：

①____________________；

②____________________；

③____________________；

④____________________；

⑤____________________。

2. 电控柴油机怠速不稳故障诊断。

（1）同步信号间歇错误引起怠速不稳。

①故障现象：

a. ____________________

b. ____________________

②故障诊断与排除：

a. ____

b. ____

c. ____

d. ____

（2）喷油器驱动故障引起怠速不稳。

①故障现象：

a. ____________________

b. ____________________

c. ____________________

②故障诊断与排除：

a. ____

b. ____

（3）油门信号波动引起怠速不稳。

①故障现象：

a. ____________________

b. ____________________

c. ____________________

②故障诊断与排除：

a. ____

b. ____

c. ____

d. ____________________

(4) 机械方面故障引起怠速不稳。

①故障现象：

a. ____________________

b. ____________________

c. ____________________

d. ____________________

e. ____________________

②故障诊断与排除：

a. ____________________

b. ____________________

c. ____________________

d. ____________________

e. ____________________

(5) 其他方面的原因引起怠速不稳。

①故障现象：

a. ____________________

b. ____________________

②故障诊断与排除：

a. ____________________

b. ____________________

通过上述检查，学生得出以下结论：

(1) ____________________

(2) ____________________

(3) ____________________

故障排除后，进行如下检查：

(1) 起动发动机，检查故障灯是否闪烁：____________________

(2) 检查怠速情况：____________________

(3) 检查排放情况：____________________

☞学习工作页

学习工作页 2	学习单元	柴油发动机共轨电控燃油喷射系统主要部件检修			
	学习任务	共轨电控燃油喷射系统常见故障的诊断与排除			
姓　名		班　级		小　组	
日　期		开始时间		结束时间	

1. 选择题。

(1) 导通性检查是测量两点之间的电阻值，用于确认这两点之间是否导通，这是将实际的电路连接和电路图进行对比的有效手段。康明斯技术规范对导通的要求是两点之间的电阻值小于（　　）。

A. 5 Ω　　B. 10 Ω　　C. 120 Ω

(2) 在整个控制系统中，ECM 由电瓶供电，其他的大部分元件由 ECM 提供工作电源。输入设备一般由 ECM 提供（　　）的工作电压。

A. 5 V　　B. 12 V　　C. 24 V

(3) 康明斯技术规范对开路（不短路）的要求是两点之间的电阻大于（　　）欧姆。

A. 10 k　　B. 50 k　　C. 100 k

(4) 发动机电控系统发生故障时，调取（　　）是快速、准确获取故障信息的有效途径。

A. 转速信息　　B. 功率信息　　C. 故障码

(5) 无故障码故障是指在工程机械使用中，有明显的故障现象，但故障指示灯不亮，按规定程序调取故障码时，显示正常码的现象，此时描述错误的是（　　）。

A. 无故障码故障不属于电路故障

B. 无故障码故障不属于电控系统的电路故障

C. 无故障码故障不属于传感器信号的特性发生变化

(6) 对间歇性故障诊断方法描述错误的是（　　）。

A. 振动法　　B. 使用故障诊断仪　　C. 加热法

(7) 下面对发动机工作相位出现错误的故障，分析不正确的是（　　）。

A. 曲轴信号传感器损坏　　B. 凸轮相位传感器损坏　　C. 水温传感器损坏

(8) 发动机（　　）是红色的，当这个故障灯亮起时，表明需要尽快使发动机安全停机，并及时排除故障。在故障排除以前，不允许起动发动机。

A. “STOP” 停机指示灯　　B. “WARNING” 警告指示灯

C. “WTS” 等待起动指示灯

(9) 如果故障指示灯亮，却调不出故障码，则可能是（　　）。

A. 故障指示灯电路搭铁故障

B. 故障属于电路故障

C. 故障属于电控系统的电路故障

2. 问答题。

（1）当进行电路和控制系统的故障排查时，一般应该进行哪些方面的基本检查？

（2）无故障代码故障诊断的方法是什么？

（3）电控柴油机起动困难故障诊断应该考虑哪些方面？

（4）电控柴油机怠速不稳故障诊断应该考虑哪些方面？

3. 完成任务。

在教师提供的车辆或电控柴油发动机上，通过查阅维修手册等资料，判断其电控燃油喷射系统故障并进行排除。

车型：____

柴油喷射系统类型：________________________________

柴油喷射系统的故障分析：____________________________

柴油喷射系统的故障排除：____________________________

____

____

____

____

指导教师评语：

____

____

教师签字：____________ 日期：______年______月______日

单元3　柴油发动机怠速及油门控制系统检修

☞学习情境

某公交公司的公交车使用康明斯ISBe 6缸发动机，根据司机反映，该车修理之后出现了踩油门踏板无加速度现象。维修人员检测了油门踏板油门开关电阻，发现该油门踏板电源线和回路之间的电阻为2700 Ω，电源线和信号线之间的电阻为无穷大，回路线和信号线之间的电阻为无穷大，基本可以判定其原因为该油门踏板传感器出现问题，油门踏板必须进行检修。

请通过检测油门踏板，判断油门踏板传感器技术状况；若需要修复，请制定修复方法和工艺流程。

☞单元学习目标

通过本单元的学习，应能：

1. 叙述电控柴油发动机怠速控制系统原理；
2. 描述油门控制系统常见故障，分析对车辆工作的影响；
3. 描述汽油门踏板的检测与修复方法；
4. 根据维修手册，正确选用检测设备，在规定时间内安全规范地进行油门踏板的检测，制定修复方法和工艺流程。

☞学习信息资源

1. 各汽车生产厂商的网页；
2. 维修手册；
3. 有关安全的法律、法规；
4. 提供各类维修知识和维护资料的网站。

☞学习场所和设备

学习的环境和使用的设备有：

1. 车间或模拟车间；
2. 个人防护用品、用具；
3. 汽车维修设备和工具；

4. 安全的工作环境和工作场所；
5. 电控发动机总成；
6. 装备有电控发动机的车辆。

☞单元学习任务

为了掌握柴油发动机怠速及油门控制系统的检修能力，本单元安排的学习任务有：
任务 1　怠速及油门控制系统综述；
任务 2　加速踏板位置传感器的检修；

☞学习引导

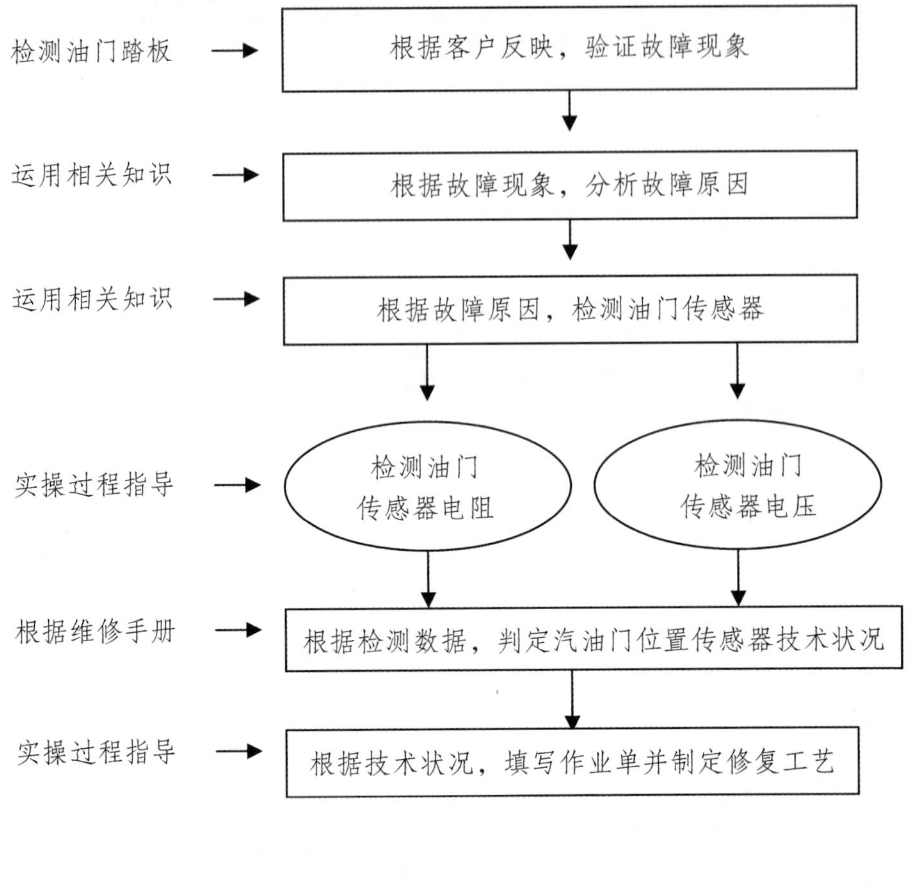

学习任务3.1　怠速及油门控制系统综述

☞学习目标

通过本任务的学习，完成任务后能够回答以下问题：

1. 柴油发动机怠速控制原理；
2. 掌握柴油发动机电控系统加速踏板位置传感器的结构原理与检修。

☞学习信息

3.1.1　怠速控制

汽车柴油机经常要在怠速工作（如短暂停车、起动暖机等），此时，喷入气缸的燃油量很少，发出的功率仅用于克服柴油机内部机构运转的阻力，使柴油机能以最低稳定转速维持运转而不致熄火。然而，对柴油机来说，由于传统的机械控制的喷油泵反映循环供油量和转速关系的速度特性，使得机内阻力略有增加而转速略有下降时，喷油泵的循环供油量却自动减少，使柴油机转速进一步下降。如此循环，最后导致熄火。反之，当机内阻力稍有减小时，转速将自行上升。为此，在怠速工况下，必须在机内阻力稍有变化而引起转速变化时，对循环供油量进行自动调节。在传统的机械式柴油机控制系统中，这种调节是通过改变调速器中怠速弹簧的预紧力、调节怠速转速来实现的。

由于汽车行驶工况的变化较大，特别是在城市中交通密度大的道路上行驶时，约有30%的燃油消耗在怠速工况，因此，从节能的角度看，应在不使柴油机熄火的前提下，尽量降低怠速转速。此外，由于柴油机特有的怠速噪声和振动，大大影响柴油客车特别是柴油轿车乘坐的舒适性，而降低怠速转速可以相对降低怠速噪声和振动。但另一方面，由于柴油机在低的怠速转速下，CO、HC和颗粒的排放量相对较高，所以，从降低怠速排放的角度看，怠速转速不能过低，同时还应考虑如冷车运转，以及各种汽车电器、动力转向伺服机构、汽车空调等设备的接入等因素对怠速转速的影响。此外，柴油机使用时间、季节的改变、机油黏度的改变等引起的喷油泵特性的改变带来的影响，都会引起怠速转速的变化，使柴油机运转不稳，甚至熄火。因此，必须根据不同的控制目标进行怠速转速的调节，而且，对破坏怠速转速稳定的各种影响必须做出快速的反应。然而，在传统的机械式柴油机控制系统中，只能靠改变调速器中怠速弹簧的预紧力来进行怠速转速的调节，因而是无法满足上述要求的。

此外，由于柴油机喷油系统在制造中产生的，或在使用一段时间后因磨损等原因引起的尺寸偏差，以及由于其他原因造成的有关机构工作特性的偏差，都会使怠速时各缸循环供油量不均匀，这也是造成怠速噪声和振动的重要原因之一。所以，在汽车柴油机控制系统中，怠速控制的内容除了对怠速转速的高低、怠速转速的稳定进行控制外，还应包含为降低怠速噪声和振动的怠速时各缸循环供油量均匀性的控制，或简称怠速时各缸均匀性控制，这种控制在传统的机械式柴油机控制系统中靠调速器中的怠速装置也是无法实现的。

综上所述，现代汽车柴油机控制系统中的怠速控制应包含以下两个内容：怠速转速控制和怠速时各缸均匀性控制。

1. 怠速转速的控制。

在以微机为控制单元的现代汽车柴油机怠速控制系统中，怠速转速控制的实质与现代汽车汽油机怠速控制系统中怠速转速控制是不同的。后者是对怠速时流经进气管中节气门体怠速旁通空气通道的循环空气量进行控制，进而控制怠速转速；而前者是通过对怠速时喷油系统循环供油量的控制，进而控制怠速转速。所以在现代汽车柴油机怠速控制系统中，对怠速转速控制的方法与一般工况下对循环供油量的控制是一样的。怠速工况时，电控单元根据油门位置传感器、柴油机转速传感器、冷却液温度传感器、进气空气温度传感器、空调离合器开关、蓄电池电压传感器等得到的信息，按预存在电控单元中的相对于所要求的怠速转速的怠速循环供油量脉谱图，确定循环供油量，通过各种提供反馈信号上的传感器，对怠速循环供油量进行反馈控制，这样，不仅比较容易实现对怠速转速高低的柔性控制，而且能使怠速转速得以稳定。

2. 怠速时各缸均匀性的控制。

为实现对怠速时各缸均匀性的控制，通常是在各缸工作行程中，通过对曲轴转速的精确测定，由电控单元算出怠速时各缸循环供油量的偏差然后进行补偿调节。用高速电磁溢流阀作为执行器的电控 VE 型分配泵的电控系统中，当 IPC 得到 CCU 来的供参照的怠速循环油量后，通过测取各缸对怠速转速所做“贡献”的大小，调整各缸循环供油量，并利用标定的数据表，将补偿的循环供油量数据转换为参考的喷油泵凸轮转角，然后根据喷油泵瞬间的转速信息，将参考的喷油泵凸轮转角再转为电磁溢流阀关闭持续时间，以决定驱动脉冲信号的宽度，对各缸循环供油量进行瞬时的调整。图 3－1 和图 3－2 分别表示出了怠速时各缸均匀性有控制或无控制情况下曲轴转速的变化和气缸盖处测得的振动频谱图的变化。从图中可以看出，怠速时各缸均匀性得到控制后，怠速明显改善，由此而引起的噪声也必然有所降低。

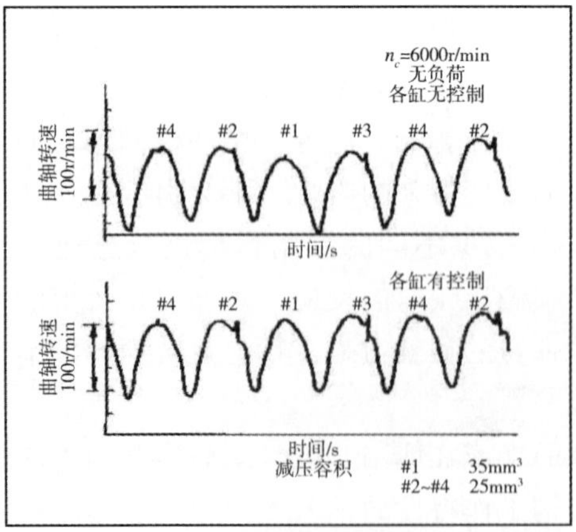

图 3－1 怠速转速变化

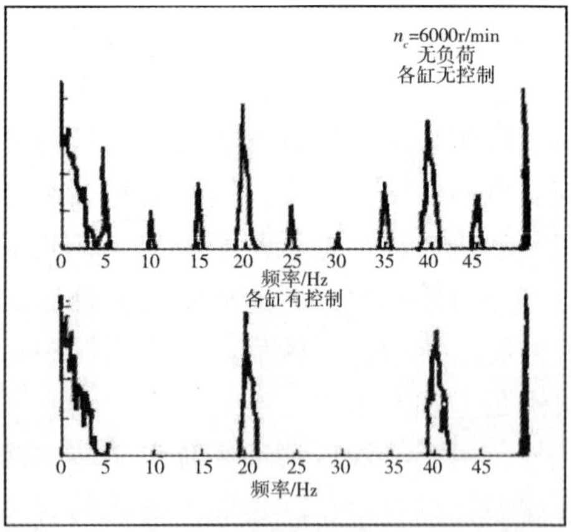

图 3－2 怠速时气缸盖处测得的振动频谱

3.1.2　加速踏板位置传感器

1. 加速踏板位置传感器的作用。

电控柴油机中，车辆的加速是由安装在加速踏板上的传感器获取加速信号，然后把加速信号传递到ECM，由ECM操纵电控喷油泵调节喷油量。加速踏板位置的大小反映了柴油机负荷的大小，柴油机在转速一定时，进气量基本不变，而喷油量随负荷的大小而变化，负荷增大，喷油量就增大。

2. 加速踏板位置传感器的位置。

加速踏板位置传感器安装在加速踏板上，如图3－3。

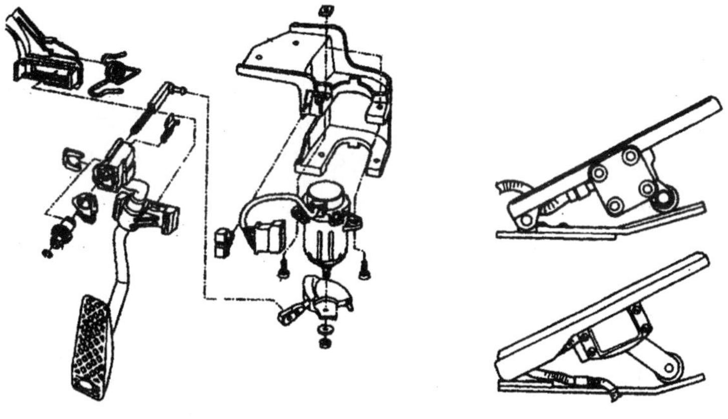

a）博世（Bosch）公司　　　　b）底特律（Detroit）公司

图3－3　加速踏板位置传感器的安装位置

3. 加速踏板位置传感器的类型。

加速踏板位置传感器有电位器式和霍尔式两种。

电位器式加速踏板位置传感器是利用可以相互滑动的电阻元件和滑臂之间的相互接触工作的，因而它的寿命短。

非接触式（即霍尔式）加速踏板位置传感器的使用寿命长，现已逐渐取代了电位器式加速踏板位置传感器。

（1）电位器式加速踏板位置传感器。

图3－4为加速踏板位置传感器的工作原理。这种传感器可看作是一个电位计或可变电阻，驾驶员踩下踏板的情况直接转变为电压信号输出。与线圈接触的滑臂沿圆弧转动，ECM向传感器输入5 V基准电压，当油门关闭时（怠速时），滑臂转到使基准电压通过全部线圈的位置，这时传感器产生约0.5 V的信号电压，向ECM反馈；当油门全开时，滑臂转到基准电压只通过很少线圈的位置，传感器向ECM反馈的信号电压为4.5 V。当油门处在怠速和全开位置之间时，传感器向ECM输入的信号电压与滑臂在电阻上的位置成正比。ECM按照程序将反馈电压进行比较，判断出驾驶员所要求的油门开度。

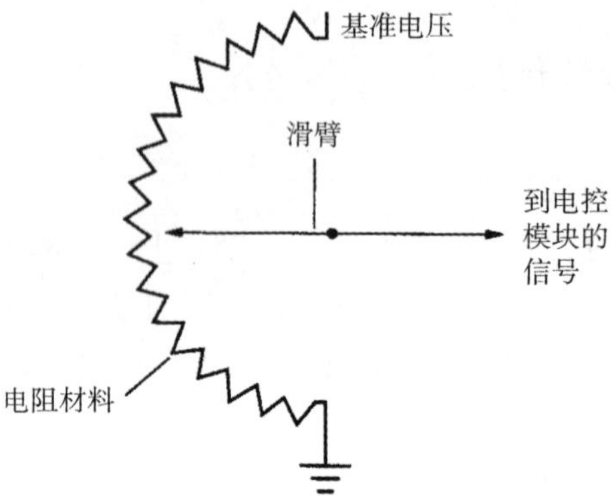

图 3-4　加速踏板位置传感器的工作原理

当驾驶员踩下加速踏板的深度增大时，传感器的信号电压也提高，ECM 识别电压的变化后，将调节脉冲宽度电压发送到喷油器电磁阀，使喷油量增多。发动机的实际喷油量及输出功率还受到冷却液温度、涡轮增压压力、机油压力和机油温度等传感器向 ECM 输入信号的影响，ECM 将根据这些传感器输入的电信号最终确定喷油脉冲宽度信号。

（2）新型加速踏板总成。

将加速踏板位置传感器和怠速开关组合在一起（图 3-5），两个元件的电路是独立的，加速踏板通过机械联系一同操纵。两个信号发生器在制造厂被校定，并在整个寿命期内的维护过程中被调整。怠速开关对油门电位计所指示的踏板是否在怠速位置的信号提供独立确证，怠速开关可以是独立机构，也可以与电位器集成在一起。

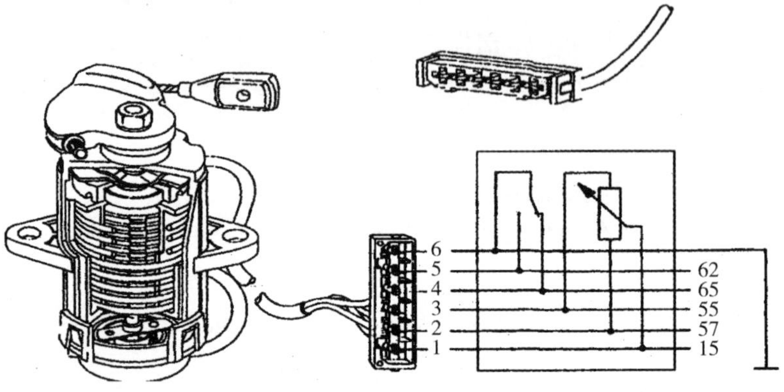

图 3-5　加速踏板位置传感器与怠速开关的组合体

加速踏板位置传感器输出的信号电压为 0.5～4.5 V，信号电压的变化与加速踏板位置的变化呈线性关系，如表 3-1 所示。

表 3-1　加速踏板位置与输出信号电压关系

加速踏板开度/%	0	20	40	60	70	80	90	100
输出电压/V	0.56	1.18	1.75	2.35	2.75	2.95	3.23	3.49

（3）霍尔式加速踏板位置传感器。

用霍尔元件制成的加速踏板位置传感器是一种非接触式加速踏板角度位置传感器（图

3－6）。在与加速踏板连接的轴上安装有磁铁。当踏板轴旋转时，轴与霍尔元件之间的位置发生了变化，因而改变了作用在霍尔元件上的磁场强度，使霍尔元件上的输出电压也发生变化。测量电压值就可测得加速踏板的角位移（即加速踏板位置）。

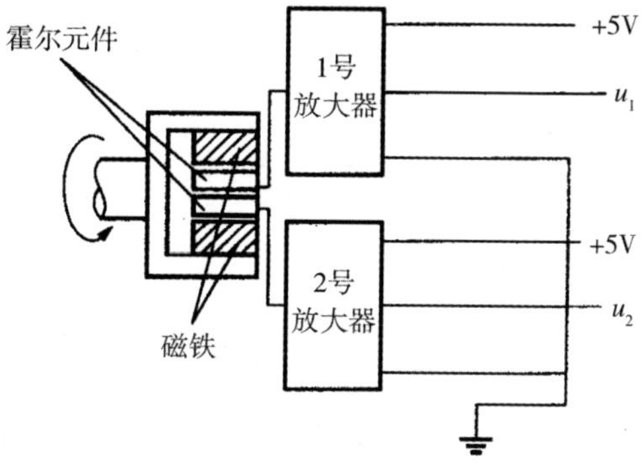

图 3－6　霍尔式加速踏板位置传感器

霍尔效应原理是：霍尔电压 U_H 与输入电流 Ic 和磁感应强度 B 成线性关系。当输入控制电流 Ic 保持不变时，传感器的输出电压与磁感应强度成正比关系。

☞学习工作页

<table>
<tr><td rowspan="2">学习工作页 1</td><td>学习单元</td><td colspan="4">柴油发动机怠速及油门控制系统检修</td></tr>
<tr><td>学习任务</td><td colspan="4">怠速及油门控制系统综述</td></tr>
<tr><td>姓　名</td><td></td><td>班　级</td><td></td><td>小　组</td><td></td></tr>
<tr><td>日　期</td><td></td><td>开始时间</td><td></td><td>结束时间</td><td></td></tr>
</table>

1. 填空题。

(1) 现代汽车柴油机控制系统中的怠速控制应包含以下两个内容：______和怠速时各缸均匀性控制。

(2) 为实现对怠速时______性的控制，通常是在各缸工作行程中，通过对曲轴转速的精确测定，由电控单元算出怠速时各缸循环供油量的偏差然后进行补偿调节。

2. 判断题。

汽车柴油机经常要在怠速工作（如短暂停车、起动暖机等），此时，喷入气缸的燃油量很少，发出的功率仅用于克服柴油机内部机构运转的阻力，使柴油机能以最低稳定转速维持运转而不致熄火。(　　)

指导教师评语：

____

____

教师签字：______________　日期：______年______月______日

学习任务3.2　加速踏板位置传感器的检修

☞学习目标

通过本任务的学习，完成任务后能够回答以下问题：

1. 掌握加速踏板位置传感器的类型；
2. 掌握加速踏板位置传感器的结构原理与检修。

☞学习信息

3.2.1　任务说明

康明斯ISBe发动机采用的是电位器式加速踏板位置传感器，油门踏板位置传感器连接到油门踏板上。当油门踏板被踩下和释放时，油门踏板位置传感器向电子控制模块（ECM）发送一个信号。油门踏板位置电路包含三根导线：油门踏板或操纵杆位置+5 V电源、油门踏板或操纵杆位置回路及油门踏板或操纵杆位置信号。

3.2.2　技术要求与标准

1. 每个学员独立完成此任务。
2. 技术标准：

加速器踏板（IVS、ISS和APS）。

IVS：最大闭路电阻小于100 Ω；

ISS：最大闭路电阻小于125 Ω；

IVS和ISS：最小开路电阻小于100 kΩ。

加速器位置传感器线圈电阻：

电源和回路触针之间：2000～3000 Ω；

电源与信号触针（释放踏板）之间：1000～2000 Ω。

（注：释放时电阻减去踩下时电阻必须等于1000 Ω。）

3.2.3　设备器材

1. 康明斯ISBe发动机一台。
2. 万用表、触针拆卸工具、热风枪、线束维修包、压线钳、ECM基准标定线束、油门位置传感器抽头电缆、油门位置传感器维修接头、ISB导线维修工具包。
3. 装有INSITE的笔记本电脑一台、INLINE5串口线。

3.2.4 作业准备

1. 清理所需导线。
2. 准备作业单。

3.2.5 操作步骤

故障代码131 在油门位置信号触针处检测到高电压

代　码	故障原因	产生后果
故障代码：131 PID：P091 SPN：91 FMI：3/3 指示灯：红色	油门踏板或操纵杆位置传感器电路高压短路。检测到油门踏板或操纵杆位置电路上电压偏高。	汽车用：发动机输出功率急剧下降。只具备跛行回家能力。
油门踏板或操纵杆位置传感器电路		

提示：

如果对间断性油门进行故障诊断：

在折拉线束确定间断性连接的位置时，可以用INSITE服务软件监测油门踏板位置传感器信号电压。

此故障代码可能的原因有：

* 油门踏板或操纵杆位置信号电路对蓄电池或+5 V电源短路
* 线束或接头中油门踏板或操纵杆回路开路
* 油门电源对蓄电池短路
* 油门踏板或操纵杆位置传感器有故障

（注：油门位置传感器电路中的三条导线必须拧在一起。）

注意

为避免损坏新ECM，在更换ECM之前，必须把所有其他现行故障代码的产生原因调查清楚。

警告

为了避免触针和线束损坏，进行测量时，请使用下列测试导线：

阴性Weather－Pack测试导线，

阳端Deutsch/AMP/Metri－Pack测试导线。

故障判断及排除步骤：

步　骤		技术规范
步骤 1.	检查故障代码。	
步骤 1A.	检查是否有传感器电源故障代码。	故障代码 387 是否起作用？
步骤 1B.	检查现行故障代码。	故障代码 131 是否起作用？
步骤 2.	检查油门踏板或操纵杆位置传感器和电路。	
步骤 2A.	检查油门踏板或操纵杆位置传感器和接头触针。	触针是否脏污或损坏？
步骤 2B.	检查油门踏板或操纵杆位置传感器电压和回路。	是否为 4.75～5.25 V？
步骤 2C.	检查电路的响应性。	故障代码 132 起作用，故障代码 131 不起作用？
步骤 2D.	检查故障代码并检查油门踏板或操纵杆状况。	故障代码 132 起作用？
步骤 3.	检查 ECM 线束和 OEM 线束。	
步骤 3A.	检查 ECM 和 OEM 线束接头触针。	触针是否脏污或损坏？
步骤 3A－1.	检查 OEM 线束是否开路。	
步骤 3A－2.	检查 OEM 线束触针之间是否短路。	
步骤 3B.	检查是否有非现行故障代码。	故障代码 131 不起作用？
步骤 4.	清除故障代码。	
步骤 4A.	禁用故障代码。	故障代码 131 不起作用？
步骤 4B.	清除非现行故障代码。	所有故障代码是否已被清除？

向导步骤 1：检查故障代码

<table>
<tr><td colspan="2">向导步骤 1A：检查是否有传感器电源故障代码</td></tr>
<tr><td colspan="2">条件
* 将钥匙开关转到“ON”（接通）位置
* 连接 INSITE™服务软件
采取措施
检查是否有传感器电源故障代码。
* 使用 INSITE™服务软件读取故障代码</td></tr>
<tr><td colspan="2">故障代码 387 是否起作用?</td></tr>
<tr><td>是</td><td>否</td></tr>
<tr><td>无须维修</td><td>无须维修</td></tr>
<tr><td align="right">故障代码 387</td><td align="right">转至 1B</td></tr>
</table>

<table>
<tr><td colspan="2">向导步骤 1B：检查现行故障代码</td></tr>
<tr><td colspan="2">条件
* 将钥匙开关转到“ON”（接通）位置
* 连接 INSITE™服务软件
采取措施
检查现行故障代码。
* 使用 INSITE^{MT}服务软件读取故障代码</td></tr>
<tr><td colspan="2">故障代码 131 起作用?</td></tr>
<tr><td>是</td><td>否</td></tr>
<tr><td>无须维修</td><td>无须维修</td></tr>
<tr><td align="right">转至 2A</td><td align="right">转至非现行或间歇故障代码，步骤 019－362。</td></tr>
</table>

向导步骤 2：检查油门踏板或操纵杆位置传感器和电路

<table>
<tr><td colspan="2">向导步骤 2A：检查油门踏板或操纵杆位置传感器和接头触针</td></tr>
<tr><td colspan="2">条件
* 将钥匙开关转到“OFF”（断开）位置
* 从 OEM 线束上断开油门踏板或操纵杆位置传感器
采取措施
检查 OEM 线束和传感器接头触针有无下列情况：
* 接头松动
* 触针腐蚀
* 触针弯曲或折断
* 触针缩进或伸出
* 接头内或表面有湿气
* 接头密封丢失或损坏
* 接头触针内或触针上有污垢或碎屑
* 接头壳体断裂
* 导线绝缘皮损坏
* 锁片损坏的接头</td></tr>
<tr><td colspan="2">触针是否脏污或损坏？</td></tr>
<tr><td>是</td><td>否</td></tr>
<tr><td>在传感器或线束接头中探测到连接故障。
清洁接头和触针。
如有可能，维修损坏的线束、接头或触针。</td><td>无须维修</td></tr>
<tr><td>转至 4A</td><td>转至 2B</td></tr>
</table>

<table>
<tr><td colspan="2">向导步骤 2B：检查油门踏板或操纵杆位置传感器电压和回路</td></tr>
<tr><td>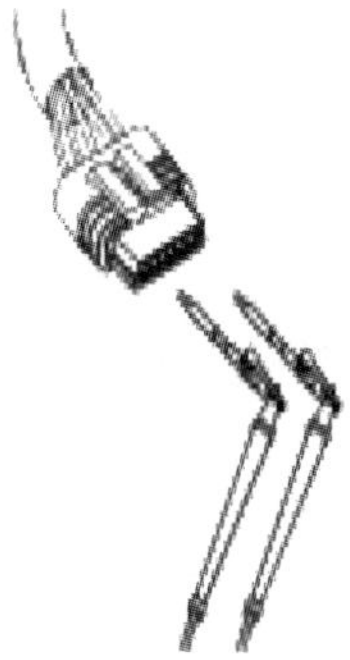</td><td>条件
* 将钥匙开关转到“OFF”（断开）位置
* 从 OEM 线束上断开油门踏板位置传感器
* 将钥匙开关转到“ON”（接通）位置
采取措施
测量 OEM 线束传感器接头上油门踏板或操纵杆位置传感器 +5 V 电源触针与油门踏板或操纵杆位置传感器回路触针之间的电压</td></tr>
<tr><td colspan="2">4.75 ~ 5.25V？</td></tr>
<tr><td>是</td><td>否</td></tr>
<tr><td>无须维修</td><td>无须维修</td></tr>
<tr><td>转至 2C</td><td>转至 3A</td></tr>
</table>

<table>
<tr><td colspan="2">向导步骤 2C：检查电路的响应性</td></tr>
<tr><td colspan="2">条件
* 将钥匙开关转到“OFF”（断开）位置
* 从 OEM 线束上断开油门踏板或操纵杆位置传感器
* 将钥匙开关转到“ON”（接通）位置
* 连接 INSITE^{MT}服务软件
采取措施
30 秒后，检查 ECM 的响应是否正确。
* 使用 INSITE^{MT}服务软件读取故障代码</td></tr>
<tr><td colspan="2">故障代码 132 起作用，故障代码 131 不起作用?</td></tr>
<tr><td>是</td><td>否</td></tr>
<tr><td>无须维修</td><td>无须维修</td></tr>
<tr><td align="right">转至 2D</td><td align="right">转至 3A</td></tr>
</table>

<table>
<tr><td colspan="2">向导步骤 2D：检查故障代码并检查油门踏板或操纵杆状况</td></tr>
<tr><td colspan="2">条件
* 将钥匙开关转到“OFF”（断开）位置
* 将油门踏板或操纵杆与 OEM 线束相连
* 将钥匙开关转到“ON”（接通）位置
* 连接 INSITE^{MT}服务软件
采取措施
30 秒后，检查电路的响应是否正确。
* 使用 INSITE^{MT}服务软件读取故障代码</td></tr>
<tr><td colspan="2">故障代码 132 起作用?</td></tr>
<tr><td>是</td><td>否</td></tr>
<tr><td>检测到油门踏板或操纵杆有故障：与合适的 OEM 或代理商联系，获取维修说明。
更换油门踏板或操纵杆。</td><td>无。拆下并重新安装接头以排除故障。</td></tr>
<tr><td align="right">转至 4A</td><td align="right">转至 4A</td></tr>
</table>

向导步骤 3：检查 ECM 线束和 OEM 线束

<table>
<tr><td colspan="2">向导步骤 3A：检查 ECM 和 OEM 线束接头触针</td></tr>
<tr><td colspan="2">条件
* 将钥匙开关转到“OFF”（断开）位置
* 从 ECM 上断开 OEM 线束
采取措施
检查 OEM 线束和 ECM 接头的触针有无下列情况：
* 接头松动
* 触针腐蚀
* 触针弯曲或折断
* 触针缩进或伸出
* 接头内或表面有湿气
* 接头密封丢失或损坏
* 接头触针内或触针上有污垢或碎屑
* 接头壳体断裂
* 导线绝缘皮损坏
* 锁片损坏的接头</td></tr>
<tr><td colspan="2">触针是否脏污或损坏？</td></tr>
<tr><td>是</td><td>否</td></tr>
<tr><td>在线束接头中探测到连接故障。
清洁接头和触针。
如有可能，维修损坏的线束、接头或触针。</td><td>无须维修</td></tr>
<tr><td>转至 4A</td><td>转至 3A－1</td></tr>
</table>

<table>
<tr><td colspan="2">向导步骤 3A－1：检查 OEM 线束是否开路</td></tr>
<tr><td>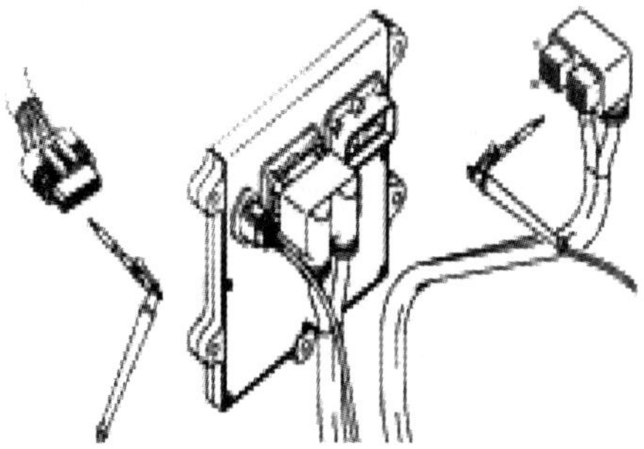</td><td>条件
* 将钥匙开关转到“OFF”（断开）位置
* 从 ECM 上断开 OEM 线束
* 从 OEM 线束上断开油门踏板或操纵杆位置传感器
采取措施
检查是否开路。
测量 OEM 线束 ECM 接头油门踏板或操纵杆回路触针与 OEM 线束油门踏板或操纵杆回路触针之间的电阻。</td></tr>
<tr><td colspan="2">是否小于 10 Ω？</td></tr>
<tr><td>是</td><td>否</td></tr>
<tr><td>无须维修</td><td>OEM 线束中探测到回路开路：维修或更换 OEM 线束</td></tr>
<tr><td>转至 3A－2</td><td></td></tr>
</table>

向导步骤 3A－2：检查 OEM 线束触针之间是否短路	
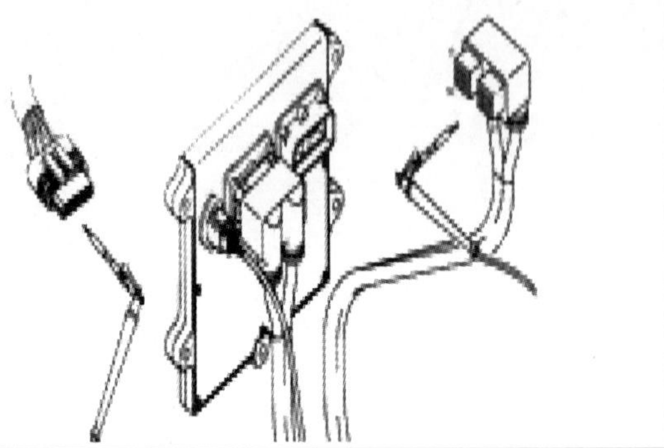	条件 * 将钥匙开关转到“OFF”（断开）位置 * 从 ECM 上断开 OEM 线束 * 从 OEM 线束上断开油门踏板或操纵杆位置传感器 采取措施 检查触针之间是否短路。 测量 OEM 线束 ECM 接头中油门踏板或操纵杆信号触针与 OEM 接头中所有其他触针之间的电阻。
是否大于 100 kΩ?	
是	否
无须维修	维修或更换 OEM 线束
转至 3B	转至 4A

向导步骤 3B：检查是否有非现行故障代码	
条件 * 连接所有部件 * 将钥匙开关转到“ON”（接通）位置 * 连接 INSITE™服务软件 采取措施 30 秒后，检查电路的响应是否正确。 * 使用 INSITE™服务软件读取故障代码	
故障代码 131 不起作用?	
是	否
无。拆下并重新安装接头以排除故障。	需要授权。更换 ECM。
转至 4A	转至 4A

向导步骤 4：清除故障代码

向导步骤 4A：禁用故障代码	
条件 * 连接所有部件 * 连接 INSITE™服务软件 采取措施 禁用故障代码。 * 起动发动机，并怠速运转 1 分钟 * 使用 INSITE™服务软件核实此故障代码不起作用	
故障代码 131 不起作用？	
是	否
无须维修	如果已完成所有步骤并经过再次检查，仍不能使现行故障代码起作用，请重新进行故障诊断及排除。
转至 4B	转至 1A

向导步骤 4B：清除非现行故障代码	
条件 * 连接所有部件 * 将钥匙开关转到“ON”（接通）位置 * 连接 INSITE™服务软件 采取措施 清除非现行故障代码。 * 使用 INSITE™服务软件清除非现行故障代码	
所有故障代码是否已被清除？	
是	否
无须维修	对所有其余的现行故障代码进行诊断及故障排除。
转至　维修完成	转至　相应的故障诊断及排除步骤

故障代码 132　电压低于正常值或对低压电源

代　码	故障原因	产生后果
故障代码：132 PID：P091 SPN：91 FMI：4/4 指示灯：红色	油门踏板或操纵杆位置传感器电路电压低于正常值或对低压电源短路。检测到油门踏板或操纵杆位置信号电路中电压偏低。	汽车用：发动机输出功率急剧下降。只具备跛行回家能力。

故障判断及排除步骤：

步　骤		技术规范
步骤 1.	检查故障代码。	
步骤 1A.	检查是否有传感器电源故障代码。	故障代码 443 起作用？
步骤 1B.	检查现行故障代码。	故障代码 132 起作用？
步骤 2.	检查油门踏板或操纵杆位置传感器和电路。	
步骤 2A.	检查油门踏板或操纵杆位置传感器和接头触针。	触针是否脏污或损坏？
步骤 2B.	检查油门踏板或操纵杆位置传感器电压和回路。	4.75～5.25 V？
步骤 2C.	检查电路的响应性。	故障代码 131 起作用，故障代码 132 不起作用？
步骤 2D.	检查故障代码并检查油门踏板或操纵杆状况。	故障代码 132 起作用？
步骤 3.	检查 ECM 线束和 OEM 线束。	
步骤 3A.	检查 ECM 和 OEM 线束接头触针。	触针是否脏污或损坏？
步骤 3A－1.	检查 OEM 线束是否开路。	
步骤 3A－2.	检查 OEM 线束是否开路。	
步骤 3A－3.	检查 OEM 线束触针之间是否短路。	
步骤 3A－4.	检查 OEM 线束中的触针是否对地短路。	
步骤 3B.	检查是否有非现行故障代码。	故障代码 132 不起作用？
步骤 4.	清除故障代码。	
步骤 4A.	禁用故障代码。	故障代码 132 不起作用？
步骤 4B.	清除非现行故障代码。	所有故障代码是否已被清除？

向导步骤 1：检查故障代码

向导步骤 1A：检查是否有传感器电源故障代码	
条件 　* 将钥匙开关转到“ON”（接通）位置 　* 连接 INSITE™服务软件 采取措施 　检查是否有传感器电源故障代码。 　* 使用 INSITE™服务软件读取故障代码	
故障代码 443 起作用?	
是	否
无须维修	无须维修
故障代码 443	转至 1B

向导步骤 1B：检查现行故障代码	
条件 　* 将钥匙开关转到“ON”（接通）位置 　* 连接 INSITE™服务软件 采取措施 　检查现行故障代码。 　* 使用 INSITE™服务软件读取故障代码	
故障代码 132 起作用?	
是	否
无须维修	无须维修
转至 2A	转至　非现行或间歇故障代码

向导步骤 2：检查油门踏板或操纵杆位置传感器和电路

<table>
<tr><td colspan="2">向导步骤 2A：检查油门踏板或操纵杆位置传感器和接头触针</td></tr>
<tr><td colspan="2">条件
* 将钥匙开关转到“OFF”（断开）位置
* 从 OEM 线束上断开油门踏板
采取措施
检查 OEM 线束和传感器接头触针有无下列情况：
* 接头松动
* 触针腐蚀
* 触针弯曲或折断
* 触针缩进或伸出
* 接头内或表面有湿气
* 接头密封丢失或损坏
* 接头触针内或触针上有污垢或碎屑
* 接头壳体断裂
* 导线绝缘皮损坏
* 锁片损坏的接头</td></tr>
<tr><td colspan="2">触针是否脏污或损坏？</td></tr>
<tr><td>是</td><td>否</td></tr>
<tr><td>在传感器或线束接头中探测到连接故障。
清洁接头和触针。
如有可能，维修损坏的线束、接头或触针。</td><td>无须维修</td></tr>
<tr><td>转至 4A</td><td></td></tr>
</table>

<table>
<tr><td colspan="2">向导步骤 2B：检查油门踏板或操纵杆位置传感器电压和回路</td></tr>
<tr><td>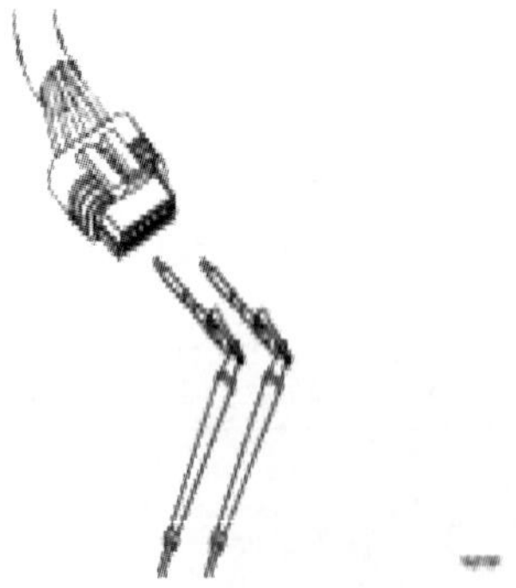</td><td>条件
* 将钥匙开关转到“OFF”（断开）位置
* 从 OEM 线束上断开油门踏板或操纵杆位置传感器
* 将钥匙开关转到“ON”（接通）位置
采取措施
测量 OEM 线束传感器接头上油门踏板或操纵杆位置 +5 V 电源触针与油门踏板或操纵杆位置回路触针之间的电压。</td></tr>
<tr><td colspan="2">4.75 ~ 5.25 V？</td></tr>
<tr><td>是</td><td>否</td></tr>
<tr><td>无须维修</td><td>无须维修</td></tr>
<tr><td>转至 2C</td><td>转至 3A</td></tr>
</table>

<table>
<tr><td colspan="2">向导步骤 2C：检查电路的响应性</td></tr>
<tr><td>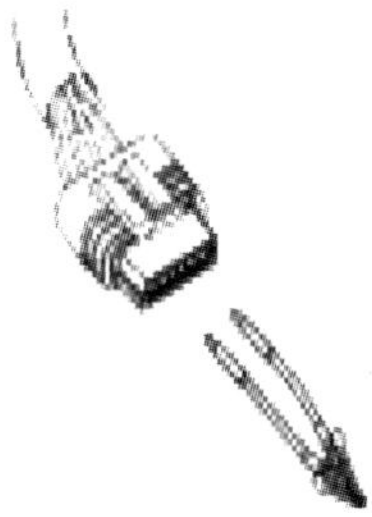</td><td>条件
＊　将钥匙开关转到“OFF”（断开）位置
＊　从 OEM 线束上断开油门踏板或操纵杆位置传感器
＊　将钥匙开关转到“ON”（接通）位置
＊　连接 INSITE™服务软件
采取措施
在 OEM 线束传感器接头上油门踏板或操纵杆位置 +5 V 电源触针和油门踏板或位置信号触针之间连接一根跨接导线。
＊　30 秒后，检查 ECM 的响应是否正确
使用 INSITE™服务软件读取故障代码。</td></tr>
<tr><td colspan="2">故障代码 131 起作用，故障代码 132 不起作用？</td></tr>
<tr><td>是</td><td>否</td></tr>
<tr><td>无须维修</td><td>无须维修</td></tr>
<tr><td align="right">转至 2D</td><td align="right">转至 3A</td></tr>
</table>

<table>
<tr><td colspan="2">向导步骤 2D：检查故障代码并检查油门踏板或操纵杆状况</td></tr>
<tr><td colspan="2">条件
＊　将钥匙开关转到“OFF”（断开）位置
＊　将油门踏板或操纵杆与 OEM 线束相连
＊　将钥匙开关转到“ON”（接通）位置
＊　连接 INSITE™服务软件。
采取措施
30 秒后，检查电路的响应是否正确。
＊　使用 INSITE™服务软件读取故障代码</td></tr>
<tr><td colspan="2">故障代码 132 起作用？</td></tr>
<tr><td>是</td><td>否</td></tr>
<tr><td>检测到油门踏板或操纵杆有故障。与合适的 OEM 或代理商联系，获取维修说明。
更换油门踏板或操纵杆。</td><td>无。拆下并重新安装接头以排除故障。</td></tr>
<tr><td align="right">转至 4A</td><td align="right">转至 4A</td></tr>
</table>

向导步骤3：检查ECM线束和OEM线束

<table>
<tr><td colspan="2">向导步骤3A：检查ECM和OEM线束接头触针</td></tr>
<tr><td colspan="2">条件
* 将钥匙开关转到“OFF”（断开）位置
* 从ECM上断开OEM线束
采取措施
检查OEM线束和ECM接头的触针有无下列情况：
* 接头松动
* 触针腐蚀
* 触针弯曲或折断
* 触针缩进或伸出
* 接头内或表面有湿气
* 接头密封丢失或损坏
* 接头触针内或触针上有污垢或碎屑
* 接头壳体断裂
* 导线绝缘皮损坏
* 锁片损坏的接头</td></tr>
<tr><td colspan="2">触针是否脏污或损坏？</td></tr>
<tr><td>是</td><td>否</td></tr>
<tr><td>在线束接头中探测到连接故障。
清洁接头和触针。
如有可能，维修损坏的线束、接头或触针。</td><td>无须维修</td></tr>
<tr><td>转至4A</td><td>转至3A－1</td></tr>
</table>

<table>
<tr><td colspan="2">向导步骤3A－1：检查OEM线束是否开路</td></tr>
<tr><td>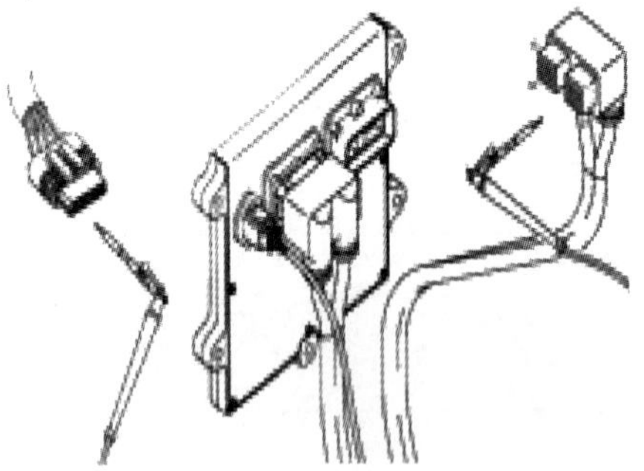</td><td>条件
* 将钥匙开关转到“OFF”（断开）位置
* 从ECM上断开OEM线束
* 从OEM线束上断开油门踏板或操纵杆位置传感器
采取措施
检查是否开路。
* 测量OEM线束ECM接头油门踏板或操纵杆电源触针与OEM线束油门踏板或操纵杆接头电源触针之间的电阻</td></tr>
<tr><td colspan="2">是否小于10 Ω？</td></tr>
<tr><td>是</td><td>否</td></tr>
<tr><td>无须维修</td><td>OEM线束中探测到电源开路：
维修或更换OEM线束</td></tr>
<tr><td>转至3A－2</td><td>转至4A</td></tr>
</table>

向导步骤 3A－2：检查 OEM 线束是否开路	
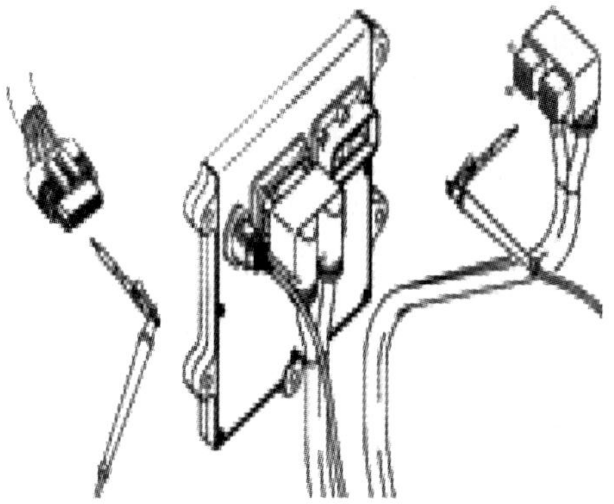	条件 ＊　将钥匙开关转到“OFF”（断开）位置 ＊　从 ECM 上断开 OEM 线束 ＊　从 OEM 线束上断开油门踏板或操纵杆 采取措施 检查是否开路。 ＊　测量 OEM 线束 ECM 接头油门踏板或操纵杆信号触针与 OEM 线束油门踏板或操纵杆接头信号触针之间的电阻
是否小于 10 Ω?	
是	否
无须维修	OEM 线束中探测到信号开路： 维修或更换 OEM 线束
转至 3A－3	转至 4A

向导步骤 3A－3：检查 OEM 线束触针之间是否短路	
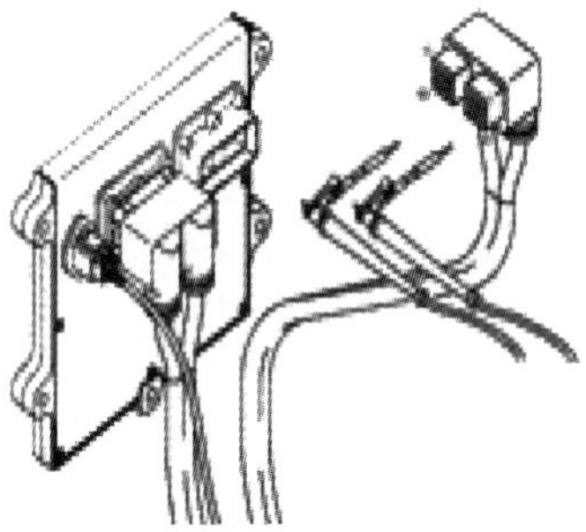	条件 ＊　将钥匙开关转到“OFF”（断开）位置 ＊　从 ECM 上断开 OEM 线束 ＊　从 OEM 线束上断开油门踏板或操纵杆位置传感器 采取措施 检查触针之间是否短路。 ＊　测量 OEM 线束 ECM 接头中油门踏板或操纵杆信号触针与 OEM 接头中所有其他触针之间的电阻
是否大于 100 kΩ?	
是	否
无须维修	维修或更换 OEM 线束
转至 3A－4	转至 4A

<table>
<tr><td colspan="2">向导步骤 3A－4：检查 OEM 线束中的触针是否对地短路</td></tr>
<tr><td>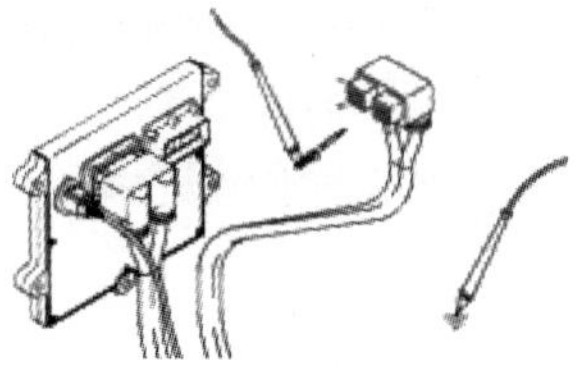</td><td>条件
* 将钥匙开关转到“OFF”（断开）位置
* 从 ECM 上断开 OEM 线束
* 从 OEM 线束上断开油门踏板或操纵杆位置传感器
采取措施
检查触针是否对地短路。
* 测量 OEM 线束 ECM 接头中油门踏板或操纵杆信号触针与接地之间的电阻</td></tr>
<tr><td colspan="2">是否大于 100 kΩ?</td></tr>
<tr><td>是</td><td>否</td></tr>
<tr><td>无须维修</td><td>探测到 OEM 线束信号线中触针对地短路：
维修或更换 OEM 线束</td></tr>
<tr><td>转至 3B</td><td>转至 4A</td></tr>
</table>

<table>
<tr><td colspan="2">向导步骤 3B：检查是否有非现行故障代码</td></tr>
<tr><td colspan="2">条件
* 连接所有部件
* 将钥匙开关转到“ON”（接通）位置
* 连接 INSITE™服务软件
采取措施
30 秒后，检查电路的响应是否正确。
* 使用 INSITE™服务软件读取故障代码</td></tr>
<tr><td colspan="2">故障代码 132 不起作用?</td></tr>
<tr><td>是</td><td>否</td></tr>
<tr><td>拆下并重新安装接头以排除故障。</td><td>更换 ECM。</td></tr>
<tr><td>转至 4A</td><td>转至 4A</td></tr>
</table>

向导步骤 4：清除故障代码

向导步骤 4A：禁用故障代码	
条件 　＊　连接所有部件 　＊　连接 INSITE™服务软件 采取措施 　禁用故障代码。 　＊　起动发动机，并怠速运转 1 分钟 　＊　使用服务软件核实此故障代码不起作用	
故障代码 132 不起作用？	
是	否
无须维修	如果已完成所有步骤并经过再次检查，仍不能使现行故障代码不起作用，请重新进行故障诊断及排除。
转至 4B	转至 1A

向导步骤 4B：清除非现行故障代码	
条件 　＊　连接所有部件 　＊　将钥匙开关转到“ON”（接通）位置 　＊　连接 INSITE™服务软件 采取措施 　清除非现行故障代码。 　＊　使用 INSITE™服务软件清除非现行故障代码	
所有故障代码是否已被清除？	
是	否
无须维修	对所有其余的现行故障代码进行诊断及故障排除。
转至　维修完成	转至　相应的故障诊断及排除步骤

3.2.6 记录与分析

加速位置传感器检修作业记录单

<table>
<tr><td>姓　名</td><td></td><td>班　级</td><td></td><td>学　号</td><td></td><td>组　别</td><td></td></tr>
<tr><td>车　型</td><td></td><td>发动机</td><td></td><td>作业单号</td><td></td><td>作业日期</td><td></td></tr>
<tr><td colspan="4">编号</td><td colspan="4">作业</td></tr>
<tr><td colspan="4">单号</td><td colspan="4">作业日期</td></tr>
<tr><td colspan="4">测量范围</td><td colspan="4">所测值</td></tr>
<tr><td colspan="4">电源和回路导线之间电阻值</td><td colspan="4"></td></tr>
<tr><td colspan="4">电源和信号导线之间电阻值（释放踏板）</td><td colspan="4"></td></tr>
<tr><td colspan="4">电源和信号导线之间电阻值（踩下踏板）</td><td colspan="4"></td></tr>
<tr><td colspan="4">油门信号电压</td><td colspan="4"></td></tr>
<tr><td colspan="2">处理意见</td><td colspan="6"></td></tr>
<tr><td colspan="2">制定修复方法</td><td colspan="6"></td></tr>
</table>

☞学习工作页

<table>
<tr><td colspan="2" rowspan="2">学习工作页 2</td><td>学习单元</td><td colspan="3">柴油发动机怠速及油门控制系统检修</td></tr>
<tr><td>学习任务</td><td colspan="3">加速踏板位置传感器的检修</td></tr>
<tr><td>姓　名</td><td></td><td>班　级</td><td></td><td>小　组</td><td></td></tr>
<tr><td>日　期</td><td></td><td>开始时间</td><td></td><td>结束时间</td><td></td></tr>
</table>

1. 选择题。

(1) 当驾驶员踩下加速踏板的深度增大时，传感器的信号电压也提高，ECM 识别电压的变化后，将调节脉冲宽度电压发送到喷油器电磁阀，使喷油量（　　）。

A. 增多　　B. 减少　　C. 不变

(2) 加速器位置传感器线圈电源和回路触针之间电阻为（　　）。

A. 2000～3000 Ω　　B. 1500～3000 Ω　　C. 200～1500 Ω　　D. 1000 Ω

(3) 加速踏板位置传感器输出的信号电压为（　　）。

A. 0.5～4.5 V　　B. 1～5 V　　C. 1.5～5 V　　D. 2～4.5 V

2. 判断题。

(1) 在传统的机械式柴油机控制系统中，怠速调节是通过改变调速器中怠速弹簧的预紧力、调节怠速转速来实现的。（　　）

(2) 在汽车柴油机控制系统中，怠速控制的内容是对怠速转速的高低、怠速转速的稳定进行控制。（　　）

(3) 从节能的角度看，应在不使柴油机熄火的前提下，尽量降低怠速转速。（　　）

3. 分析题。

(1) 简述怠速控制的控制类型。

(2) 试分析各种加速位置传感器的工作原理。

(3) 分析电位器式加速踏板位置传感器的检测方法。

指导教师评语：

____

____

教师签字：__________　　日期：______年______月______日

单元4　柴油发动机进气控制系统检修

☞学习情境

一辆公交车，装配康明斯发动机电控高压燃油系统。驾驶员反映发动机转速提升慢。特别是在怠速600转提升到1500转的过程中，转速提升比较缓慢，并且车辆在行驶过程中也有动力不足的现象。经过检修，第一次检查，未发现有故障，重新拔插进气压力传感器后故障排除。后行驶一段时间，又出现同样故障。经再次检测，报“进气压力传感器电压过低”。更换进气压力传感器后故障排除。

☞单元学习目标

通过本单元的学习，应能：

1. 叙述柴油发动机进气控制系统结构特点；
2. 叙述柴油发动机进气控制系统类型、结构、工作原理；
3. 对柴油发动机进气控制系统主要部件进行检修；
4. 根据维修手册，对柴油发动机进气控制系统常见故障进行诊断排除。

☞学习信息资源

1. 各汽车生产厂商的网页；
2. 维修手册；
3. 有关安全的法律、法规；
4. 提供各类维修知识和维护资料的网站。

☞学习场所和设备

学习的环境和使用的设备有：

1. 车间或模拟车间；
2. 个人防护用品、用具；
3. 汽车维修设备和工具；
4. 安全的工作环境和工作场所；
5. 电控发动机总成；
6. 装备有电控发动机的车辆。

☞单元学习任务

为了掌握柴油发动机进气控制系统的检修能力，本单元安排的学习任务有：

任务1　进气控制系统综述；

任务2　进气控制系统主要部件的检修。

☞学习引导

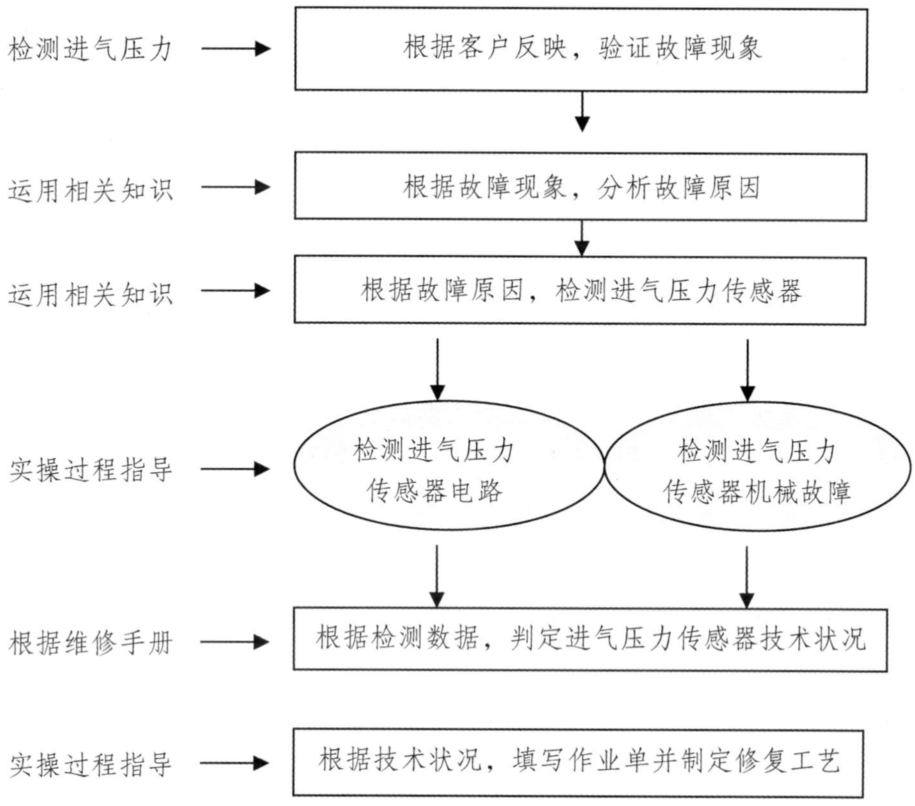

☞知识准备

柴油发动机进气系统主要有空气滤清器、进气歧管、进气总管、废气涡轮增压器、中冷器、进气压力传感器、进气温度传感器、进气加热器等。跟电控系统有关的主要是进气压力传感器、进气温度传感器、进气加热器。

学习任务 4.1 进气控制系统综述

☞学习目标

通过本任务的学习，完成任务后能够回答以下问题：

1. 掌握柴油发动机进气控制系统结构与控制原理；
2. 掌握柴油发动机进气系统各传感器结构、原理与检修。

☞学习信息

4.1.1 进气压力传感器

1. 作用。

进气压力传感器提供的电信号用于检查增压压力。发动机 ECM 将测量值与增压压力设定值进行比较。如果实际值与设定值不符，ECM 将通过电磁阀调整增压压力，实现增压压力控制。ECM 还根据进气压力传感器输入的信号防止在冷机起动时发动机冒白烟。

当驾驶员踩下油门踏板要求增加喷油量时，ECM 将检查涡轮增压压力所要求的喷油量是否相适应，如果不适应，ECM 将按照涡轮增压压力成一定比例地控制喷油量，以免喷油量过大导致不完全燃烧，防止废气排放超标。

2. 安装位置。

进气压力传感器和进气温度传感器制成一体，安装在进气管上。

3. 类型。

在实际应用中主要应用压阻式和压电式压力传感器。

4. 结构。

半导体压敏电阻式进气压力传感器由硅膜片、真空室、硅杯、底座、真空管接头和引线组成。

硅膜片用单晶硅制成，它是压力转换元件，其长和宽约为 3 mm，厚度约为 160 μm，在其中部经光刻腐蚀成直径 2 mm、厚度为 50 μm 的薄膜片，在薄膜片的圆周上有 4 个应变电阻，用惠斯通电桥方式连接，然后再与传感器内部的温度补偿电阻和信号放大电路混合集成电路连接。在真空管的进气口设有滤清器，用于过滤灰尘，以免膜片受到腐蚀而导致传感器失效。

5. 工作原理。

硅膜片的两面一面通真空室，一面通进气歧管。在进气压力作用下，膜片会产生应力，应变电阻的阻值会发生变化，惠斯通电桥上的电阻值平衡就被打破，在电桥的输入端输入一定的电压时，输出端可得到变化的信号电压。

当发动机运转时，进气流作用在硅膜片上，使硅膜片产生应力，应变电阻的阻值会发生变化，电桥输出电压也随之变化。当节气门开度变大时，进气压力升高，膜片的应力也增大，应变电阻的阻值变化率也增大，电桥输出电压升高，经放大电路放大后，传感器输入 ECM 的信号电压也升高。而当节气门开度变小时，由于气流流速升高，进气压力反而降低，膜片的应变力减小，应变电阻的变化率减小，电桥输出电压降低，经放大后，传感器输入 ECM 的信号电压也降低。

4.1.2　进气温度传感器

1. 作用。

增压柴油机中，不同温度下的增压空气密度不同，发动机需要进气温度传感器产生的信号来修正增压压力和喷油量。

电子控制模块（ECM）使用进气压力传感器监测发动机进气温度。ECM 将进气温度信号用于发动机保护系统、冷起动辅助装置、正时和供油控制。

2. 安装位置。

进气温度传感器和进气压力传感器制成一体，安装在进气歧管上。

3. 类型。

在实际应用中主要应用负温度系数热敏电阻进气温度传感器。

4. 结构。

进气温度传感器用负温度系数热敏电阻制成，因为进气温度传感器元件的温度系数要大，随温度变化的电阻值也要大，负温度系数热敏电阻正好适应这种需要。

4.1.3　进气加热器

1. 作用。

柴油机在冷机起动时，由于温度低，喷入气缸的柴油并未升温到着火温度，所以必须用进气加热器对进气进行加热，改善着火性能。

2. 安装位置。

进气加热器位于进气歧管的进气接头处。加热器继电器的位置随 OEM 的不同而变化。

3. 结构与工作原理。

进气加热器在低温环境下可改进起动性能和白烟控制。ECM 控制空气加热器电源继电器。加热器中有两个加热线圈，它们由 ECM 分别控制。

学习任务4.2　进气控制系统主要部件的检修

☞学习目标

通过本任务的学习，完成任务后能够回答以下问题：

1. 掌握进气压力传感器的检修；
2. 掌握进气加热器的检修；
3. 掌握进气温度传感器的检修。

☞学习信息

4.2.1　任务说明

柴油发动机进气控制系统主要部件在使用过程当中，由于技术状况的问题会导致进气压力传感器、进气温度传感器、进气加热器出现电路故障和机械故障，所以要根据技术标准来对进气压力传感器、进气温度传感器、进气加热器进行检测和维修，排除故障。

4.2.2　技术标准与要求

1. 清除故障代码，故障灯熄灭；
2. 进气压力传感器信号电压随进气量增加而增大；
3. 进气温度传感器信号电压随进气温度增加而减小；
4. 进气加热器工作电压应为蓄电池电压；
5. 发动机排烟正常；
6. 发动机怠速稳定在750~850 r/min。

4.2.3　设备器材

1. 高压共轨式电控柴油机；
2. 万用表；
3. 故障诊断软件。

4.2.4　作业准备

1. 清洁发动机；
2. 万用表数块；
3. 诊断软件与发动机连接。

4.2.5　操作步骤

4.2.5.1　进气压力传感器检修

1. 故障	
信号失效时，增压压力不能被调节，发动机冷态时起动困难、故障灯点亮。	
（1）插头故障	
检查进气压力传感器和发动机线束连接器有无下列问题： *　连接器壳体有裂纹或断裂 *　连接器密封件丢失或损坏 *　连接器触针内或表面有灰尘、碎屑或湿气 *　触针腐蚀、弯曲、断裂、缩进或伸出	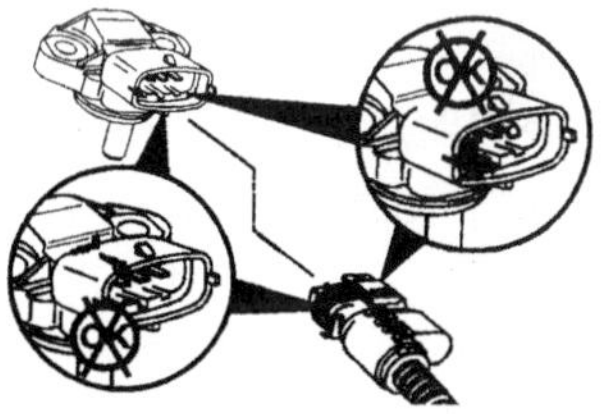
（2）线路故障	
检查传感器线路有无短路、断路、老化。	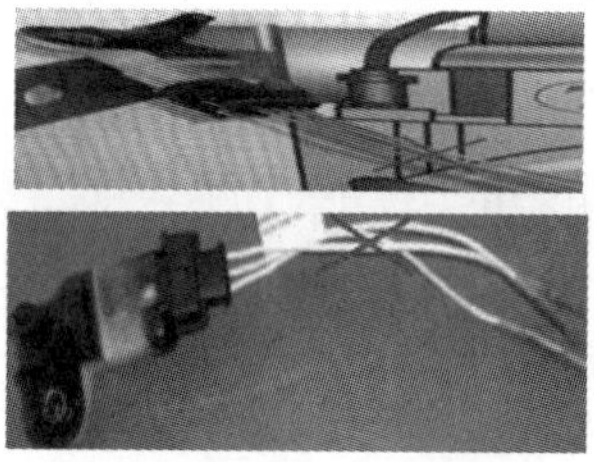
（3）传感器故障	
检查进气压力传感器有无下列问题： *　“O”形圈膨胀 *　“O”形圈内部或表面有裂纹或断裂	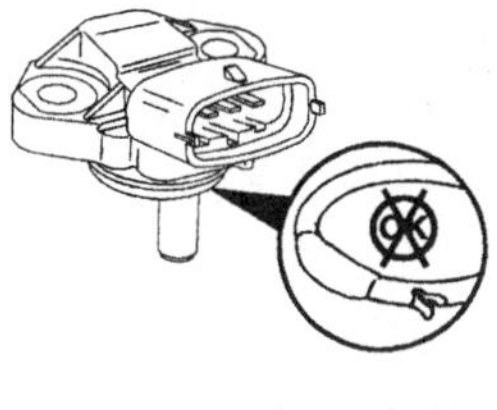
2. 电路图	

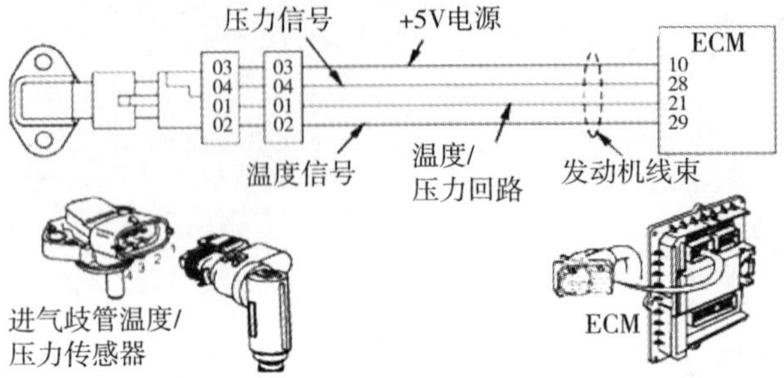

3. 检修

(1) 读取故障代码

* 连接所有部件
* 将钥匙开关转到“ON”（接通）位置
* 使用 INSITE™ 读取故障代码

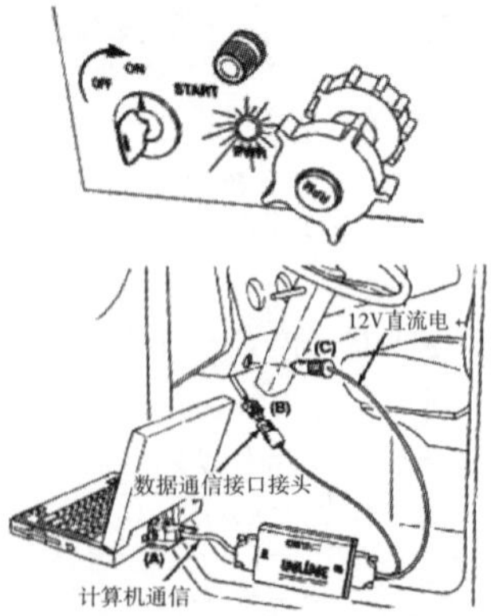

(2) 检查进气压力传感器和发动机线束接头触针

将钥匙开关转到“OFF”（断开）位置。

从进气压力传感器上断开发动机线束。

检查进气压力传感器和发动机线束接头触针有无下列情况：

* 触针腐蚀
* 触针弯曲或折断
* 触针缩进或伸出
* 接头内或表面有湿气
* 接头密封件丢失或损坏
* 接头触针有污垢或碎屑

有上述情况，应维修损坏的触针；冲洗接头触针上的污垢、碎屑或湿气；只要触针损坏，则维修或更换发动机线束，或更换进气压力传感器。

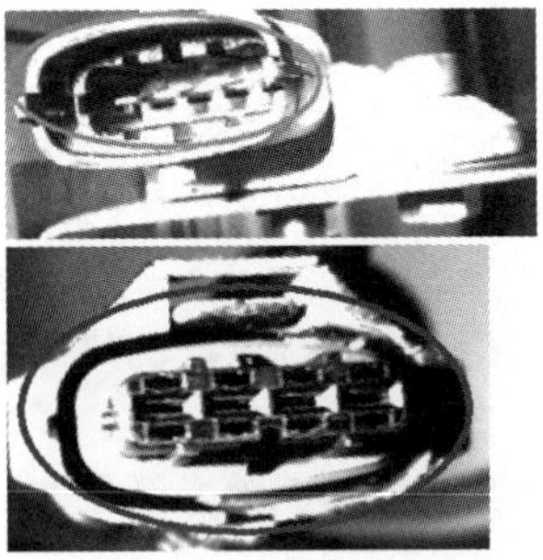

(3) 检查进气压力传感器的电阻

＊　从发动机线束接头上断开进气压力传感器 ＊　检查进气压力传感器的电阻 ＊　测量进气压力传感器触针 3 与触针 4 之间的电阻 ＊　标准阻值：10 Ω ~ 10 MΩ，否则更换进气压力传感器	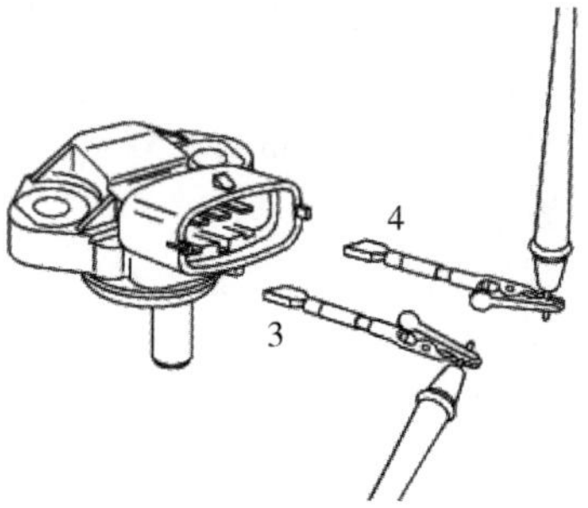
（4）测量电源电压	
＊　从发动机线束接头上断开进气压力传感器 ＊　将钥匙开关转到“ON”（接通）位置 ＊　测量电源电压 ＊　测量发动机线束传感器接头 1 号触针与 3 号触针之间的电源电压 ＊　标准电压：4. 75 ~ 5. 25 V	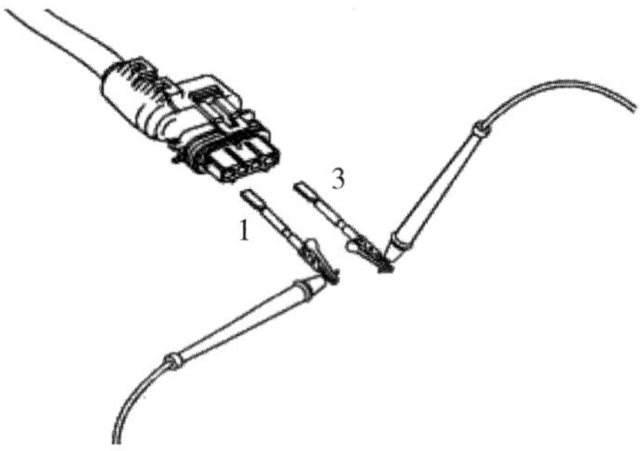
（5）测量信号电压	
＊　从发动机线束上断开进气压力传感器 ＊　将钥匙开关转到“ON”（接通）位置 ＊　测量信号电压 ＊　测量发动机线束传感器接头 4 号触针至蓄电池负极（－）接线柱的信号电压 ＊　标准电压：0. 10 ~ 0. 25 V	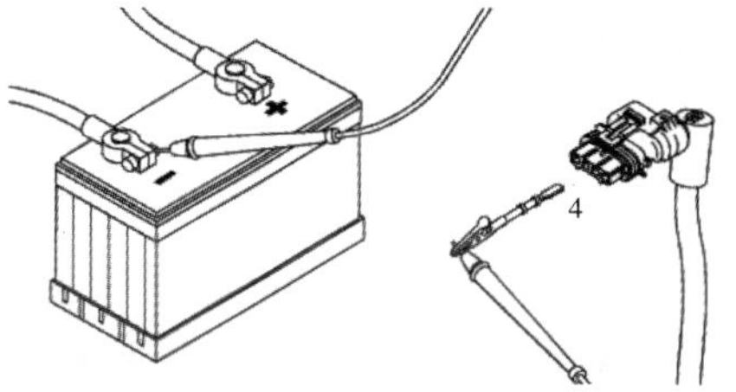
（6）检查发动机线束传感器接头至蓄电池负极（－）接线柱的电源电压	
＊　从进气压力传感器上断开发动机线束 ＊　将钥匙开关转到“ON”（接通）位置 ＊　检查发动机线束传感器接头至蓄电池负极（－）接线柱的电源电压 ＊　测量发动机线束传感器接头 3 号触针至蓄电池负极（－）接线柱的电压 ＊　标准电压：4. 75 ~ 5. 25 V	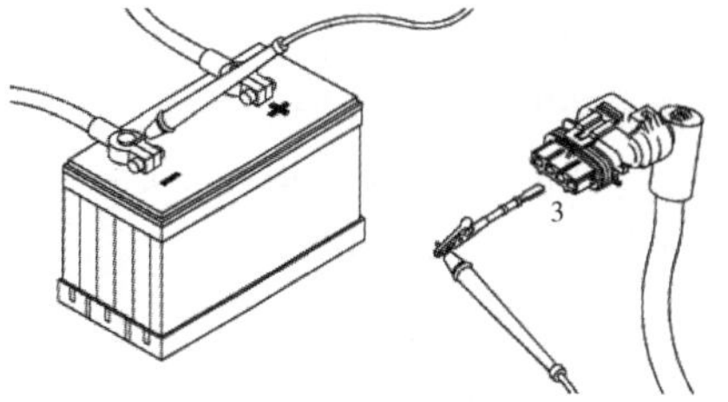
（7）检查发动机线束传感器接头至蓄电池负极（－）接线柱的回路电阻	

<table>
<tr><td>
* 从进气压力传感器上断开发动机线束
* 将钥匙开关转到“ON”（接通）位置
* 检查发动机线束传感器接头至蓄电池负极（－）接线柱的回路电阻
* 测量发动机线束传感器接头的1号触针至蓄电池负极（－）接线柱的电阻
* 标准阻值：小于10 Ω
</td><td>
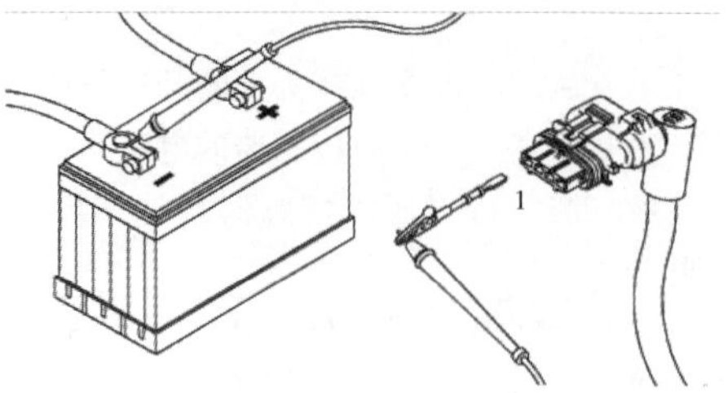

</td></tr>
<tr><td colspan="2">(8) 检查发动机线束和ECM接头的触针</td></tr>
<tr><td>
将钥匙开关转到“OFF”（断开）位置。
从ECM上断开发动机线束36针接头。
检查发动机线束和ECM接头触针有无下列情况：
* 触针腐蚀
* 触针弯曲或折断
* 触针缩进或伸出
* 接头内或表面有湿气
* 接头密封件丢失或损坏
* 接头触针有污垢或碎屑
注：轻轻拉动每根导线以核实导线锁定在接头中，并且没有缩进的触针。
有上述情况，应维修损坏的触针；冲洗接头触针上的污垢、碎屑或湿气；只要触针损坏，则维修或更换发动机线束或更换ECM。
</td><td>
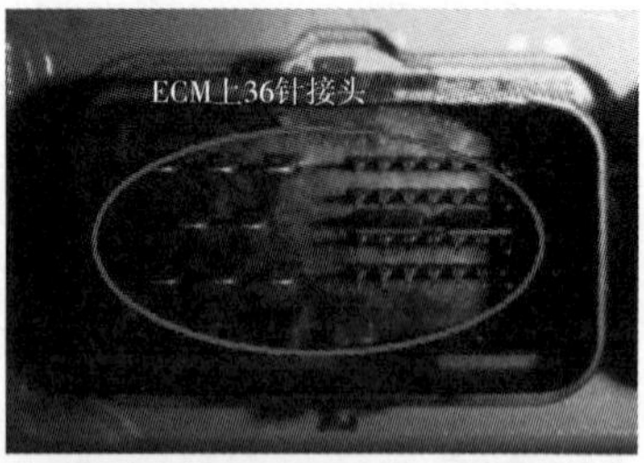

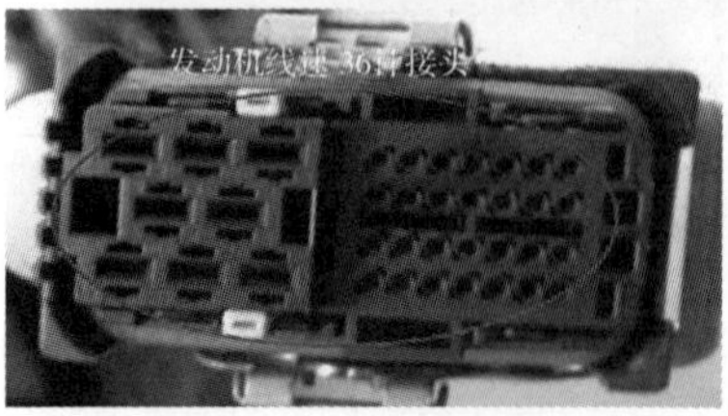

</td></tr>
<tr><td colspan="2">(9) 检查是否开路</td></tr>
<tr><td>
* 将钥匙开关转到“OFF”（断开）位置
* 从ECM上断开发动机线束36针接头
* 从进气压力传感器上断开发动机线束
* 检查是否开路
* 测量发动机线束36针接头的触针10与传感器接头的触针3之间的电阻
* 测量发动机线束36针接头的触针21与传感器接头的触针1之间的电阻
* 测量发动机线束36针接头的触针28与传感器接头的触针4之间的电阻
* 标准阻值：小于10 Ω
</td><td>
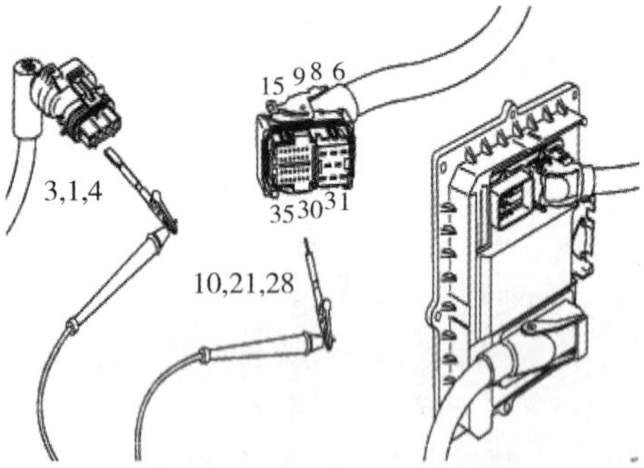

</td></tr>
<tr><td colspan="2">(10) 检查ECM至蓄电池负极（－）接线柱的电阻</td></tr>
</table>

<table>
<tr><td>
* 将钥匙开关转到“OFF”（断开）位置
* 从 ECM 上断开发动机线束 36 针接头
* 检查 ECM 至蓄电池负极（－）接线柱的电阻
* 测量 ECM 触针 21 与蓄电池负极（－）接线柱之间的电阻
* 标准阻值：小于 10 Ω
</td><td>
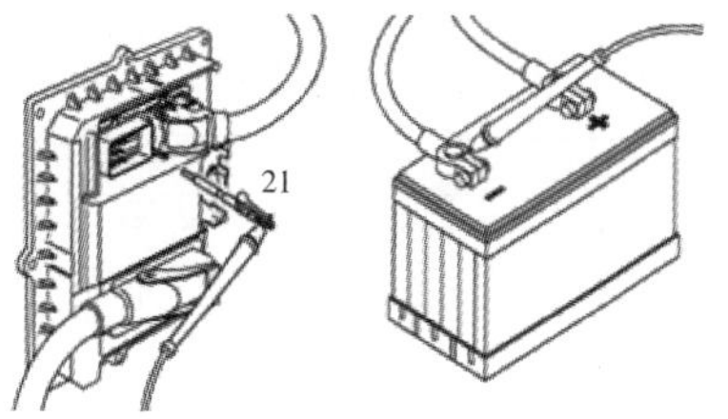

</td></tr>
<tr><td colspan="2">（11）检查 ECM 与蓄电池负极（－）接线柱之间的信号电压</td></tr>
<tr><td>
* 将钥匙开关转到“ON”（接通）位置
* 从 ECM 上断开发动机线束 36 针接头
* 检查 ECM 与蓄电池负极（－）接线柱之间的信号电压
* 测量 ECM 触针 28 与蓄电池负极（－）接线柱之间的电压
* 标准电压：0. 10 ~ 0. 25 V。不符合标准电压应更换 ECM
</td><td>
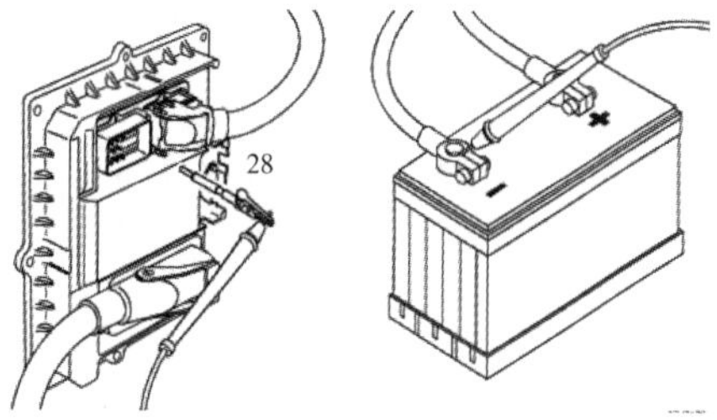

</td></tr>
<tr><td colspan="2">（12）测量 ECM 的输出电压</td></tr>
<tr><td>
* 从 ECM 上断开发动机线束 36 针接头
* 将钥匙开关转到“ON”（接通）位置
* 核实 ECM 输出电压
* 测量 ECM 端口触针 10 与触针 21 之间的电压
* 标准电压：4. 75 ~ 5. 25 V。不符合标准电压应更换 ECM
</td><td>
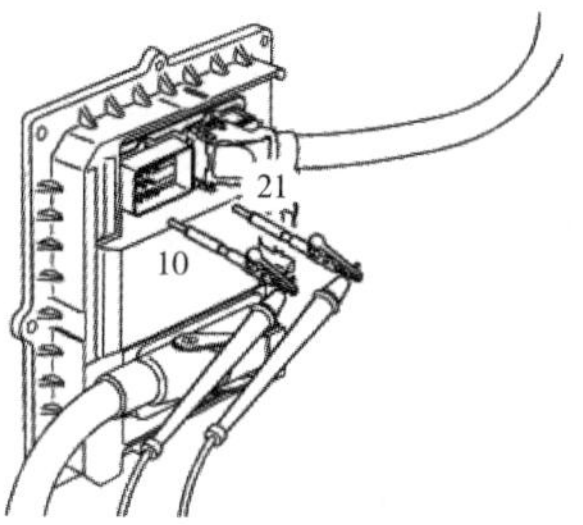

</td></tr>
<tr><td colspan="2">（13）清除故障代码</td></tr>
<tr><td>
* 连接所有部件
* 将钥匙开关转到“ON”（接通）位置
* 使故障代码不起作用
* 起动发动机，并且让它怠速运转 1 分钟
* 核实故障代码 122 不起作用
</td><td>
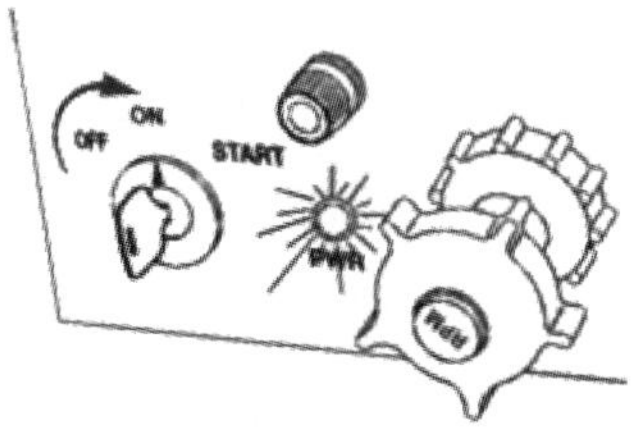

</td></tr>
<tr><td colspan="2">（14）清除非现行故障代码</td></tr>
<tr><td>
* 连接所有部件
* 将钥匙开关转到“ON”（接通）位置
* 清除非现行故障代码
* 使用 INSITE™ 清除非现行故障代码
</td><td>
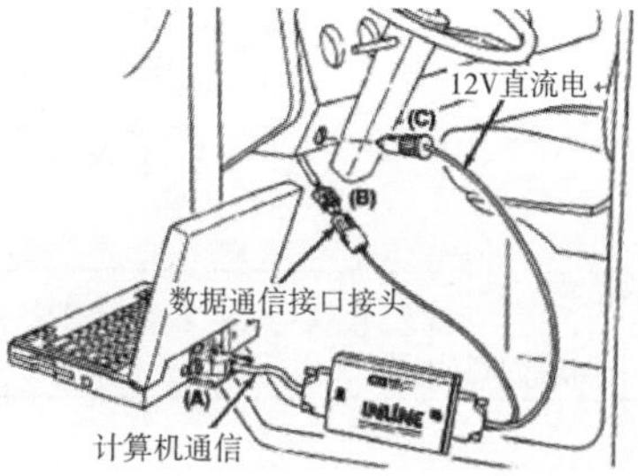

</td></tr>
</table>

4.2.5.2 进气温度传感器检修

1. 故障

如果该信号失效，发动机会用一个固定的替代值来计算进气温度，其故障结果会使发动机冷态时起动困难、故障灯点亮。

（1）插头故障

检查进气温度传感器和发动机线束连接器有无下列问题：

* 连接器壳体有裂纹或断裂
* 连接器密封件丢失或损坏
* 连接器触针内或表面有灰尘、碎屑或湿气
* 触针腐蚀、弯曲、断裂、缩进或伸出

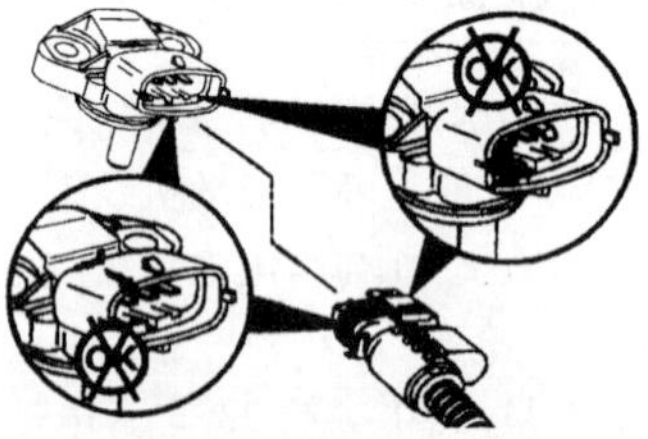

（2）线路故障

检查传感器线路有无短路、断路、老化。

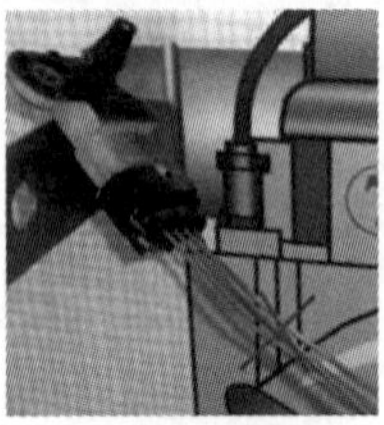

（3）传感器故障

检查进气温度传感器有无下列问题：

* “O”形圈膨胀
* “O”形圈内部或表面有裂纹或断裂

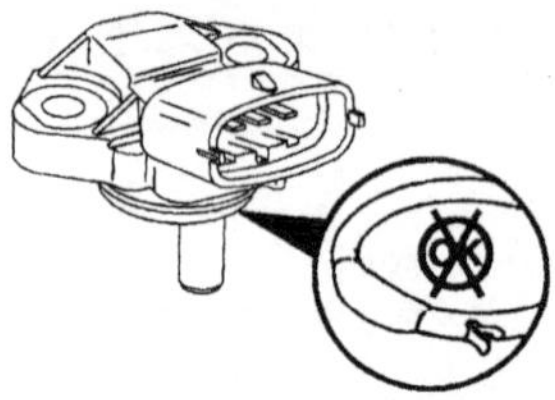

2. 电路图

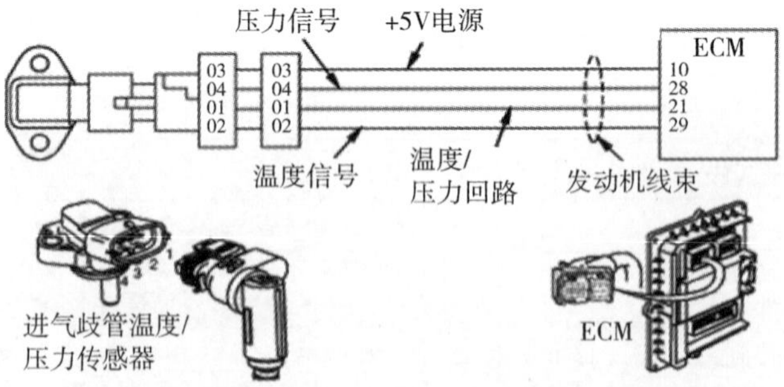

3. 检修

（1）读取故障代码

<table>
<tr><td>
＊　连接所有部件
＊　将钥匙开关转到“ON”（接通）位置
＊　使用 INSITE™读取故障代码
</td><td>
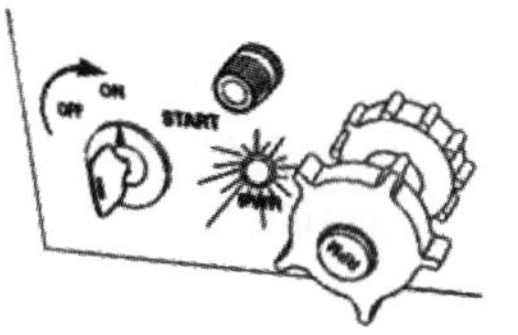

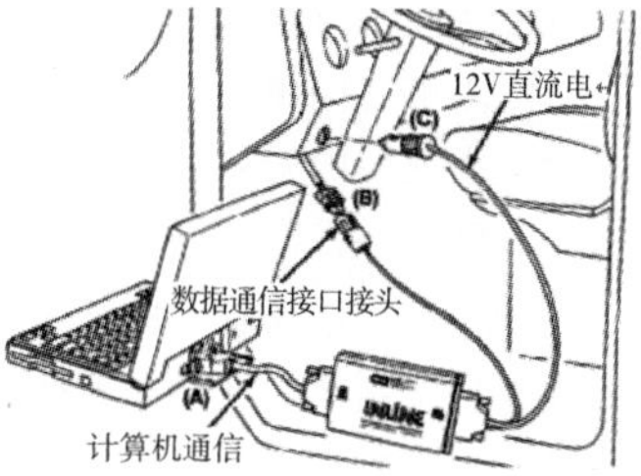

</td></tr>
<tr><td colspan="2">（2）检查进气压力传感器和发动机线束接头触针</td></tr>
<tr><td>
将钥匙开关转到“OFF”（断开）位置。
从进气压力传感器上断开发动机线束。
检查进气压力传感器和发动机线束接头触针有无下列情况：
＊　触针腐蚀
＊　触针弯曲或折断
＊　触针缩进或伸出
＊　接头内或表面有湿气
＊　接头密封件丢失或损坏
＊　接头触针有污垢或碎屑
有上述情况，应维修损坏的触针；冲洗接头触针上的污垢、碎屑或湿气；只要触针损坏，则维修或更换发动机线束，或更换进气压力传感器。
</td><td>
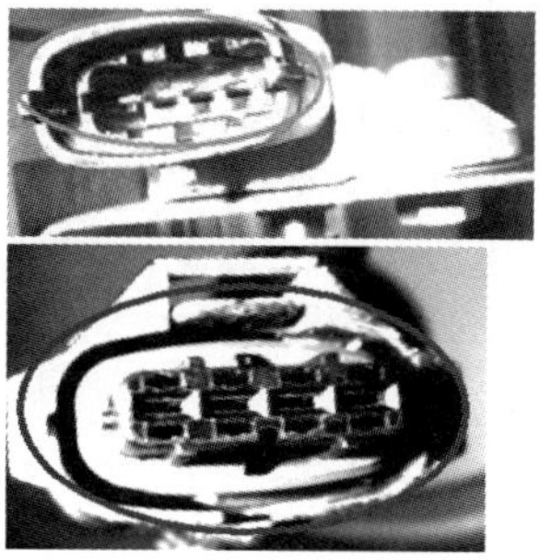
</td></tr>
<tr><td colspan="2">（3）检查进气压力传感器的电阻</td></tr>
<tr><td>
＊　从发动机线束接头上断开进气压力传感器
＊　检查进气压力传感器的电阻
＊　测量进气压力传感器 1 号触针与 2 号触针之间的电阻
＊　标准阻值：10 Ω ~ 10 kΩ（参考大修提示），否则更换进气压力传感器
</td><td>
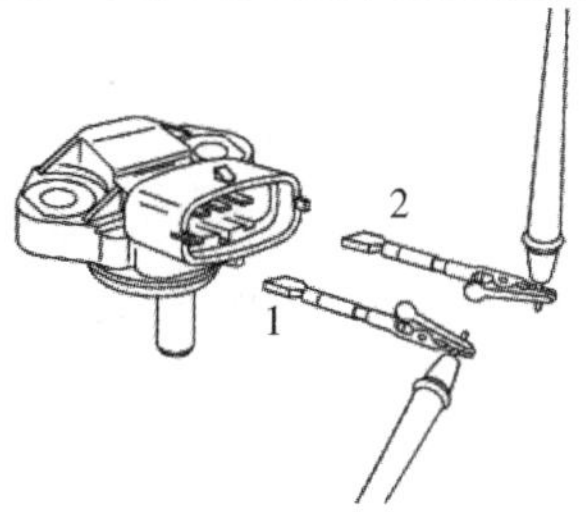

</td></tr>
<tr><td colspan="2">（4）检查发动机线束和 ECM 接头的触针</td></tr>
</table>

将钥匙开关转到“OFF”（断开）位置。

从 ECM 上断开发动机线束 36 针接头。

检查发动机线束和 ECM 接头触针有无下列情况：

* 触针腐蚀
* 触针弯曲或折断
* 触针缩进或伸出
* 接头内或表面有湿气
* 接头密封件丢失或损坏
* 接头触针有污垢或碎屑

注：轻轻拉动每根导线以核实导线锁定在接头中，并且没有缩进的触针。

有上述情况，应维修损坏的触针；冲洗接头触针上的污垢、碎屑或湿气；只要触针损坏，则维修或更换发动机线束或更换 ECM。

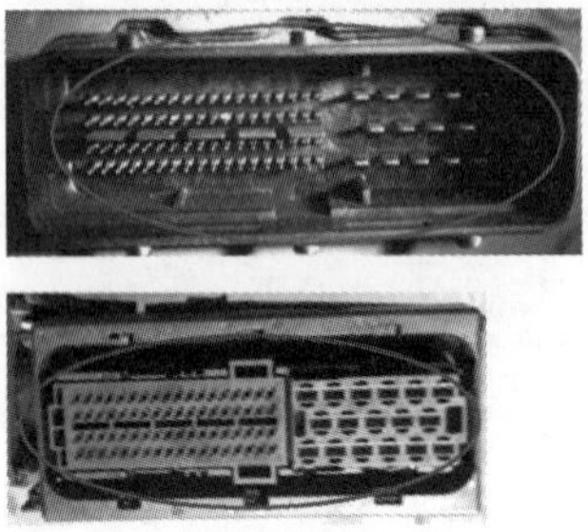

(5) 检查是否开路

* 将钥匙开关转到“OFF”（断开）位置
* 从 ECM 上断开发动机线束 36 针接头
* 从进气压力传感器上断开发动机线束
* 检查是否开路
* 测量发动机线束 36 针接头的触针 21 与传感器接头的触针 1 之间的电阻
* 测量发动机线束 36 针接头的触针 29 与传感器接头的触针 2 之间的电阻
* 标准阻值：小于 10 Ω

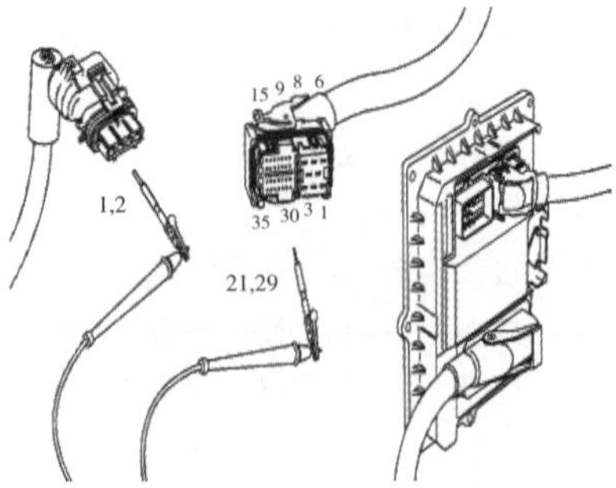

(6) 检查是否对地短路

* 将钥匙开关转到“OFF”（断开）位置
* 从进气压力传感器上断开发动机线束
* 从 ECM 上断开发动机线束 36 针接头
* 检查是否对地短路
* 测量 36 针接头触针 21 与发动机缸体接地之间的电阻
* 测量 36 针接头的 29 号触针与发动机缸体接地之间的电阻
* 标准阻值：小于 100 kΩ

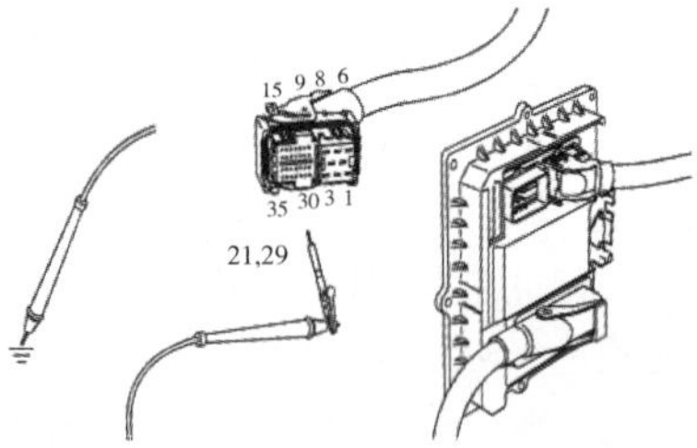

(7) 检查触针与触针之间是否短路

＊　将钥匙开关转到“ON”（接通）位置 ＊　从 ECM 上断开发动机线束 36 针接头 ＊　检查 ECM 与蓄电池负极（－）接线柱之间的信号电压 ＊　测量 ECM 触针 28 与蓄电池负极（－）接线柱之间的电压 ＊　标准电压：0.10～0.25 V。不符合标准电压应更换 ECM	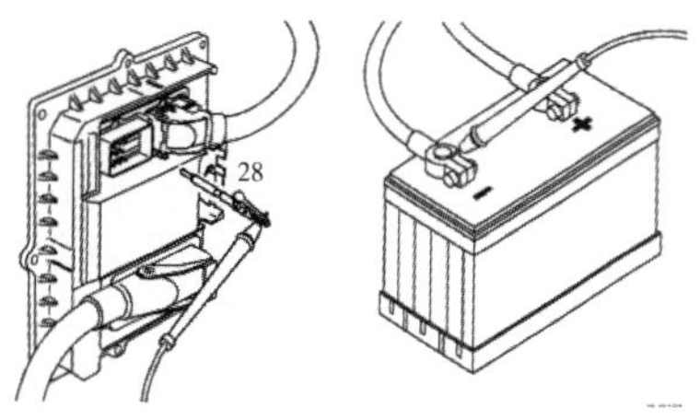
（8）清除故障代码	
＊　连接所有部件 ＊　将钥匙开关转到“ON”（接通）位置 ＊　使故障代码不起作用 ＊　起动发动机，并且让它怠速运转 1 分钟 ＊　核实故障代码 122 不起作用	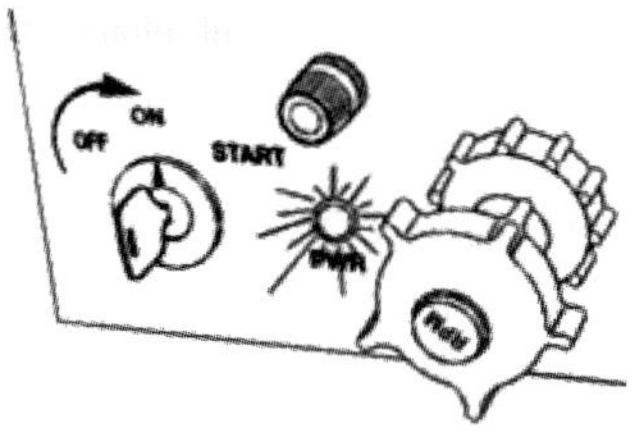
（9）清除非现行故障代码	
＊　连接所有部件 ＊　将钥匙开关转到“ON”（接通）位置 ＊　清除非现行故障代码 ＊　使用 INSITE™清除非现行故障代码	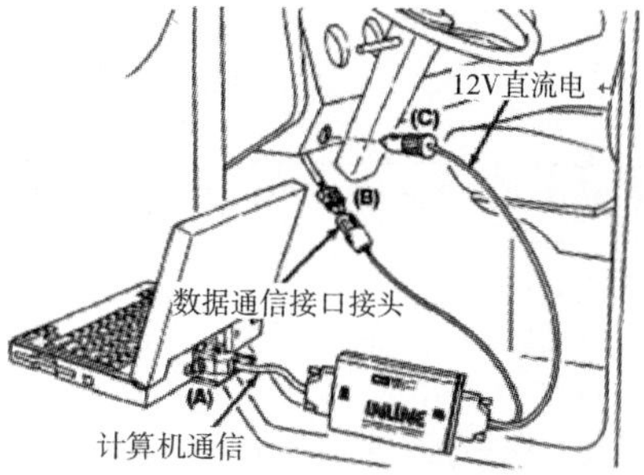

4.2.5.3　进气加热器检修

1. 故障
当进气加热器失效时，发动机冷态时起动困难、故障灯点亮。引起此故障可能的原因包括进气加热器损坏、继电器损坏、线路开路或短路或电源电压故障。
2. 电路图

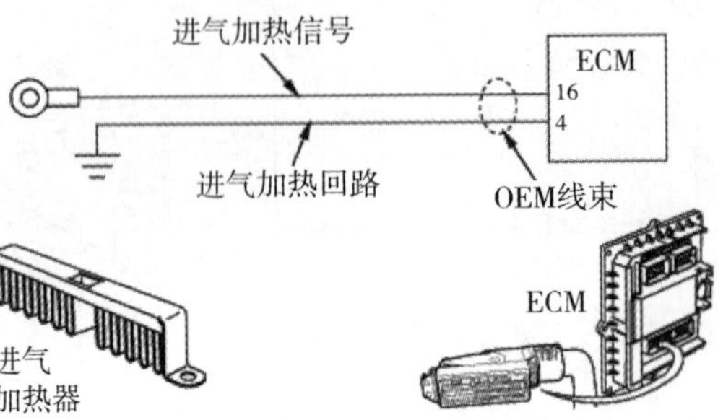

3. 检修

(1) 检查进气加热器电阻

* 将钥匙开关转到“OFF”(断开)位置
* 从进气加热器上断开 OEM 线束
* 检查进气加热器电阻
* 测量进气加热器接头触针 1 与触针 2 之间的电阻
* 标准电阻值：小于 1 Ω。否则更换进气加热器。参考 OEM 故障诊断及排除手册

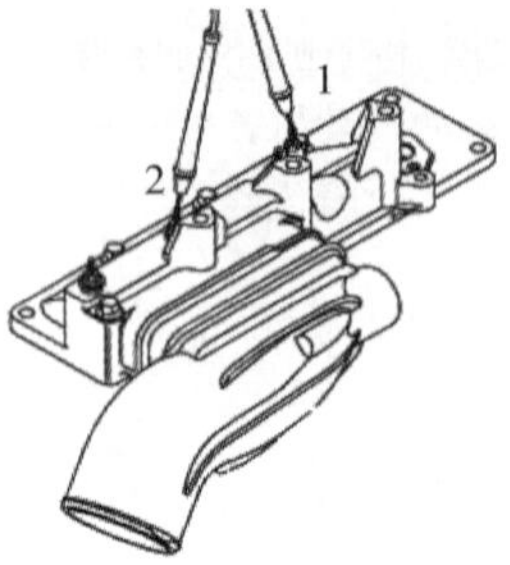

(2) 检查 OEM 线束和 ECM 接头的触针

将钥匙开关转到“OFF”(断开)位置。

断开 ECM 中的 OEM 线束 89 针接头。

从进气加热器上断开 OEM 线束。

检查 OEM 线束和 ECM 接头的触针有无下列情况：

* 触针腐蚀
* 触针弯曲或折断
* 触针缩进或伸出
* 接头内或表面有湿气
* 接头密封件丢失或损坏
* 接头触针有污垢或碎屑

注：轻轻拉动每根导线以核实导线锁定在接头中，并且没有缩进的触针。

有上述情况，维修损坏的触针。冲洗接头触针上的污垢、碎屑或湿气。只要触针损坏，则维修或更换 OEM 线束或更换 ECM。

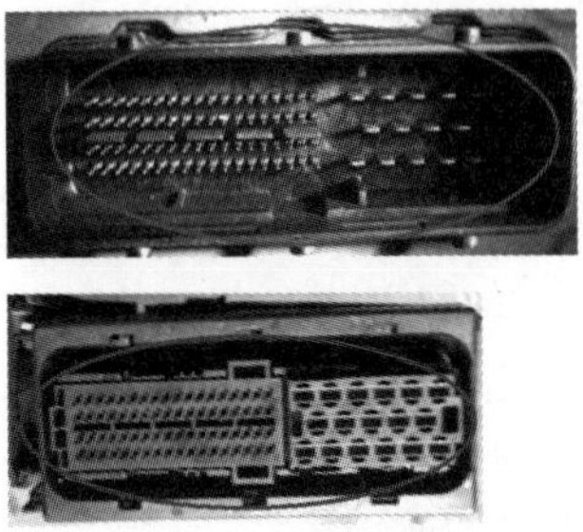

(3) 检查是否对地短路

<table>
<tr><td>
＊　将钥匙开关转到“OFF”（断开）位置
＊　从进气加热器上断开 OEM 线束
＊　断开 ECM 中的 OEM 线束 89 针接头
＊　检查是否对地短路
＊　测量 OEM 线束 ECM 接头触针 4 与发动机缸体接地之间的电阻
＊　测量 OEM 线束 ECM 接头触针 16 与发动机缸体接地之间的电阻
＊　标准电阻值：大于 100 kΩ。否则维修或更换 OEM 线
</td><td>
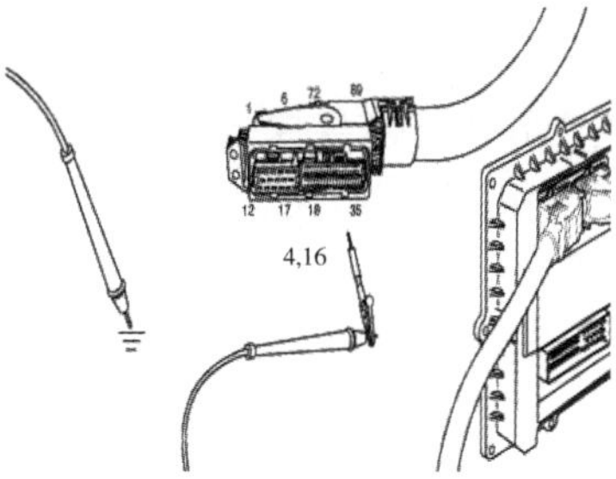

</td></tr>
<tr><td colspan="2">（4）检查是否开路</td></tr>
<tr><td>
＊　将钥匙开关转到“OFF”（断开）位置
＊　断开 ECM 中的 OEM 线束 89 针接头
＊　从进气加热器上断开 OEM 线束
＊　检查是否开路
＊　测量 OEM 线束进气加热器接头触针 1 与 OEM 线束 ECM 接头触针 16 之间的电阻
＊　测量 OEM 线束进气加热器接头触针 2 与 OEM 线束 ECM 接头触针 4 之间的电阻
＊　标准电阻：小于 10 Ω。否则维修或更换 OEM 线束
</td><td>
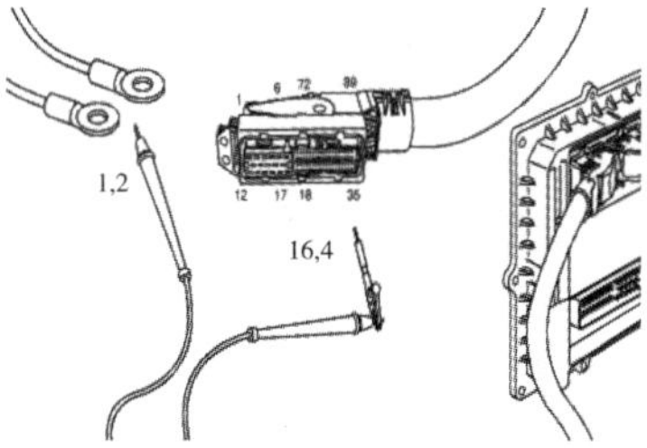

</td></tr>
<tr><td colspan="2">（5）检查触针与触针之间是否短路</td></tr>
<tr><td>
＊　将钥匙开关转到“OFF”（断开）位置
＊　断开 ECM 中的 OEM 线束 89 针接头
＊　从进气加热器上断开 OEM 线束
＊　检查是否开路
＊　测量 OEM 线束 ECM 接头触针 4 与接头中所有其他触针之间的电阻
＊　测量 OEM 线束 ECM 接头触针 16 与接头中所有其他触针之间的电阻
＊　标准电阻：大于 100 kΩ。否则维修或更换 OEM 线束
</td><td>
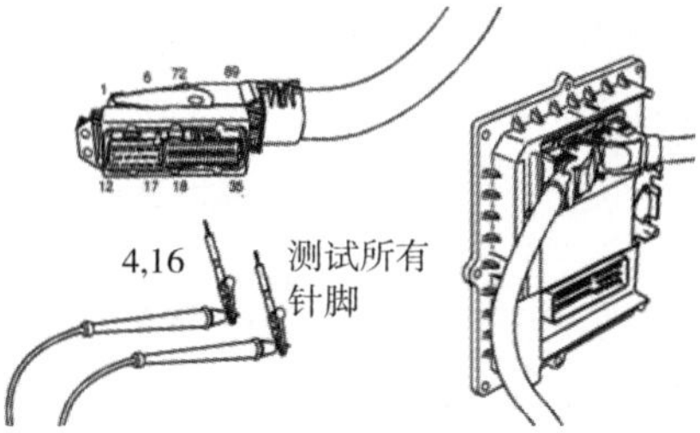

</td></tr>
</table>

4.2.6 记录与分析

4.2.6.1 进气压力传感器检修

<table>
<tr><td>姓　名</td><td></td><td>日　期</td><td></td></tr>
<tr><td>班　级</td><td></td><td>学　号</td><td></td></tr>
<tr><td colspan="2">1. 检查进气压力传感器和发动机线束接头触针。
将钥匙开关转到“OFF”（断开）位置，从进气压力传感器上断开发动机线束，检查进气压力传感器和发动机线束接头触针有无下列情况：
* 触针腐蚀
* 触针弯曲或折断
* 触针缩进或伸出
* 接头内或表面有湿气
* 接头密封件丢失或损坏
* 接头触针有污垢或碎屑
有上述情况，处理措施为____。</td><td colspan="2">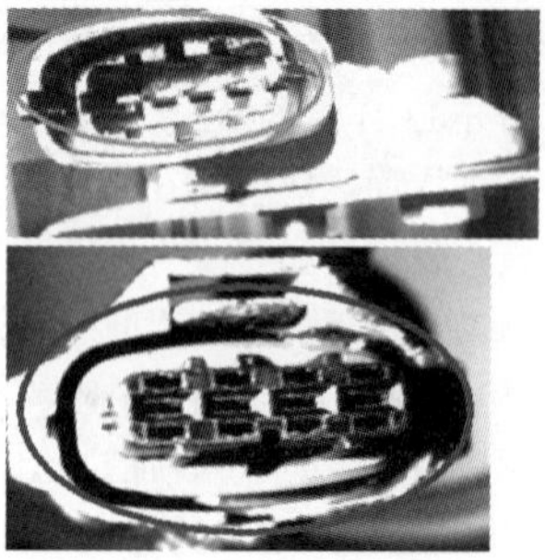</td></tr>
<tr><td colspan="2">2. 从发动机线束接头上断开进气压力传感器。测量进气压力传感器的3号触针与4号触针之间的电阻。实测电阻为__________。</td><td colspan="2">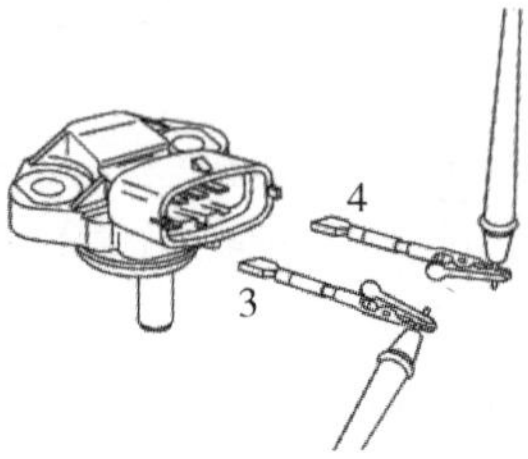</td></tr>
<tr><td colspan="2">3. 测量电源电压。
从发动机线束接头上断开进气压力传感器，将钥匙开关转到“ON”（接通）位置。测量发动机线束传感器接头的1号触针与3号触针之间的电源电压。实测电源电压为__________。</td><td colspan="2">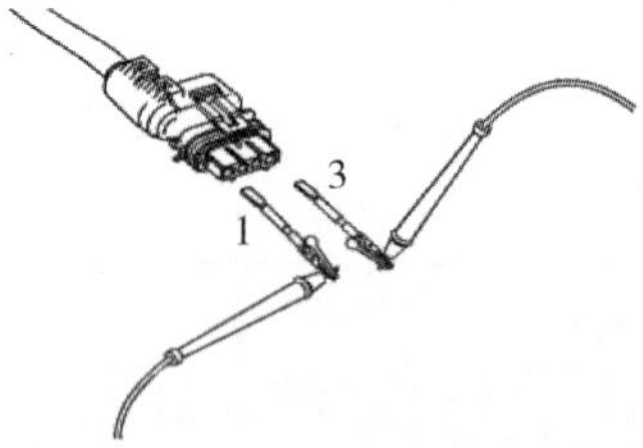</td></tr>
</table>

4. 测量信号电压。 从发动机线束上断开进气压力传感器，将钥匙开关转到“ON”（接通）位置，测量发动机线束传感器接头 4 号触针至蓄电池负极（－）接线柱的信号电压，实测信号电压为＿＿＿＿＿。	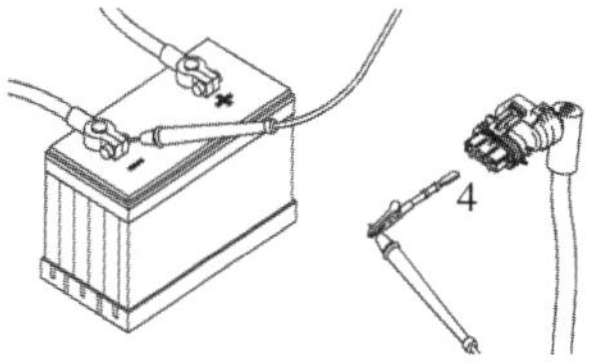
5. 检查发动机线束传感器接头至蓄电池负极（－）接线柱的电源电压。 从进气压力传感器上断开发动机线束，将钥匙开关转到“ON”（接通）位置。测量发动机线束传感器接头的 3 号触针至蓄电池负极（－）接线柱的电压。实测电压为＿＿＿＿＿。	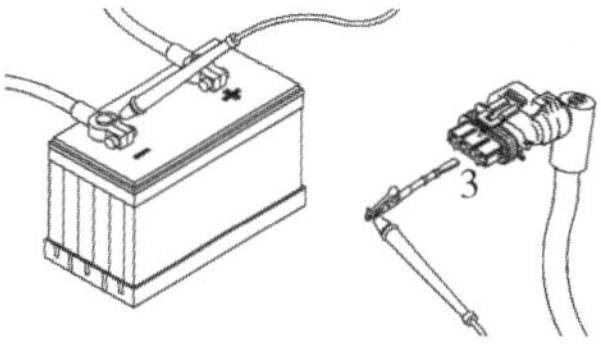
6. 从进气压力传感器上断开发动机线束，将钥匙开关转到“ON”（接通）位置，测量发动机线束传感器接头的 1 号触针至蓄电池负极（－）接线柱的电阻。实测电阻为＿＿＿＿＿。	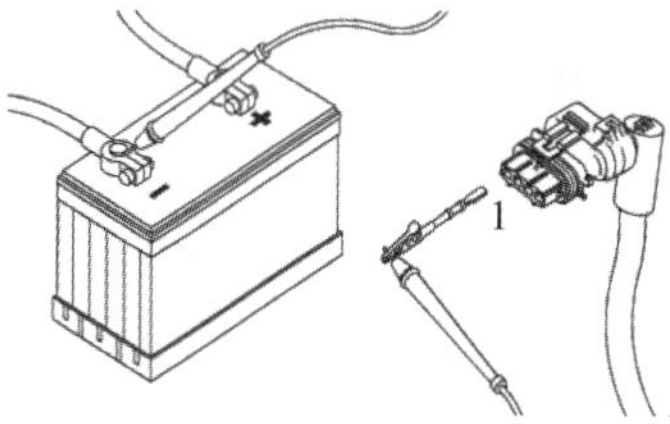
7. 检查发动机线束和 ECM 接头的触针。 将钥匙开关转到“OFF”（断开）位置，从 ECM 上断开发动机线束 36 针接头，检查发动机线束和 ECM 接头触针有无下列情况： * 触针腐蚀 * 触针弯曲或折断 * 触针缩进或伸出 * 接头内或表面有湿气 * 接头密封件丢失或损坏 * 接头触针有污垢或碎屑 有上述情况，处理措施为＿＿＿＿＿＿＿＿＿＿ ＿＿＿＿＿＿＿＿＿＿＿＿＿＿＿＿＿＿＿＿＿＿＿ ＿＿＿＿＿＿＿＿＿＿＿＿＿＿＿＿＿＿＿＿＿＿。	

8. 检查是否开路。

将钥匙开关转到“OFF”（断开）位置，从 ECM 上断开发动机线束 36 针接头，从进气压力传感器上断开发动机线束。

* 测量发动机线束 36 针接头的触针 10 与传感器接头的触针 3 之间的电阻。实测电阻为__________

* 测量发动机线束 36 针接头的触针 21 与传感器接头的触针 1 之间的电阻。实测电阻为__________

* 测量发动机线束 36 针接头的触针 28 与传感器接头的触针 4 之间的电阻。实测电阻为__________

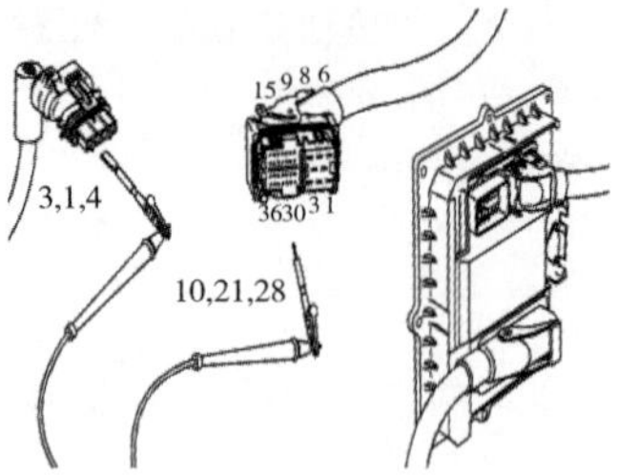

9. 检查 ECM 至蓄电池负极（－）接线柱的电阻。

将钥匙开关转到“OFF”（断开）位置，从 ECM 上断开发动机线束 36 针接头。测量 ECM 触针 21 与蓄电池负极（－）接线柱之间的电阻。实测电阻为__________。

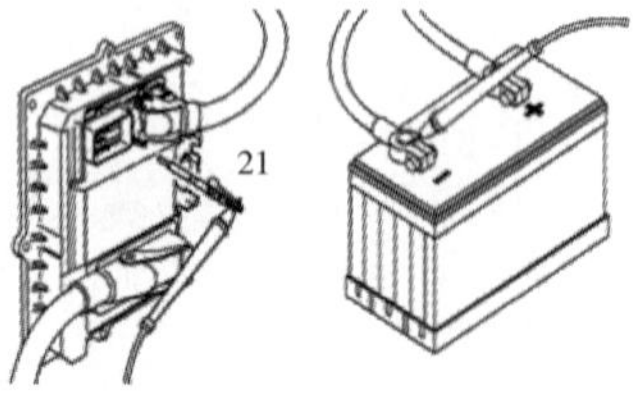

10. 检查 ECM 与蓄电池负极（－）接线柱之间的信号电压。

将钥匙开关转到“ON”（接通）位置，从 ECM 上断开发动机线束 36 针接头。测量 ECM 触针 28 与蓄电池负极（－）接线柱之间的电压。实测电压为__________。

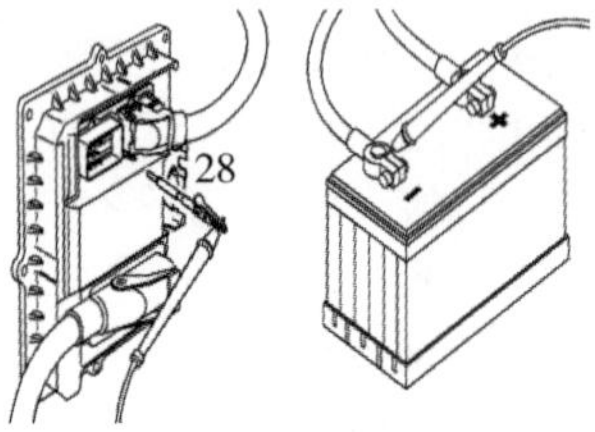

11. 测量 ECM 输出电压。

从 ECM 上断开发动机线束 36 针接头，将钥匙开关转到“ON”（接通）位置。测量 ECM 端口触针 10 与触针 21 之间的电压。实测电压为__________。

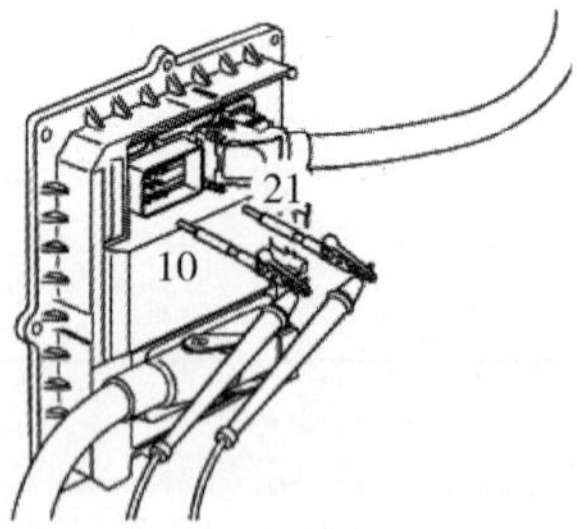

4.2.6.2　进气温度传感器检修

姓　名		日　期	
班　级		学　号	

<table>
<tr>
<td>
1. 检查进气温度传感器和发动机线束接头触针。
将钥匙开关转到“OFF”（断开）位置，从进气温度传感器上断开发动机线束，检查进气温度传感器和发动机线束接头触针有无下列情况：
* 触针腐蚀
* 触针弯曲或折断
* 触针缩进或伸出
* 接头内或表面有湿气
* 接头密封件丢失或损坏
* 接头触针有污垢或碎屑
有上述情况，处理措施为__________________
____
____。
</td>
<td>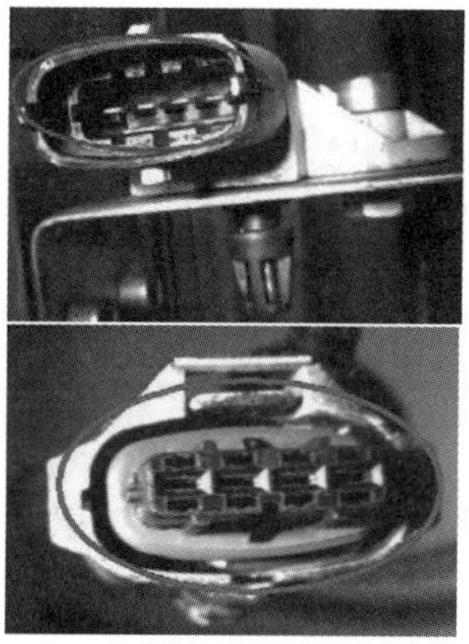</td>
</tr>
<tr>
<td>
2. 从发动机线束接头上断开进气温度传感器。测量进气温度传感器的 1 号触针与 2 号触针之间的电阻。实测电阻为__________。
</td>
<td>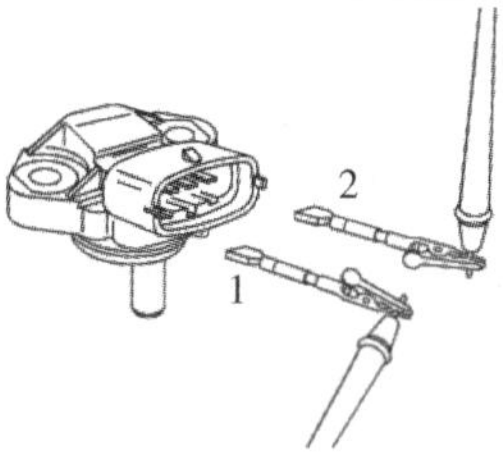
</td>
</tr>
<tr>
<td>
3. 检查发动机线束和 ECM 接头的触针。
将钥匙开关转到“OFF”（断开）位置，从 ECM 上断开发动机线束 36 针接头，检查发动机线束和 ECM 接头触针有无下列情况：
* 触针腐蚀
* 触针弯曲或折断
* 触针缩进或伸出
* 接头内或表面有湿气
* 接头密封件丢失或损坏
* 接头触针有污垢或碎屑
有上述情况，处理措施为__________________
____
____。
</td>
<td>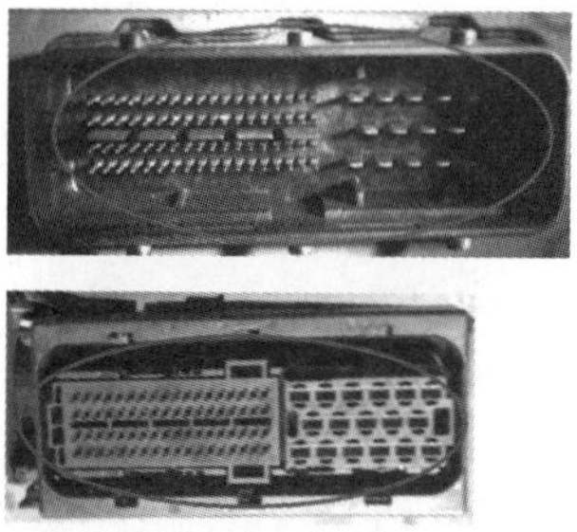</td>
</tr>
</table>

4. 检测是否开路。 将钥匙开关转到“OFF”（断开）位置，从 ECM 上断开发动机线束 36 针接头，从进气温度传感器上断开发动机线束。测量发动机线束 36 针接头的触针 21 与传感器接头的触针 1 之间的电阻，实测电阻为__________；测量发动机线束 36 针接头的触针 29 与传感器接头的触针 2 之间的电阻，实测电阻为__________。	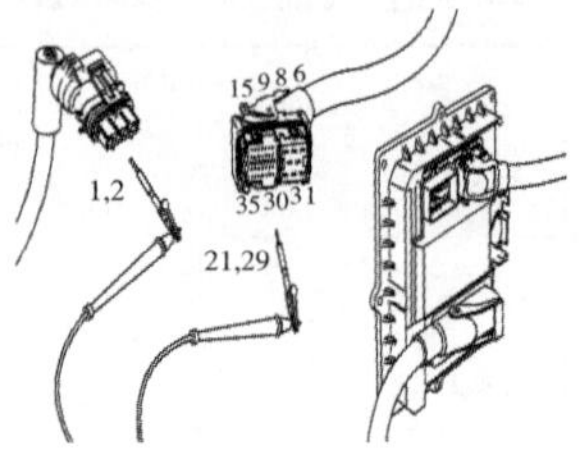
5. 检查是否对地短路。 将钥匙开关转到“OFF”（断开）位置，从进气温度传感器上断开发动机线束，从 ECM 上断开发动机线束 36－针接头。测量 36 针接头触针 21 与发动机缸体接地之间的电阻，实测电阻为__________；测量 36－针接头的 29 号触针与发动机缸体接地之间的电阻，实测电阻为__________。	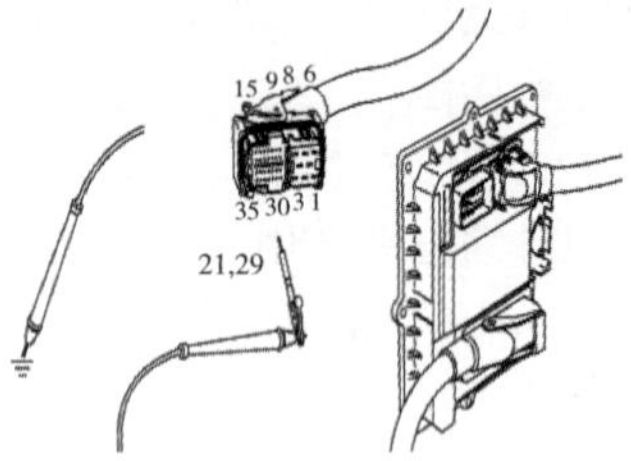
6. 检查触针与触针之间是否短路。 将钥匙开关转到“ON”（接通）位置，从 ECM 上断开发动机线束 36－针接头，检查 ECM 与蓄电池负极（－）接线柱之间的信号电压。测量 ECM 触针 28 与蓄电池负极（－）接线柱之间的电压，实测电压为__________。	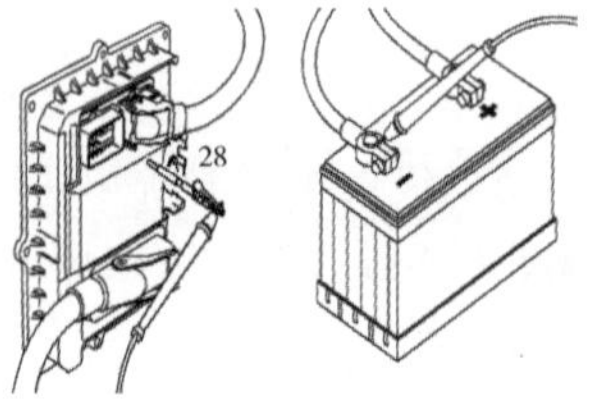

4. 2. 6. 3　进气加热器检修

姓　名		日　期	
班　级		学　号	

1. 检查进气加热器电阻。

将钥匙开关转到“OFF”（断开）位置，从进气加热器上断开 OEM 线束。测量进气加热器接头触针 1 与触针 2 之间的电阻。实测电阻为__________。

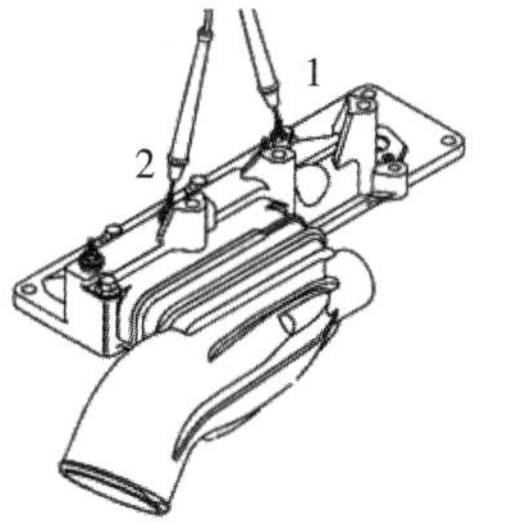

2. 检查发动机线束和 ECM 接头的触针。

将钥匙开关转到“OFF”（断开）位置，从 ECM 上断开发动机线束 89 针接头，检查发动机线束和 ECM 接头触针有无下列情况：

* 触针腐蚀
* 触针弯曲或折断
* 触针缩进或伸出
* 接头内或表面有湿气
* 接头密封件丢失或损坏
* 接头触针有污垢或碎屑

有上述情况，处理措施为____。

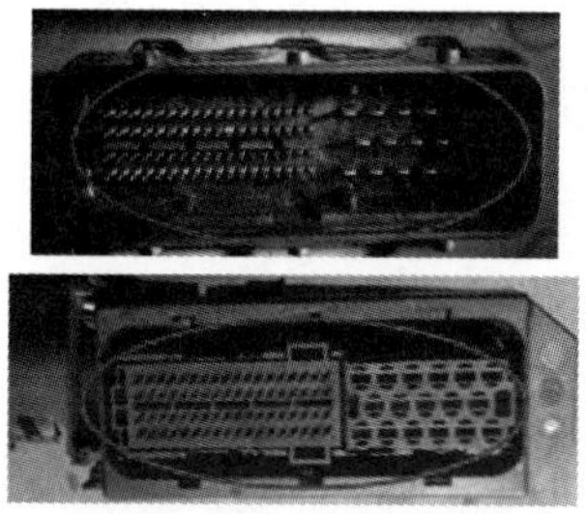

3. 检查是否对地短路。

将钥匙开关转到“OFF”（断开）位置，从进气加热器上断开 OEM 线束。断开 ECM 中的 OEM 线束 89 针接头。

* 测量 OEM 线束 ECM 接头触针 4 与发动机缸体接地之间的电阻。实测电阻为__________
* 测量 OEM 线束 ECM 接头触针 16 与发动机缸体接地之间的电阻。实测电阻为__________

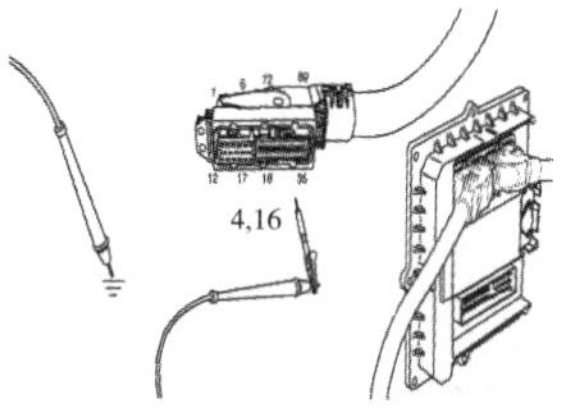

4. 检查是否开路。 将钥匙开关转到“OFF”（断开）位置，断开ECM中的OEM线束89针接头，从进气加热器上断开OEM线束。 * 测量OEM线束进气加热器接头触针1与OEM线束ECM接头触针16之间的电阻。实测电阻为__________ * 测量OEM线束进气加热器接头触针2与OEM线束ECM接头触针4之间的电阻。实测电阻为__________	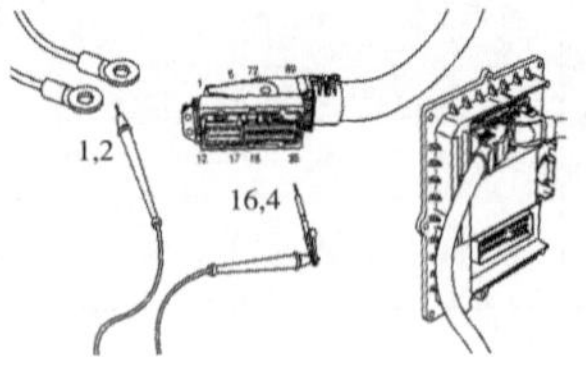
5. 检查是否开路。 将钥匙开关转到“OFF”（断开）位置，断开ECM中的OEM线束89针接头，从进气加热器上断开OEM线束。 * 测量OEM线束ECM接头触针4与接头中所有其他触针之间的电阻。实测电阻为__________ * 测量OEM线束ECM接头触针16与接头中所有其他触针之间的电阻。实测电阻为__________	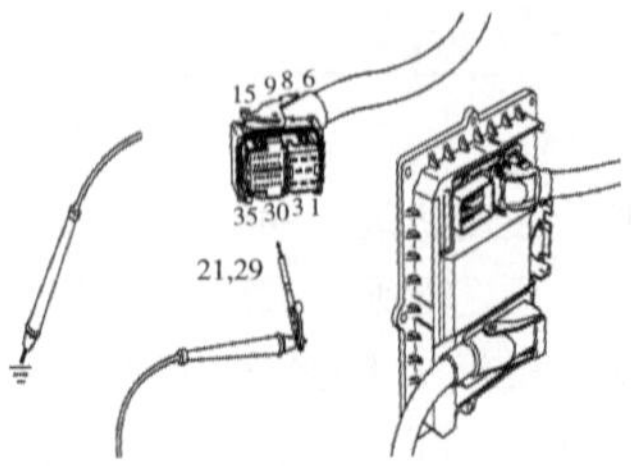

4.2.7　技能考核

4.2.7.1　进气压力传感器检修项目评分表

<table>
<tr><td rowspan="2">基本信息</td><td>姓　名</td><td></td><td>学　号</td><td></td><td>班　级</td><td></td><td>组　别</td><td colspan="2"></td></tr>
<tr><td>规定时间</td><td></td><td>完成时间</td><td></td><td>考核日期</td><td></td><td>总评成绩</td><td colspan="2"></td></tr>
<tr><td rowspan="12">任务工单</td><td rowspan="2">序号</td><td rowspan="2" colspan="3">步骤</td><td colspan="2">完成情况</td><td rowspan="2">标准分</td><td rowspan="2">评分</td></tr>
<tr><td>完成</td><td>未完成</td></tr>
<tr><td>1</td><td colspan="3">考核准备：
机件：
量具：</td><td></td><td></td><td>10</td><td></td></tr>
<tr><td>2</td><td colspan="3">清洁机件</td><td></td><td></td><td>5</td><td></td></tr>
<tr><td>3</td><td colspan="3">零件拆装</td><td></td><td></td><td>5</td><td></td></tr>
<tr><td>4</td><td colspan="3">量具使用</td><td></td><td></td><td>5</td><td></td></tr>
<tr><td>5</td><td colspan="3">读故障码</td><td></td><td></td><td>10</td><td></td></tr>
<tr><td>6</td><td colspan="3">进气压力传感器检测</td><td></td><td></td><td>5</td><td></td></tr>
<tr><td>7</td><td colspan="3">线路检测</td><td></td><td></td><td>5</td><td></td></tr>
<tr><td>8</td><td colspan="3">故障诊断</td><td></td><td></td><td>10</td><td></td></tr>
<tr><td>9</td><td colspan="3">试机</td><td></td><td></td><td>5</td><td></td></tr>
<tr><td>10</td><td colspan="3">清洁及整理</td><td></td><td></td><td>5</td><td></td></tr>
<tr><td colspan="2">安全</td><td colspan="5"></td><td>5</td><td></td></tr>
<tr><td colspan="2">5S</td><td colspan="5"></td><td>5</td><td></td></tr>
<tr><td colspan="2">沟通表达</td><td colspan="5"></td><td>5</td><td></td></tr>
<tr><td colspan="2">工单填写</td><td colspan="5"></td><td>10</td><td></td></tr>
<tr><td colspan="2">工艺制定</td><td colspan="5"></td><td>10</td><td></td></tr>
</table>

4.2.7.2 进气温度传感器检修项目评分表

<table>
<tr><td rowspan="2">基本信息</td><td>姓　名</td><td></td><td>学　号</td><td></td><td>班　级</td><td></td><td>组　别</td><td colspan="2"></td></tr>
<tr><td>规定时间</td><td></td><td>完成时间</td><td></td><td>考核日期</td><td></td><td>总评成绩</td><td colspan="2"></td></tr>
<tr><td rowspan="12">任务工单</td><td rowspan="2">序号</td><td rowspan="2" colspan="3">步骤</td><td colspan="2">完成情况</td><td rowspan="2">标准分</td><td rowspan="2">评分</td></tr>
<tr><td>完成</td><td>未完成</td></tr>
<tr><td>1</td><td colspan="3">考核准备：
机件：
量具：</td><td></td><td></td><td>10</td><td></td></tr>
<tr><td>2</td><td colspan="3">清洁机件</td><td></td><td></td><td>5</td><td></td></tr>
<tr><td>3</td><td colspan="3">零件拆装</td><td></td><td></td><td>5</td><td></td></tr>
<tr><td>4</td><td colspan="3">量具使用</td><td></td><td></td><td>5</td><td></td></tr>
<tr><td>5</td><td colspan="3">读故障码</td><td></td><td></td><td>10</td><td></td></tr>
<tr><td>6</td><td colspan="3">进气温度传感器检测</td><td></td><td></td><td>5</td><td></td></tr>
<tr><td>7</td><td colspan="3">线路检测</td><td></td><td></td><td>5</td><td></td></tr>
<tr><td>8</td><td colspan="3">故障诊断</td><td></td><td></td><td>10</td><td></td></tr>
<tr><td>9</td><td colspan="3">试机</td><td></td><td></td><td>5</td><td></td></tr>
<tr><td>10</td><td colspan="3">清洁及整理</td><td></td><td></td><td>5</td><td></td></tr>
<tr><td colspan="2">安全</td><td colspan="5"></td><td>5</td><td></td></tr>
<tr><td colspan="2">5S</td><td colspan="5"></td><td>5</td><td></td></tr>
<tr><td colspan="2">沟通表达</td><td colspan="5"></td><td>5</td><td></td></tr>
<tr><td colspan="2">工单填写</td><td colspan="5"></td><td>10</td><td></td></tr>
<tr><td colspan="2">工艺制定</td><td colspan="5"></td><td>10</td><td></td></tr>
</table>

4.2.7.3　进气加热器检修项目评分表

<table>
<tr><td rowspan="2">基本信息</td><td>姓　名</td><td></td><td>学　号</td><td></td><td>班　级</td><td></td><td>组　别</td><td colspan="2"></td></tr>
<tr><td>规定时间</td><td></td><td>完成时间</td><td></td><td>考核日期</td><td></td><td>总评成绩</td><td colspan="2"></td></tr>
<tr><td rowspan="12">任务工单</td><td rowspan="2">序号</td><td colspan="3" rowspan="2">步骤</td><td colspan="2">完成情况</td><td rowspan="2">标准分</td><td rowspan="2">评分</td></tr>
<tr><td>完成</td><td>未完成</td></tr>
<tr><td>1</td><td colspan="3">考核准备：
机件：
量具：</td><td></td><td></td><td>10</td><td></td></tr>
<tr><td>2</td><td colspan="3">清洁机件</td><td></td><td></td><td>5</td><td></td></tr>
<tr><td>3</td><td colspan="3">零件拆装</td><td></td><td></td><td>5</td><td></td></tr>
<tr><td>4</td><td colspan="3">量具使用</td><td></td><td></td><td>5</td><td></td></tr>
<tr><td>5</td><td colspan="3">读故障码</td><td></td><td></td><td>10</td><td></td></tr>
<tr><td>6</td><td colspan="3">进气加热器传感器检测</td><td></td><td></td><td>5</td><td></td></tr>
<tr><td>7</td><td colspan="3">线路检测</td><td></td><td></td><td>5</td><td></td></tr>
<tr><td>8</td><td colspan="3">故障诊断</td><td></td><td></td><td>10</td><td></td></tr>
<tr><td>9</td><td colspan="3">试机</td><td></td><td></td><td>5</td><td></td></tr>
<tr><td>10</td><td colspan="3">清洁及整理</td><td></td><td></td><td>5</td><td></td></tr>
<tr><td colspan="2">安全</td><td colspan="5"></td><td>5</td><td></td></tr>
<tr><td colspan="2">5S</td><td colspan="5"></td><td>5</td><td></td></tr>
<tr><td colspan="2">沟通表达</td><td colspan="5"></td><td>5</td><td></td></tr>
<tr><td colspan="2">工单填写</td><td colspan="5"></td><td>10</td><td></td></tr>
<tr><td colspan="2">工艺制定</td><td colspan="5"></td><td>10</td><td></td></tr>
</table>

☞学习工作页

学习工作页	学习单元	柴油发动机进气控制系统检修			
	学习任务	进气控制系统主要部件的检修			
姓　名		班　级		小　组	
日　期		开始时间		结束时间	

1. 填空题。

(1) 进气温度传感器和进气压力传感器制成一体，安装在______。

(2) 在实际应用中进气温度传感器主要应用______式和______式温度传感器。

(3) 进气温度传感器在环境温度 25 ℃时，其电阻阻值是______至______ Ω。

(4) 进气加热器安装在______。

(5) 进气加热器电阻值小于______ Ω。

(6) 进气加热器在低温环境下可改进______性能和______控制。电子控制模块（ECM）控制燃油加热器电源______。加热器中有两个加热线圈，由 ECM 分别控制。

(7) 在实际应用中进气压力传感器主要应用______式和______式压力传感器。

(8) 进气压力传感器信号电压是______至______ V。

2. 选择题。

(1) 通常情况下，进气温度传感器用（　　）制成。

A. 加热线圈　　B. 正温度系数热敏电阻

C. 负温度系数热敏电阻　　D. 铜管

(2) 进气压力传感器和进气温度传感器制成一体，安装在（　　）上。

A. 进气管　　B. 空气滤清器

C. 排气管　　D. 废气涡轮增压器

(3) 进气压力传感器提供的电信号用于检查（　　）。

A. 排气压力　　B. 增压压力

C. 进气阻力　　D. 进气量大小

(4) 燃油加热器位于发动机进气侧的（　　）上。

A. 高压共轨　　B. 油箱

C. 燃油滤清器　　D. 回油管

3. 判断题。

(1) 进气加热器在低温环境下可改进起动性能和白烟控制。电子控制模块（ECM）控制空气加热器电源继电器。加热器中有两个加热线圈，它们由 ECM 分别控制。（　　）

(2) 增压柴油机中，不同温度下的增压空气密度不同，发动机需要进气温度传感器产生的信号来修正增压压力和喷油量。（　　）

(3) 进气温度传感器的类型有线绕电阻式、热敏电阻式、热偶电阻式。(　　)
(4) 进气温度传感器在环境温度 25 ℃时，其电阻阻值是 1700 ~ 2500 Ω。(　　)
(5) 进气压力传感器在实际应用中主要应用压阻式和压电式压力传感器。(　　)
(6) 柴油机在冷机起动时，没必要用进气加热器对进气进行加热来改善着火性能。(　　)
(7) 进气加热器电阻小于 1 Ω。(　　)
(8) 进气加热器位于进气歧管的进气接头处。(　　)
(9) 进气温度传感器和进气压力传感器制成一体，安装在进气歧管上。(　　)
(10) 进气压力传感器的信号电压是 0. 10 ~ 0. 25 V。(　　)

4. 问答题。
(1) 进气温度传感器的作用。
(2) 进气温度传感器的常见故障有哪些？
(3) 进气加热器的作用。
(4) 进气加热器的常见故障有哪些？
(5) 进气压力传感器的作用。
(6) 进气压力传感器的常见故障有哪些？

指导教师评语：

____

____

教师签字：________________　日期：______年______月______日

单元5　柴油发动机排放控制系统检修

☞学习情境

某福田小卡汽车装了康明斯发动机ISF3.8，根据车主反映，该车在一次大修后，到检测站年检的时候发现尾气排放严重超标，NOx含量超过正常排放值的4倍，维修人员检测了后处理系统，发现该后处理系统基本缺失，基本可以判定其原因为该车后处理系统问题。

请通过检测后处理系统，判断SCR技术状况；若需要修复，请制定修复方法和工艺流程。

☞单元学习目标

通过本单元的学习，应能：

1. 掌握柴油机排放控制系统的功能；
2. 掌握柴油机废气再循环系统结构和控制原理；
3. 掌握柴油机催化转换系统结构和控制原理；
4. 掌握柴油机颗粒过滤系统结构和控制原理。
5. 根据维修手册，正确选用工具检测设备，在规定时间内安全规范地进行柴油机后处理系统的检测，制定修复方法和工艺流程。

☞学习信息资源

1. 各汽车生产厂商的网页；
2. 维修手册；
3. 有关安全的法律、法规；
4. 提供各类维修知识和维护资料的网站。

☞学习场所和设备

学习的环境和使用的设备有：

1. 车间或模拟车间；
2. 个人防护用品、用具；
3. 汽车维修设备和工具；

4. 安全的工作环境和工作场所；
5. 电控发动机总成；
6. 装备有电控发动机的车辆。

☞单元学习任务

为了掌握柴油发动机排放控制系统的检修能力，本单元安排的学习任务有：
任务1　柴油发动机排放控制系统综述；
任务2　柴油发动机排放控制系统检修；

☞学习引导

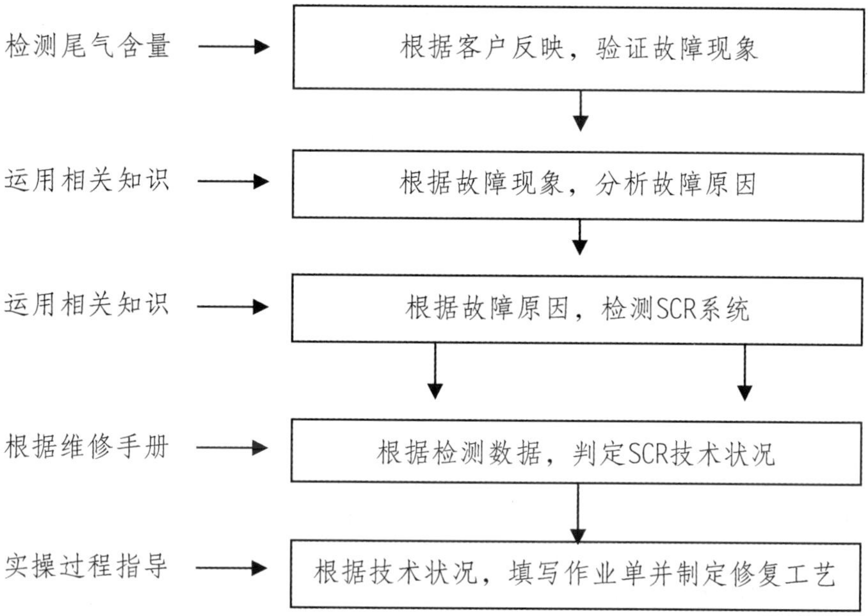

学习任务5.1　柴油发动机排放控制系统综述

☞学习目标

通过本任务的学习，完成任务后能够回答以下问题：
1. 会分析柴油发动机排放污染物；
2. 掌握柴油发动机废气再循环控制系统的结构、原理与检修；
3. 掌握柴油发动机废气催化转换系统的结构、原理与检修。

☞学习信息

5.1.1　柴油机排放控制技术

1. 柴油机排放污染物。

汽车柴油机排放污染物主要有 HC（碳氢化合物），CO（一氧化碳）、CO_2（二氧化碳）、NO_X（氮氧化合物）、PM（颗粒物）和 SO_X（硫氧化合物）。

（1）HC：它是未燃和未完全燃烧的燃油、润滑油及其裂解和部分氧化的产物，如烷烃、烯烃、芳香烃、醛等。烷烃基本上无味，对人体健康不产生直接影响；烯烃略带甜味，有麻醉作用，对黏膜有刺激，经代谢会转化成对基因有毒的环氧衍生物，烯烃还会与氮氧化物一起在太阳光的紫外线作用下形成有毒的“光化学烟雾”；芳香烃对血液和神经系统有害，特别是多环芳香烃及其衍生物，有致癌作用；醛类是刺激性物质，对眼、呼吸道、血液有毒害。

（2）CO：它是发动机内不完全燃烧的产物，是一种无色无味的气体。CO 和血液中输送氧的载体血红蛋白结合，就会破坏血红蛋白对人体组织的供养能力；空气中 CO 的体积百分数超过 0.1% 时，就会导致人体中毒，超过 0.3% 则会在 30min 内使人死亡。

（3）CO_2：它是发动机排放物中含量最多的物质，目前虽未列入控制项目，但由于它是导致全球温室效应的物质，已包括在环境净化所考虑的范围内。

（4）NO_X：它是燃料在发动机内高温燃烧而生成的产物，发动机排放的 NO_X，绝大部分是 NO（一氧化氮），少量是 NO_2（二氧化氮）。NO 是无色气体，本身毒性不大，但在大气中缓慢氧化成 NO_2；NO_2：呈棕红色，具有强烈的刺激性气味，对肺和心肌有很强的毒害作用。NO_X 也是形成有毒的“光化学烟雾”的主要因素之一。

（5）PM：它是在燃烧过程中生成的颗粒状炭（干炭烟）、硫酸盐及其吸附的可溶性有机物质，直径在 5 μm 以下的 PM 可进入呼吸道，直径在 3 μm 以下的 PM 可沉积在肺细胞内，引起肺病变；PM 吸附的有机物质具有不同程度的致癌作用。

（6）SO_X：它是燃料中的 S 燃烧后生成 SO_2 和 SO_3，能形成污染环境的酸雾，还会毒化催化转换器中的催化剂，降低净化效果。

2. 柴油机排放控制措施。

柴油机排放控制主要是降低 NO_X 和 PM 的排放。

控制柴油机 NO_X 排放的措施可分为两类，一是抑制它的生成，二是对排出的污染物进行后处理。

控制 PM 排放的措施主要是减少干炭烟和 SO_X。抑制干炭烟生成的措施有采用增压和多气门技术增加吸入空气量、采用小喷孔喷油器和增加向油雾内导入的空气量、缩小燃烧室内的无效容积提高空气利用率、采用高压喷射和改进燃烧室形状从而加强紊流的形成等。此外，喷油嘴布置在燃烧室中心，使燃料均匀分散，防止局部混合气过浓，对抑制 PM 的生成非常有效。

SOx 由未燃烧的燃料和润滑油产生的一些成分构成，抑制 SOx 生成措施主要是改进燃油供给系统以防止液体燃油直接进入气缸、改进曲柄连杆机构以防止润滑油窜入气缸等。

5.1.2　废气再循环（EGR）控制系统

1. EGR系统基本原理。

废气再循环就是将废气中的一部分引入燃烧室中，参与燃烧过程。由于废气的主要成分是CO_2、N_2等，它们具有较高的比热，废气与新鲜混合气混合后，热容量增大，可降低最高的燃烧温度，同时再循环的废气对新鲜混合气的稀释，也相应地降低了氧的浓度，从而使NO_X在燃烧过程中生成量受到抑制。

废气再循环量的多少可用EGR率表示，它是指再循环的废气量在进入气缸内的气体中所占的比例。

EGR率=［EGR量/（进气量+EGR量）］×100%

2. EGR的实现方式。

非增压柴油机的进、排气管存在足够的压力差，实现EGR很容易。增压柴油机实现EGR比较困难，因为在发动机运行工况下，排气管内的压力低于进气管内的压力，这意味着废气不会自动从排气管流向进气管，为此必须采取一定的措施。

按增压柴油机实现EGR的途径不同，可分为内部EGR和外部EGR两种类型。

（1）内部EGR。指通过排气门或者特殊设置阀门的开启来实现废气再循环。

（2）外部EGR。指将部分废气经由外部管路引入进气系统来实现废气再循环。按将废气引到进气系统的位置不同，外部EGR又可分为低压回路EGR和高压回路EGR两种类型。

低压回路EGR是将废气引到压气机进口前的低压进气系统中，见图5－1。低压回路EGR系统很容易获得所需要的压力差，但再循环的废气流经压气机和中冷器，使得压气机的进气温度高于设计温度，而且中冷器容易阻塞而导致压力损失增加。

高压回路EGR是将废气引到压气机出口后的高压进气系统中，见图5－2。高压回路EGR系统的再循环废气不经过压气机和中冷器，不存在影响增压装置耐久性和可靠性的问题，目前应用较普遍。但高压回路EGR获得所需要的压力差比较困难。

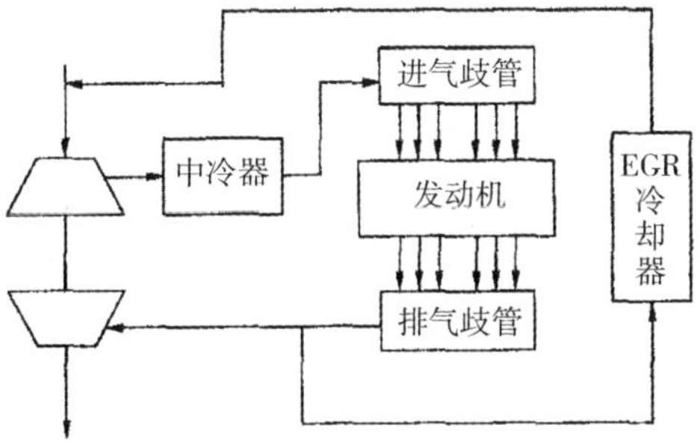

图5－1　增压发动机低压回路EGR系统

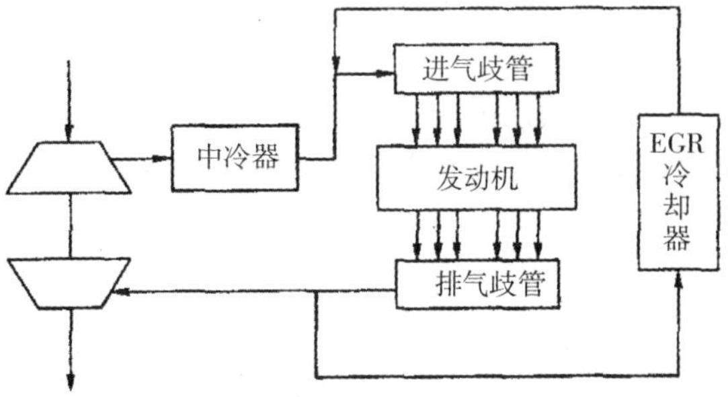

图5－2　增压发动机高压回路EGR系统

为保证EGR的顺利实现，高压回路EGR通常采用的技术措施见图5－3。

图5－3a）是在EGR阀前（有些在后）安装一个防逆流阀，以防止EGR阀开启时增压空气逆流，利用排气压力脉动只能将部分废气压入高压进气系统。

图 5-3b）是利用节流阀对增压空气进行节流的方法，降低进气管内的压力，但显然会增加柴油机的进气阻力。

图 5-3c）是在进气系统中安装一个文丘里管，利用文丘里管喉口的压降，获得 EGR 所需要的压力差，并可通过调节文丘里管旁通阀的开度，来改变 EGR 的有效压差。

图 5-3d）是利用专门的 EGR 泵强制进行 EGR，此方法虽然具有较好的灵活性，但由于泵的流量要求很大，采用机械驱动泵又过于庞大昂贵，所以常采用由增压器驱动的 EGR 泵。

采用可调叶片式增压压力控制系统，通过调整叶片角度减小废气流经涡轮的有效截面，提高增压器涡轮前排气管内的压力，也是增压柴油机实现 EGR 的有效途径。

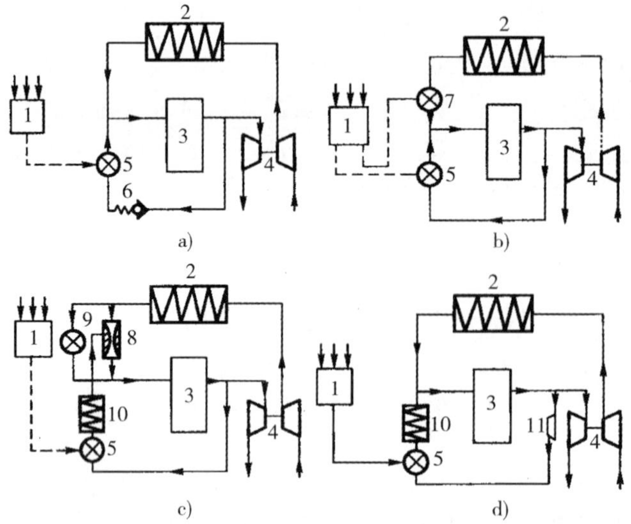

图 5-3 增压柴油机高压回路 EGR 措施

a）防逆流方式；b）进气节流方式；c）文丘里管方式；d）EGR 泵方式

1—ECU；2—中冷器；3—柴油机；4—废气涡轮增压器；5—EGR 阀；6—防逆流阀；7—进气节流阀；8—文丘里管；9—文丘里管旁通阀；10—EGR 冷却器；11—EGR 泵

3. EGR 电控系统的组成。

（1）功能。

EGR 电控系统的功能主要是根据柴油机的运行工况控制 EGR 率，各种工况下的最佳 EGR 率预先储存在 ECU 中。在大负荷（一般 90% 以上）或低转速（一般 750 r/min 以下）时，柴油机不进行废气再循环，而在其他工况下，随进气量的增多，废气再循环量也增加。

（2）类型。

按控制模式不同，EGR 电控系统可分为开环控制系统和闭环控制系统两种类型。

按 EGR 阀的驱动方式不同，EGR 电控系统可分为真空驱动型和电驱动型两种类型。

①真空驱动型 EGR 开环控制系统（见图 5-4）：该控制系统主要由 EGR 阀和 EGR 电磁阀等组成，EGR 阀安装在废气再循环通道中，用以控制废气再循环量。EGR 电磁阀安装在通向 EGR 阀的真空通道中，ECU 根据发动机转速、负荷和冷却液温度等信号来控制电磁阀的通电或断电。EGR 电磁阀不通电时，控制 EGR 阀的真空通道接通，EGR 阀开

启，进行废气再循环；EGR 电磁阀通电时，控制 EGR 阀的真空通道被切断，EGR 阀关闭，停止废气再循环。

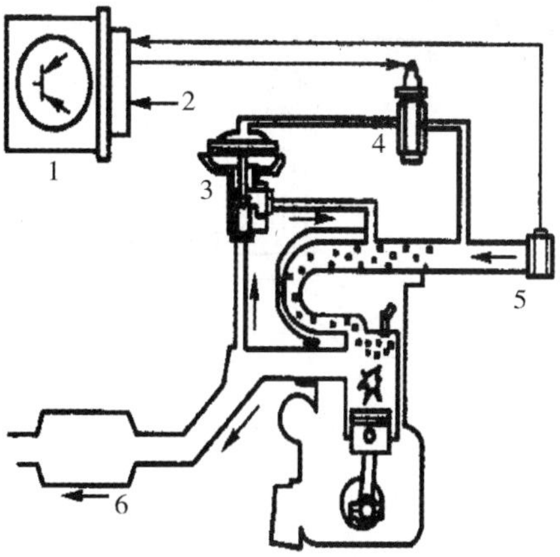

图 5－4　真空驱动型 EGR 开环控制系统

1—ECU；2—柴油机转速信号；3—EGR 阀；4—EGR 电磁阀；5—空气流量计；6—催化转换器

EGR 电磁阀采用占空比控制型 ECU，通过控制电磁阀的开度，调节作用在 EGR 阀上的真空度，以控制 EGR 阀的开度，实现对 EGR 率的控制。

EGR 阀为气动膜片式，其结构见图 5－5。EGR 阀的真空室可在膜片上方，也可在膜片下方，视具体需要而定；真空驱动膜片动作时，由膜片拉杆带动阀移动，以控制废气再循环，废气再循环量取决于 EGR 阀的开度、排气管压力和进气管真空度。采用真空驱动型 EGR 阀，虽然系统结构复杂、响应速度慢，但 EGR 电磁阀远离高温废气，且真空驱动力比较大。

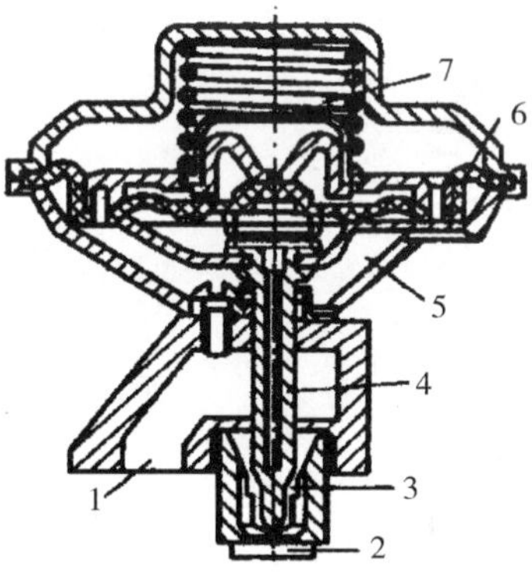

图 5－5　真空驱动型 EGR 阀

1—废气进口；2—废气出口；3—阀；4—膜片拉杆；5—真空进口；6—膜片；7—复位弹簧

在开环控制 EGR 系统中，ECU 根据各传感器信号确定发动机工况，并按其内存的 EGR 率与转速、负荷的对应关系进行控制，而对其控制的结果不能进行监测。

②电驱动型 EGR 开环控制系统（见图 5－6）：该系统利用占空比控制型电磁阀或步进电动机型 EGR 阀直接控制废气再循环量，对其控制结果是否与目标值一致并不进行监测。与真空驱动型 EGR 系统相比，电驱动型 EGR 系统的突出优点是控制精度高、响应速

度快，但由于电驱动装置距离高温废气近，工作环境差，对其工作可靠性要求高。

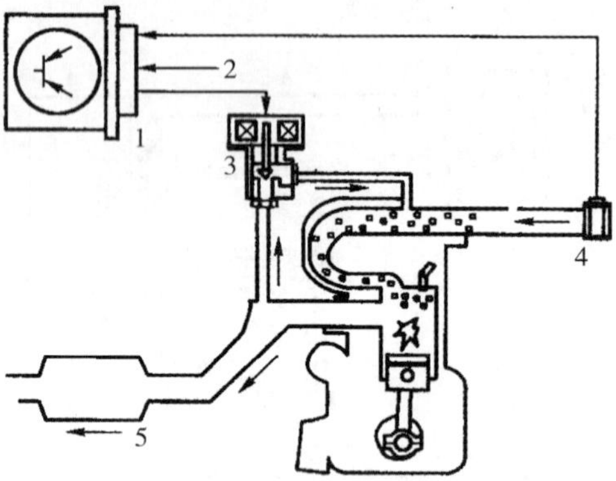

图 5-6　电驱动型 EGR 开环控制系统

1—ECU；2—柴油机转速信号；3—电驱动 EGR 阀；4—空气流量计；5—催化转换器

③真空驱动型 EGR 闭环控制系统：用 EGR 阀开度（位置）作为反馈信号的真空驱动型 EGR 闭环控制系统见图 5-7。与前述真空驱动型 EGR 开环控制系统相比，只是在 EGR 阀上增设了一个 EGR 阀开度传感器。闭环控制 EGR 系统工作时，ECU 可根据 EGR 阀开度传感器的反馈信号修正电磁阀的开度，使 EGR 率控制精度更高。EGR 阀开度传感器为电位计式或差动电感式。

④电驱动型 EGR 闭环控制系统：用 EGR 率作为反馈信号的电驱动型 EGR 闭环控制系统原理见图 5-8。EGR 率传感器安装在进气总管中的稳压箱上，新鲜空气经节气门进入稳压箱，参与再循环的废气经电驱动 EGR 阀进入稳压箱，传感器检测稳压箱内气体中的氧浓度（氧浓度随 EGR 率的增加而降低），并转换成电信号输送给 ECU，ECU 根据此反馈信号修正电驱动 EGR 阀的开度，使 EGR 率保持在最佳值。

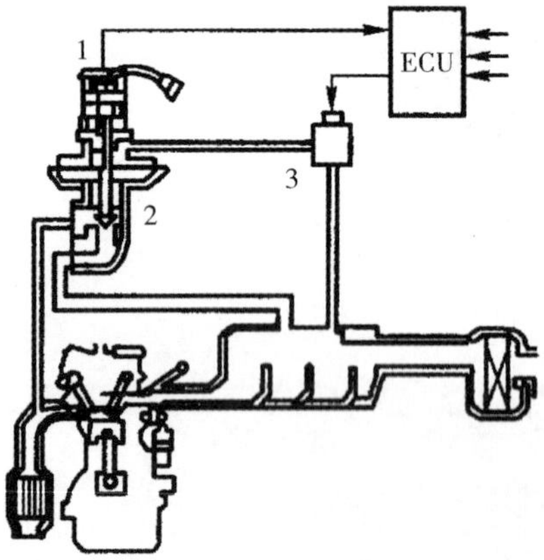

图 5-7　真空驱动型 EGR 闭环控制系统

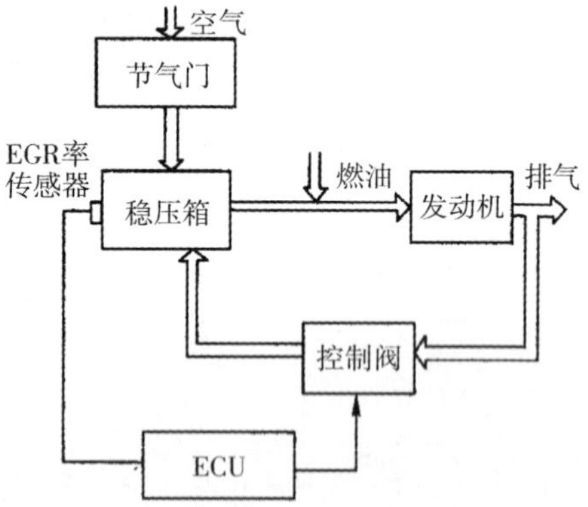

图 5-8　电驱动型 EGR 闭环控制系统

1—EGR 开度传感器；2—EGR 阀；3—EGR 控制电磁阀

在电驱动型 EGR 系统中，应用较多的电驱动 EGR 阀为电磁阀型，其结构见图 5-9，ECU 通过控制其通电占空比来改变阀的开度，对 EGR 率进行控制；阀开度传感器检测阀杆的实际位置，并将信号输送给 ECU，以实现 EGR 率的闭环控制。

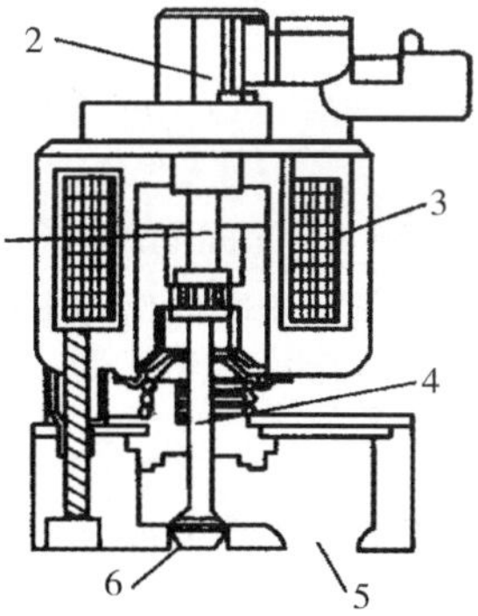

图5-9 电磁阀型EGR阀

1—电枢；2—阀开度传感器；3—电磁线圈；4—阀杆；5—废气进口；6—废气出口

4. EGR冷却系统。

EGR冷却系统的功用就是对EGR气体进行冷却，这不仅使发动机的燃烧温度比用通常EGR的更低，从而进一步减少NOx的排放，而且还能有效地提高进气密度，使燃烧更完全，对减少PM等污染物排放也非常有利。

EGR冷却系统见图5-10。在EGR气体回路中加装一个EGR冷却器，冷却器的结构类似机油散热器，高温的EGR气体流经冷却器的芯管时，被在芯管外部循环流动的冷却液冷却，被冷却后的废气再经EGR阀流入进气管进行循环。利用柴油机的冷却液对再循环废气进行冷却，效果不理想，有些采用空气，图5-10为EGR冷却系统直接冷却。

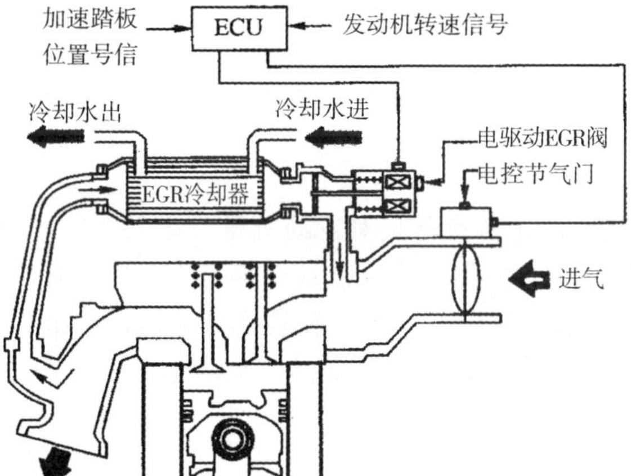

图5-10 EGR冷却系统

5.1.3 催化转换系统

1. 作用。

催化转换系统是柴油机排气后处理系统的重要组成部分，它利用安装在柴油机排气系统中的催化转换器，使柴油机排出的HC、CO、PM氧化，或使NO_X还原，以达到降低排放污染的目的。

2. 类型。

柴油机装用的催化转换器分为两大类：氧化催化转换器和还原催化转换器。

3. 氧化催化转换器（DOC）。

（1）作用：氧化催化转换器（diesel oxidation catalyst，简称 DOC）指安装在柴油汽车排气系统中，通过催化剂进行氧化反应，能同时降低排气中一氧化碳（CO）、总碳氢化合物（THC）和柴油颗粒物中可溶性有机物组分（SOx）的催化转换器。

（2）工作原理。

柴油机加装氧化催化转换器是一种有效的机外净化可燃污染物常用措施，它是在蜂窝陶瓷载体上负载贵重金属铂、钯作为催化剂，在一定温度及催化剂的作用下，使排气中可溶性有机物氧化，同时排气中 CO 和 HC 也被氧化成 CO_2 和 H_2O，从而降低 HC、CO 和 PM 的排放量。采用氧化催化转换器，能够使柴油机 HC 和 CO 排放减少 50%，使 PM 排放减少 50% ~70%。

氧化催化转换器的作用原理见图 5－11。单纯的氧化催化转换器只能减少排气中可燃烧的污染物（HC、CO 和 PM）排放量。随其转化效率的提高，固态硫酸盐颗粒的生成量也增多，甚至可达到无氧化催化转换器时的 8 ~9 倍，这种负面影响必然会降低使用氧化催化转换器所产生的环境效益。

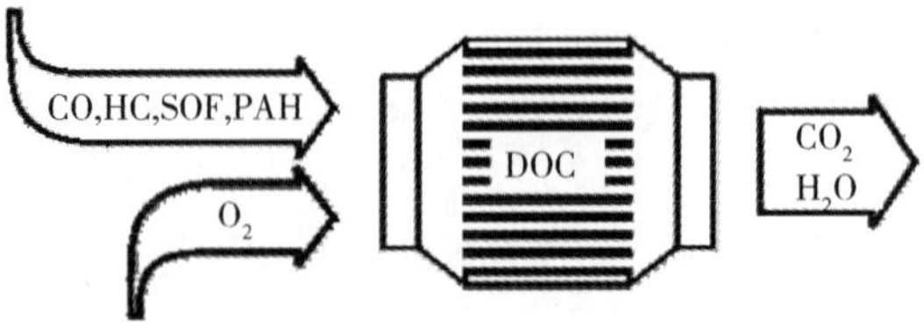

图 5－11　氧化催化转换器的作用原理

（3）缺点：氧化催化转换器的主要缺点是会将排气中的 SO_2 氧化成 SO_3，生成危害更大的硫酸雾或固态硫酸盐颗粒。

4. 还原催化转换器。

（1）传统技术：还原催化转换器是对发动机排气中的 NO_X 进行后处理的装置。目前应用在柴油机上的还原催化转换器与汽油机基本相同，也是将氧化催化转换技术与还原催化转换技术集成一体，如图 5－12 是三元催化转换器结构，它由金属壳体、陶瓷格栅底板及催化剂涂层组成，催化剂为贵重金属铂和锗，当含有 HC、CO 和 NO_X 的废气流经转换器时，这些污染物被转化为 N_2、CO_2 和 H_2O。

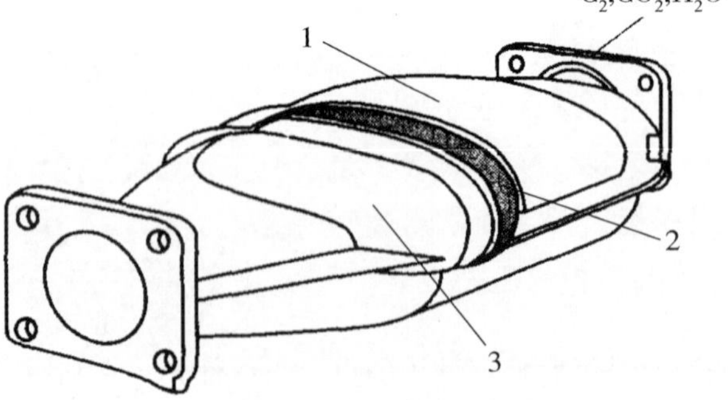

图 5－12　三元催化转换器
1—壳体；2—催化剂；3—减震垫

（2）选择性催化还原技术（SCR）："选择性"是指在催化还原转换过程中，利用还原剂的特性优先选择 NO_X 在催化剂作用下一起被氧化，而不是按自然规律先是比较容易氧化的 HC 和 CO 被氧化，从而大大提高转换效率（可达 99%），它是近年来比较成功的 NO_X 催化还原技术。

目前适用柴油机的 NO 催化还原技术主要有：选择性非催化还原（SNCR）、非选择性催化还原（NSCR）和选择性催化还原（selective catalytic reduction，SCR）。

选择性催化还原系统主要由催化转换器和还原剂供给装置组成。

采用选择性催化还原技术的转换器一般称为选择性还原催化转换器，它是指安装在柴油汽车排气系统中，用于将柴油机排气中的氮氧化物（NO_X）催化还原成 N_2 和 O_2 的催化转换系统。该系统需要外加还原剂，例如，能产生 NH_3 的化合物（如尿素）。

在选择性催化还原系统中，采用的还原剂主要有氨（NH_3）、尿素（Urea）及碳氢化合物（如柴油等）。

以尿素做催化剂的选择性催化还原技术（表示为 SCR－NO－NH_3），尿素的催化作用机理是：在水溶液中，尿素与水分子相结合并水解为 NH_3 和 CO_2，在低温区间 NH_3 和 NO 被氧化，在高温区间 NH_3 和 NO 直接反应，反应方程式为：

尿素水解：$CO(NH_2)_2 + H_2O = 2NH_3 + CO_2$

在低温区：$4NH_3 + 4NO + O_2 = 4N_2 + 6H_2O$

在高温区：$4NH_3 + 6NO = 5N_2 + 6H_2O$

德国 BOSCH 公司 SCR－NO－NH_3 催化转换电控系统见图 5－13。该系统集氧化催化转换技术、SCR－NO－NH_3 选择性还原催化转换技术于一体。由 ECU 控制的尿素还原剂供给系统主要由排放传感器、尿素溶液温度传感器、排气温度传感器、空气滤清器、尿素溶液箱、尿素溶液供给模块（电控泵）、喷雾器（电控喷射器）等组成，来自空气滤清器的清洁空气与尿素溶液在尿素溶液供给模块中混合，ECU 则根据柴油负荷、排气温度等传感器信号按内存确定最佳喷射量，并通过喷雾器将适量的尿素溶液与空气的混合物喷入 SCR 催化转换器中。由于转换器的转换效率取决于尿素溶液的质量和温度以及排气温度，所以在尿素溶液箱和排气管上安装有温度传感器，以检测尿素溶液和排气的实际温度，并将信号输送给 ECU。此外，在柴油机不同负荷下 NO_X 的排放量不同，对尿素溶液的需要量也不同，为精确控制尿素溶液的供给量，在排气管上还安装有排放传感器或称氧化氮传感器，用来检测并向 ECU 反馈处理后的废气中 NO_X 含量，以实现对尿素溶液供给量的闭环控制。安装在 SCR 催化转换器前部的氧化催化转换器，可有效降低 HC、CO 和 PM 的排放量。

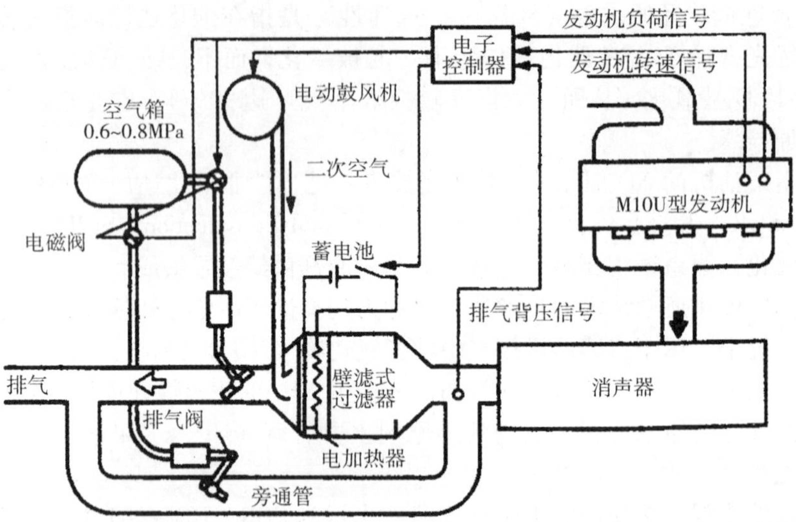

图 5－13　SCR－NO－NO_3 催化转换电控系统

5.1.4　颗粒过滤系统

颗粒过滤是有效降低柴油机颗粒物排放的主要措施之一。

颗粒过滤系统的主要装置就是颗粒过滤器（diesel particulate filter，简称 DPF），它是安装在柴油汽车排气系统中，通过过滤来降低排气中颗粒物（PM）的装置。

1. 颗粒过滤器。

颗粒过滤器的结构见图 5－14。当废气流经颗粒过滤器时，利用有极小孔隙的滤芯将废气中直径较大的颗粒物过滤下来。滤芯是颗粒过滤器的主体，除应保证过滤器有较高的过滤效率外，还应具有较高的机械性能、热稳定性能和耐热性能，具有较小的热膨胀系数、流通阻力和质量。目前最常使用的过滤材料有金属丝网、陶瓷纤维、泡沫陶瓷和壁流式蜂窝陶瓷等。

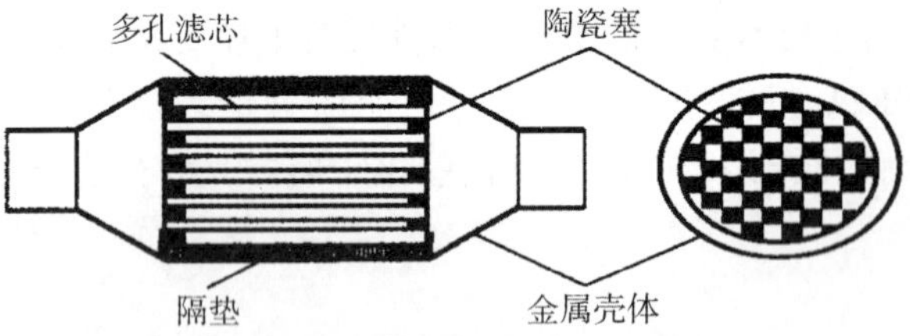

图 5－14　颗粒过滤器

2. 过滤器再生技术。

颗粒过滤器对炭的过滤效率较高，可达到 60%。简单的过滤器只能物理性地降低颗粒排放，随着过滤下来的颗粒积累，会造成柴油机排气背压增加。当排气背压达到 16～20 kPa时，柴油机性能开始恶化。因此必须定期除去过滤器中的颗粒，使过滤器恢复到原来的工作状态，即过滤器再生。

过滤器再生方式可分为被动再生和主动再生。

（1）被动再生。指集催化转换技术和颗粒过滤技术于一体，利用柴油机排气本身所具有的能量（热量）进行再生。但在正常工作条件下，柴油机排气温度一般在 200～500 ℃，而颗粒物的燃点一般在 500～600 ℃，可见依靠柴油机的排气温度很难使过滤器再生。为能在多种工况下提高过滤器的“再生效率”，使颗粒物的温度高于其最低氧化温度十分必要，通常采用降低颗粒着火最低温度或者提高排气温度的方法来实现。

颗粒过滤器再生的效果通常用再生效率来表示。过滤器再生效率是指在规定的颗粒物加载水平（指过滤器加载后和加载前的重量增加量）下进行再生，其再生前后的重量变化率。

催化剂具有降低颗粒物氧化反应所需温度的作用。

采用提高排气温度的方法来实现过滤器再生，实际是将氧化催化转换器（DOC）与颗粒过滤器（DPF）集成一体。通常为提高再生效率，将 DOC 与 DPF 集成一体，它利用安装在滤芯前的氧化催化剂，使排气中的 HC、CO 等可燃成分加速氧化提高排气温度，为颗粒物氧化创造有利的温度环境，并利用负载在滤芯上的催化剂降低颗粒物氧化反应所需的温度，温度一增一减都有利于实现过滤器的被动再生。DOC + DPF 的结构见图 5－15。

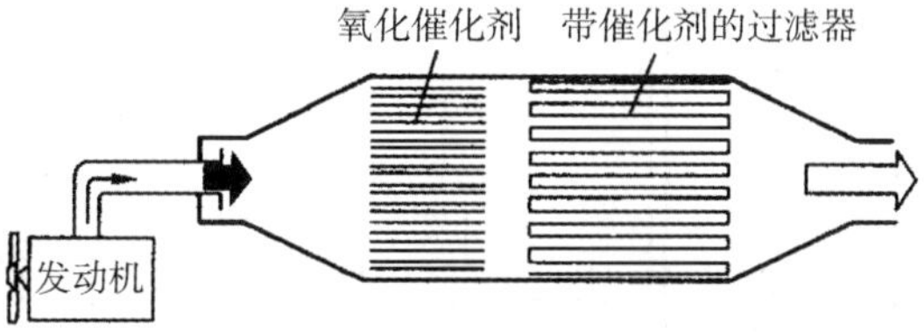

图 5－15　DOC + CDPF 型过滤器

采用被动再生技术的颗粒过滤器，在柴油机工作中，在降低颗粒物排放的同时，也在连续不断地进行着再生，故又称为“连续再生式颗粒过滤器”。

（2）主动再生。指利用外加能源（如电加热器、燃烧器或发动机操作条件的改变以提高排气温度）使颗粒物过滤器（DPF）内部温度达到颗粒物的氧化燃烧温度而进行的再生。

电加热主动再生系统见图 5－16。在过滤器的前面加装一个电加热器，后面加装一个压缩空气罐，由 ECU 根据排气压力传感器信号（反映过滤器堵塞情况）确定过滤器是否需要再生，并通过控制各电磁阀和加热器的工作来完成过滤器再生。排气压力未达到设定值时，说明过滤器内的颗粒积累不多，加热器不通电，电磁阀 1、3、5 关闭，电磁阀 2 和 4 开启，废气经电磁阀 2、过滤器和电磁阀 4 排入大气。当排气压力达到设定值时，ECU 发出指令将电磁阀 2 和 4 关闭，并开启电磁阀 5 使废气不经过滤器直接排入大气；同时，利用脉冲指令控制电磁阀 1 和 3 使压缩空气罐放出高压脉冲气流，气流将过滤器中的颗粒反吹进电加热器中燃烧掉，从而实现过滤器的再生。在上述电加热主动再生系统中，已用微波加热器取代电加热器，形成微波加热主动再生系统。

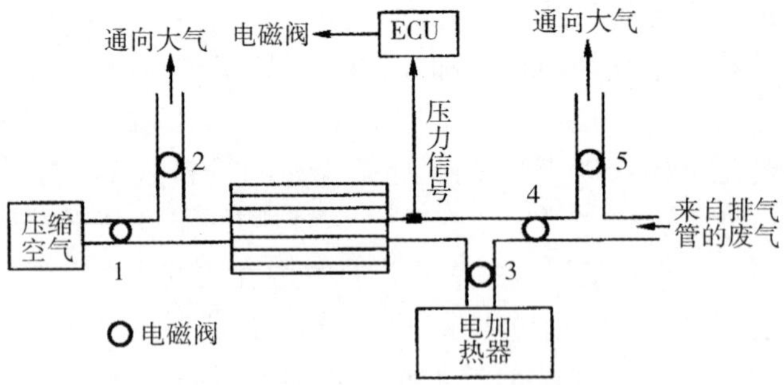

图 5 – 16　电加热主动再生系统

有些电加热主动再生系统将加热器置于过滤器内，见图 5 – 17。其工作原理与外置加热器式基本相同，但内置加热器使颗粒物燃烧在过滤器内进行，容易导致过滤器因高温而损坏，而且颗粒物燃烧后的灰烬不易排出。

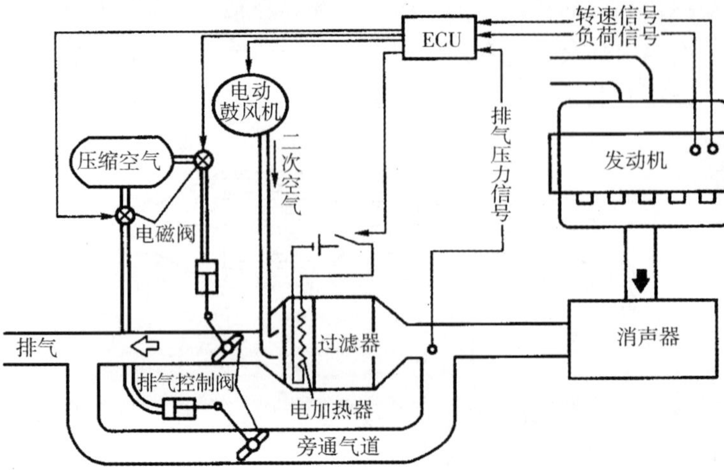

图 5 – 17　内置电加热主动再生系统

燃烧器加热主动再生系统见图 5 – 18。在过滤器前安装一个燃烧器，当过滤器需要再生时，用喷油器向燃烧器喷入少量燃油，并通过空气压缩机向燃烧器供给二次空气，利用火花塞点燃燃油，燃烧所产生的热量使过滤器中沉积的颗粒物快速燃烧掉，实现过滤器的再生。再生过程一般需 1 ~2 min。

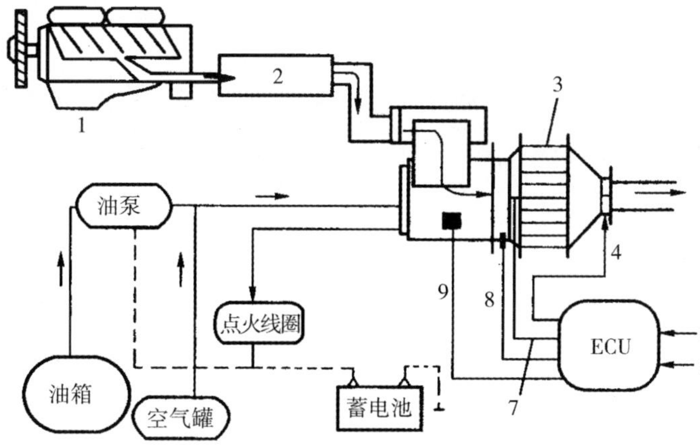

图 5－18　燃烧器主动再生系统

1—柴油机；2—消声器；3—过滤器；4—出口温度信号；5—转速信号；6—负荷信号；7—排气压力信号；8—进口温度信号；9—燃烧器温度信号

☞学习工作页

<table>
<tr><td rowspan="2">学习工作页 1</td><td>学习单元</td><td colspan="4">柴油发动机排放控制系统检修</td></tr>
<tr><td>学习任务</td><td colspan="4">柴油发动机排放控制系统综述</td></tr>
<tr><td>姓　名</td><td></td><td>班　级</td><td></td><td>小　组</td><td></td></tr>
<tr><td>日　期</td><td></td><td>开始时间</td><td></td><td>结束时间</td><td></td></tr>
</table>

1. 填空题。

（1）汽车柴油机排放污染物主要有 HC（碳氢化合物），______（一氧化碳）、______（二氧化碳）、NO_X（氮氧化合物），PM（颗粒物）和 SO_X（硫氧化合物）。

（2）柴油机排放控制主要是降低______和______排放。控制柴油机 NOx 排放的措施，控制的方法可分为两类，一是抑制它的生成，二是对排出的污染物进行后处理。

2. 判断题。

废气再循环（EGR）就是将废气中的一部分引入燃烧室中，参与燃烧过程。由于废气的主要成分是惰性气体（CO_2、H_2O、N_2 等），它们具有较高的比热，废气与新鲜混合气混合后，热容量增大，可降低最高的燃烧温度，同时再循环的废气对新鲜混合气的稀释，也相应地降低了氧的浓度，从而使 NO_X 在燃烧过程中生成量受到抑制。（　　）

指导教师评语：

____

____

教师签字：________________　日期：______年______月______日

学习任务 5.2　柴油发动机排放控制系统检修

☞学习目标

通过本任务的学习，完成任务后能够回答以下问题：

1. 检测与修复后处理系统故障；
2. 正确拆卸催化还原器。

☞学习信息

5.2.1　任务说明

福田小卡汽车采用康明斯的 ISF3.8 发动机，该发动机的后处理系统是采用 SCR 技术处理尾气排放。若后处理 SCR 催化器系统丢失状况出现，将禁止柴油机排气处理液喷入后处理系统。

后处理系统中的进口与出口温度传感器可监测催化器。进口温度传感器位于催化器之前，而出口温度传感器位于催化器系统的出口处。

必须关闭发动机和钥匙开关 8 小时且催化器温度传感器读数必须为环境温度后该诊断才能运行。低温适应 8 小时后接通钥匙开关时，该诊断才能运行。如果催化器温度高于 38 ℃（100 ℉）或两个催化器温度传感器的温差超过 5.5 ℃（42 ℉），则该诊断不能运行。

SCR 催化器进口与出口温度传感器检测到后处理系统中没有催化器时即 3151 的故障代码。

5.2.2　技术标准与要求

每个学员独立完成此任务。

5.2.3　设备器材

1. 福田小卡后处理故障车辆一台。
2. 万用表、触针拆卸工具、热风枪、线束维修包、压线钳、ECM 基准标定线束、油门位置传感器抽头电缆、油门位置传感器维修接头、ISB 导线维修工具包。
3. 装有 INSITE 的笔记本电脑一台、INLINE5 串口线。

5.2.4 作业准备

1. 准备所需工具。
2. 准备作业单。

5.2.5 操作步骤

后处理选择性催化还原（SCR）催化器

1. 概述。

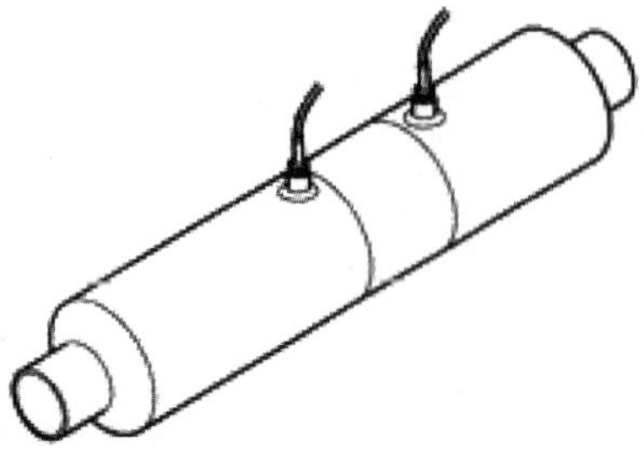	警告： 排气装置和排气部件在车辆停止运转后会仍然很热。为避免发生火灾或造成财产损失、造成烧伤或其他严重的人身伤害，在开始此步骤前或维修之间使排气系统冷却，并确保没有易燃物质处在可能与热的排气装置或排气部件接触的位置。 催化剂中含有五氧化二钒。加利福尼亚政府已经认定五氧化二钒会致癌。在处理催化器总成时始终戴上防护手套、防尘罩和护目镜，不要使这些催化物质进入眼睛。如果进入眼睛，立即用大量的水冲洗至少 15 min。避免长时间与皮肤接触。如果接触，请立即使用肥皂和水冲洗皮肤。在更换催化剂时，应按当地法规进行处理。不要切开排气催化器总成。该总成重达 23 kg 以上。为避免造成人身伤害，请使用提升设备或在他人的帮助下提升该总成。

2. 准备步骤。

排气装置和排气部件在车辆停止运转后会仍然很热。为避免发生火灾或造成财产损失、造成烧伤或其他严重的人身伤害，在开始此步骤前或维修之间使排气系统冷却，并确保没有易燃物质处在可能与热的排气装置或排气部件接触的位置。

在拆卸排气温度传感器之前，使用 INSITE™ 服务软件确认加料系统已净化。当排气系统充分冷却后，会自动进行净化程序。通过“数据监测/记录屏”，监测“尿素泵状态监测器”参数。当系统进行净化时，该参数将显示“Purging”（净化中），并且，当净化完成后，会变为“Off”（关闭）。如果该参数不能被监控或该系统不响应，等待至少 5 分钟，然后等系统冷却至可以安全进行修理时进行修复。

从分解管断开并拆卸后处理尿素加料阀。

从车辆催化器上断开并拆卸排气温度传感器。

3. 拆卸。

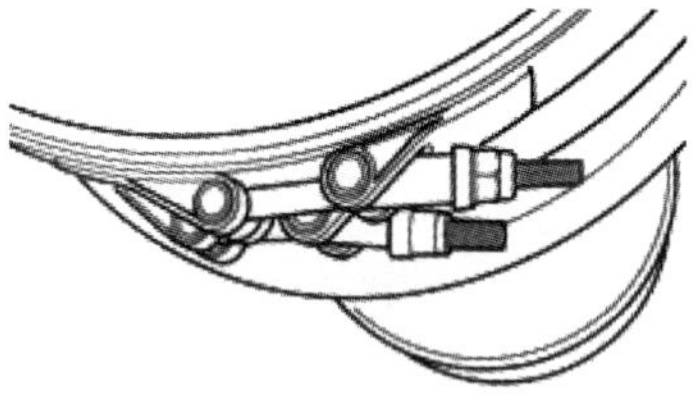

催化剂中含有五氧化二钒。加利福尼亚政府已经认定五氧化二钒会致癌。在处理催化器总成时始终戴上防护手套、防尘罩和护目镜。不要使这些催化物质进入眼睛。如果进入眼睛，立即用大量的水冲洗至少 15 分钟。避免长时间与皮肤接触。如果接触，请立即使用肥皂和水冲洗皮肤。

断开 OEM 排气接头。

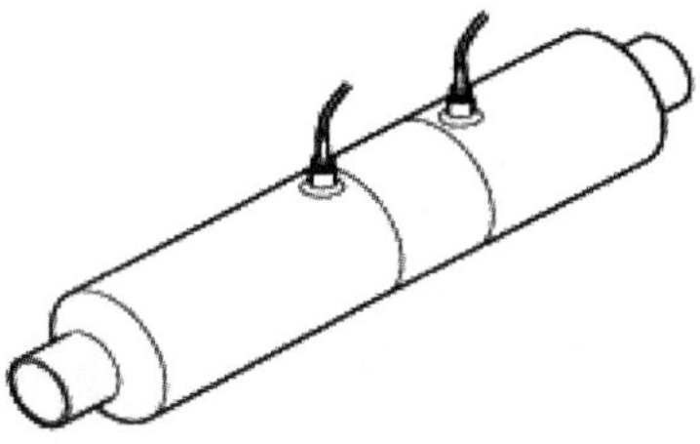

从车辆/发动机底部取下排气催化器。

4. 清洁和检查能否继续使用。

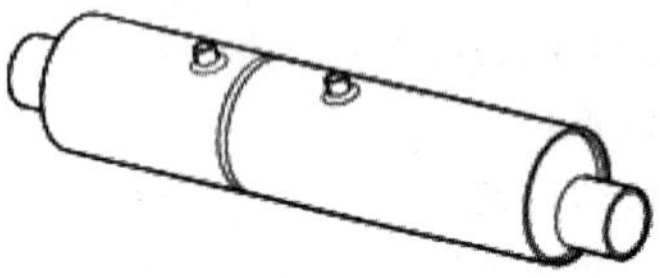

用钢丝刷除去排气催化器密封表面所有剥落的油漆和腐蚀物。

过多的燃油或机油堆积会损坏排气催化器。如果在排气管路中能看见因上游发动机故障出现的机油，则更换催化器。如果有迹象显示排气蒸气中混有燃油，更换催化器。

注：如果因为发动机机油或燃油污染导致累积故障而需要更换排气催化器，则清洁排气催化器的涡轮增压器出口中的尾管。在更换排气催化器之前，必须识别并排除上游故障的来源。

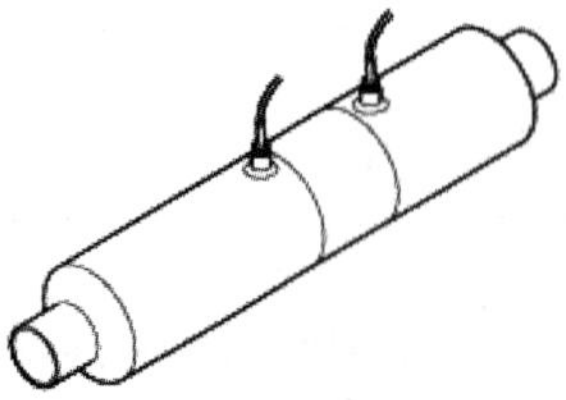

检查排气催化器有无：

* 油漆剥落
* 过多的腐蚀物
* 排气催化器体损坏，即排气催化器体或连接管路开裂或有裂纹

检查排气催化器有无尿素泄漏的迹象。

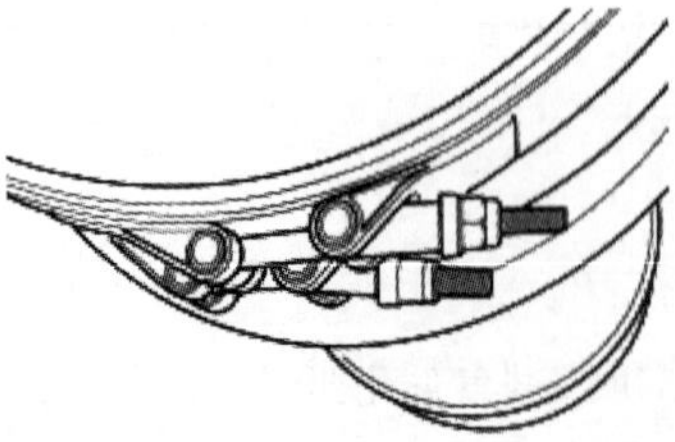

继续使用之前应检查所有管接头和支架。

5. 安装。

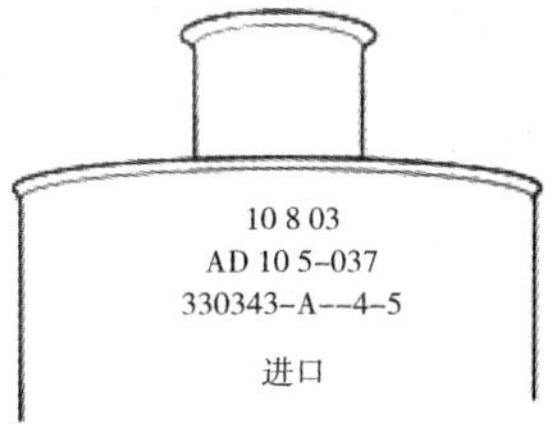

此部件或总成重达 23 kg 以上。为了避免严重的人身伤害，一定要在其他人协助下，或使用适当的提升设备来提升此部件或总成。

注：检查是否选用了正确的催化器零件号。

排气催化器上有用于组装的“INLET”出口标记（连至发动机的出口）。

将催化器提入位。

连接 OEM 排气管和固定夹。

6. 最后步骤。

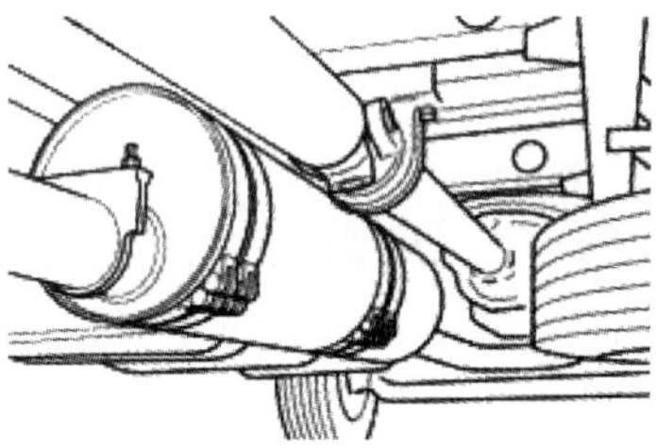

安装并连接排气温度传感器。

检查排气系统的所有卡箍和管接头。

起动发动机并检查系统有无泄漏。

5.2.6　记录与分析

汽车后处理系统检验作业记录单

姓　名		班　级		学　号		组　别	
车　型		发动机编号		作业单号		作业日期	
检测范围				记录结果			
确认加料系统已净化							
尿素泵状态监测器							
排气管中有无机油							
排气催化器有无尿素泄漏的迹象							
检查是否选用了正确的催化器零件号							
检查排气系统的所有卡箍和管接头							
起动发动机并检查系统有无泄漏							
处理意见							
制定修复工艺							

☞学习工作页

<table>
<tr><td rowspan="2">学习工作页 2</td><td>学习单元</td><td colspan="4">柴油发动机排放控制系统检修</td></tr>
<tr><td>学习任务</td><td colspan="4">柴油发动机排放控制系统检修</td></tr>
<tr><td>姓　名</td><td></td><td>班　级</td><td></td><td>小　组</td><td></td></tr>
<tr><td>日　期</td><td></td><td>开始时间</td><td></td><td>结束时间</td><td></td></tr>
</table>

1. 选择题。

（1）发动机排放物中含量最多的物质是（　　）。

A. CO　　B. HC　　C. CO_2　　D. NOx

（2）（　　）EGR 系统的再循环废气不经过压气机和中冷器（　　）。

A. 高压回路　　B. 低压回路　　C. 外部　　D. 内部

（3）SCR“选择性”是指在催化还原转换过程中，利用还原剂的特性优先选择（　　）在催化剂作用下一起被氧化成（　　）。

A. SOx　　B. NOx　　C. HC　　D. CO

（4）当排气背压达到（　　）时，柴油机性能开始恶化。

A. 16 ~ 20 kPa　　B. 10 ~ 15 kPa　　C. 20 ~ 25 kPa　　D. 10 ~ 20 kPa

2. 判断题。

（1）CO 是发动机排放中最多的物质。（　　）

（2）低压回路 EGR 是将废气引到压气机进口前的低压进气系统中。（　　）

（3）氧化催化器的主要缺点是会将排气中的 SO_2 氧化成 SO_3，生成危害更大的硫酸雾或固态硫酸盐颗粒。（　　）

（4）在选择性催化还原系统中，采用的还原剂主要有氨、尿素及碳氢化物。（　　）

3. 分析题。

（1）简述 EGR 的实现方式。

（2）试分析 SCR 的工作原理。

（3）对比 EGR 和 SCR 的优缺点。

指导教师评语：

____

____

教师签字：________________　日期：______年______月______日

单元 6　柴油发动机增压控制系统检修

☞学习情境

一汽大众宝来 1.8T，将发动机机油加至油尺的上限后，车辆在行驶 1100 km 后回到维修站，补加机油 500 mL。通过观看发动机外部没有漏机油痕迹，说明所减少的机油是进入气缸消耗的。拆开涡轮增压器中冷器的连接管，发现中冷器内壁只有大量机油，根据以往经验，是涡轮增压器油封漏油，在中冷器内会积存大量机油，所以判断该发动机的涡轮增压器油封损坏。更换涡轮增压器油封，故障排除。

根据该车的具体结构分析，导致发动机机油消耗高的原因有 5 个：①气门油封漏油。②活塞与气缸筒密封不严。③曲轴箱强制通风 PCV 阀故障。④涡轮增压器油封漏油。⑤发动机油底壳衬垫、油封等处泄漏。

☞单元学习目标

通过本单元的学习，应能：

1. 叙述柴油发动机增压控制系统的类型、组成和工作原理；
2. 掌握柴油发动机增压控制系统主要部件的检修方法；
3. 掌握柴油发动机增压控制系统常见故障的诊断排除方法。

☞学习信息资源

1. 各汽车生产厂商的网页；
2. 维修手册；
3. 有关安全的法律、法规；
4. 提供各类维修知识和维护资料的网站。

☞学习场所和设备

学习的环境和使用的设备有：

1. 车间或模拟车间；
2. 个人防护用品、用具；
3. 汽车维修设备和工具；
4. 安全的工作环境和工作场所；

5. 电控发动机总成；
6. 装备有电控发动机的车辆。

☞单元学习任务

为了掌握柴油发动机增压控制系统的检修能力，本单元安排的学习任务有：
任务1　柴油发动机增压控制系统综述；
任务2　柴油发动机增压控制系统检修。

☞学习引导

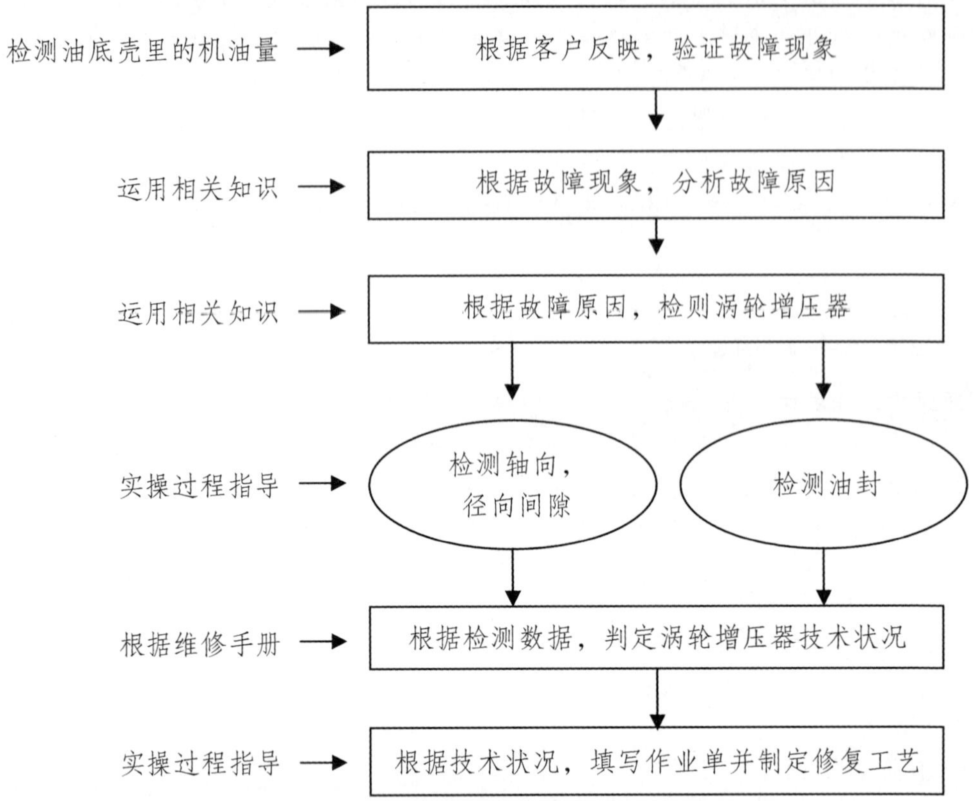

学习任务6.1　柴油发动机增压控制系统综述

☞学习目标

通过本任务的学习，完成任务后能够回答以下问题：

掌握柴油发动机废气涡轮增压系统的结构、原理。

☞学习信息

6.1.1　废气涡轮增压系统

1. 构造。

常用废气涡轮增压系统主要由空气滤清器、废气涡轮增压器、中冷器等组成，见图 6－1。废气涡轮增压器主要由涡轮和压气机两部分组成，涡轮与压气机的叶轮安装在同一轴上；涡轮的进气口与柴油机排气管相连，出气口与排气消声器相连；压气机的进气口前端装有空气滤清器，出气口则经中冷器与进气管相连。

2. 工作原理。

发动机工作时，由排气管排出的高温、高压废气流经增压器的涡轮壳，在废气进入涡轮壳时利用废气通道截面的变化（由大到小）来提高废气的流速，使高速流动的废气按一定方向冲击涡轮，并带动压气机叶轮一起旋转。同时，经空气滤清器滤清后的空气被吸入压气机壳，旋转的压气机叶轮将进入压气机壳的空气甩向叶轮边缘出气口，使空气的压力和流速升高，并利用压气机出气口处通道截面的变化（由小到大）进一步提高空气压力，增压后的空气经中冷器和进气管进入气缸。

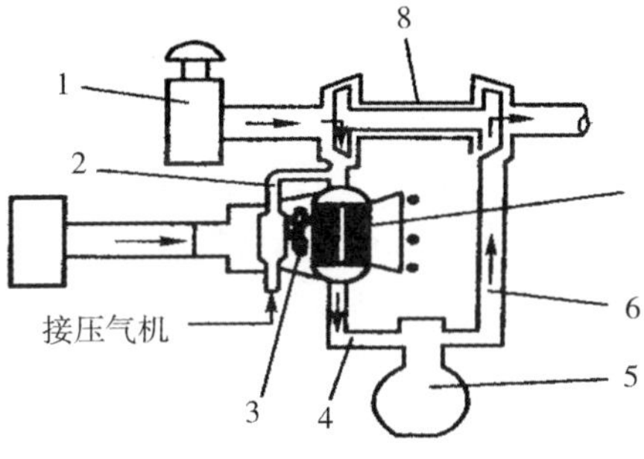

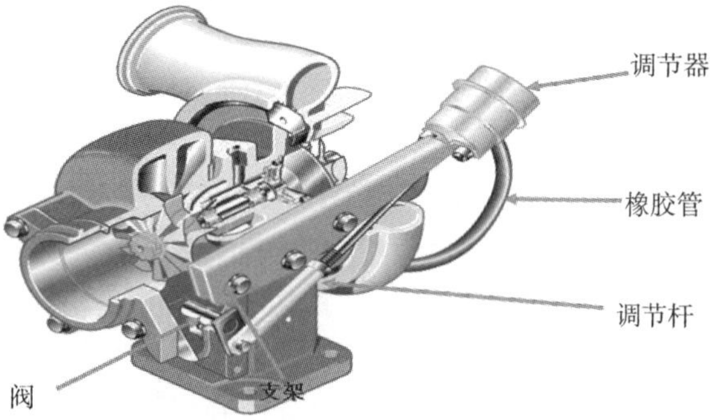

图 6－1　废气涡轮增压系统的组成

1—空气滤清器；2—抽气管；3—中冷器风扇；4—进气管；5—发动机；6—排气管；7—中冷器；8—增压器

3. 中冷器作用。

使增压后的空气进入气缸前进行中间冷却，以降低进气温度。

4. 废气涡轮增压器。

废气涡轮增压器的结构见图 6－2，其组成可分为 5 部分：涡轮、压气机、支承装置、密封装置、润滑与冷却装置。涡轮部分由涡轮、涡轮及叶轮轴和涡轮壳等零件组成，该部分主要利用废气能量产生驱动压气机的动力。压气机部分由叶轮、压气机壳等零件组成。其功用是在废气涡轮驱动下，利用离心原理压缩即将进入气缸的空气。支承部分由轴承、护板、止推盘等零件组成。其功用是使转子可靠地定位在中间壳上，限制转子工作时的轴向和径向活动范围。密封装置由油封和气封环等零件组成，在压气机端的密封装置主要防止润滑油进入压气机，在涡轮端的密封装置主要是防止废气进入油腔污染润滑油。润滑与冷却装置主要由轴承壳和进、出油管等零件组成，其功用是使发动机润滑油经油管和增压器轴承壳进行循环，对增压器进行润滑和冷却。

浮动轴承是指轴与轴承及轴承与轴承座孔之间均有一定的间隙，增压器工作时，具有一定压力的润滑油进入轴承的内外间隙，使轴承在内外两层油膜之间随转子转动，但轴承的转速比转子低得多，从而使轴承与轴和轴承孔的相对速度大大降低。与普通的滑动轴承相比，浮动轴承具有工作温度低、摩擦损失少、工作可靠及拆装方便等优点。

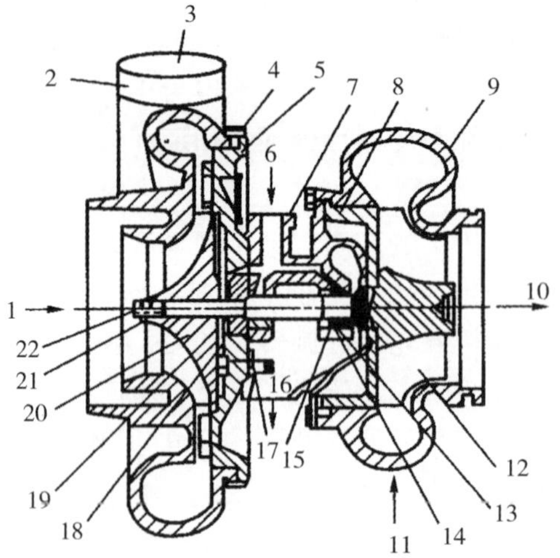

图 6－2　废气涡轮增压器

1—空气入口；2—压气机壳；3—空气出口；4—V 形卡环；5—后板；6—机油进口；7—中间壳；8—护板；9—涡轮壳；10—排气出口；11—排气进口；12—涡轮；13—增压器浮动轴承；14—轴承壳；15—卡环；16—机油出口；17—止推盘；18—止推环；19—油封；20—压气机叶轮；21—固定螺母；22—涡轮及叶轮轴

6.1.2　增压控制系统的功能

1. 发动机转速与增压压力的关系。

废气涡轮增压器是靠废气排出时的能量来驱动的，而废气排出时的能量主要取决于发动机排出的废气流速。随着发动机转速的提高，废气流速提高，使废气涡轮增压器的转速提高，增压压力增高；反之，随发动机转速降低，废气涡轮增压器的增压压力会降低。

由于汽车发动机的转速变化范围大，废气涡轮增压器的工作特性难以在各种工况下均与发动机实现良好的匹配，如发动机低速且大负荷运转时，会因增压压力低导致进气量不足，造成发动机燃烧不完全、冒黑烟、动力性和经济性下降等后果；反之，当发动机高速大负荷运转时，容易造成增压器超速、燃烧压力过高等不良后果。

2. 增压控制系统的功能。

是根据发动机工况变化，通过调节增压压力，进一步优化发动机的性能。

6.1.3　增压压力控制系统

改变废气流经涡轮的速度即可实现对增压压力的控制。控制增压压力的方法主要有三种：旁通阀式、节流阀式和可调叶片式。旁通阀式增压压力控制是利用旁通阀控制流经涡轮的废气量；节流阀式增压压力控制是利用节流阀控制涡轮进气口流通截面；可调叶片式增压压力控制是利用可调叶片控制涡轮受力有效截面。

1. 旁通阀式增压压力控制。

（1）结构。

以一汽大众宝来电控柴油机为例，旁通阀式增压压力控制系统见图 6－3。旁通阀受驱动气室的控制，ECU 控制的电磁阀安装在增压器压气机出口与驱动气室之间高压空气管中，电磁阀控制进入驱动气室的气体压力。

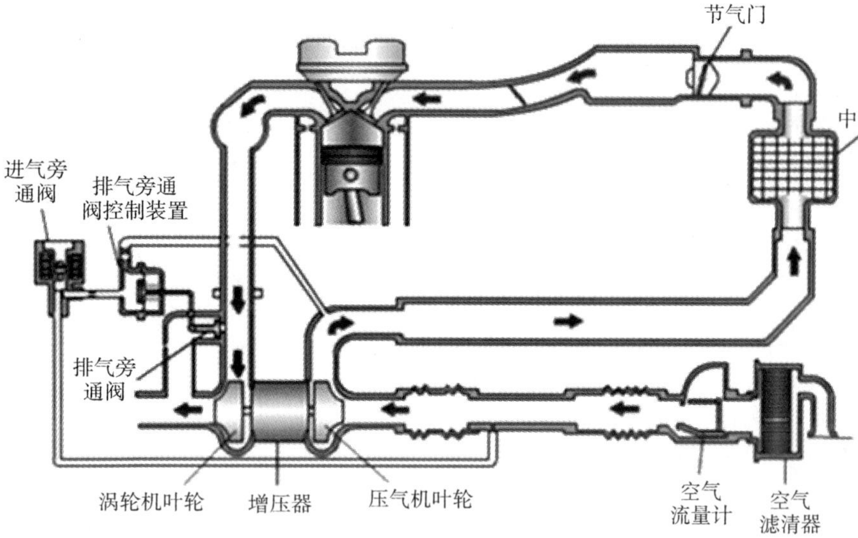

图 6－3　单涡轮增压系统示意图

（2）工作原理。

ECU 将增压压力传感器检测到的实际增压压力与内存的目标值进行比较，当实际增压压力低于目标值时 ECU 控制的电磁阀搭铁回路断开，电磁阀关闭通往驱动气室的高压空气管路，驱动气室驱动旁通阀关闭废气旁通口，使废气流经增压器，废气涡轮增压器工作；当实际增压压力高于目标值时，ECU 控制的电磁阀搭铁回路接通，电磁阀开启通往驱动气室的高压空气管路，驱动气室驱动旁通阀开启废气旁通口，由于废气经旁通口排出，废气涡轮增压器停止工作。

（3）旁通阀式增压压力控制装置。

旁通阀式增压压力控制装置见图 6－4。工作原理：当电磁阀关闭高压空气管路时，膜片左侧无空气压力，弹簧推动膜片向左移动，并通过膜片拉杆和控制杆驱动旁通阀向右关闭废气旁通口；当电磁阀开启高压空气管路时，来自压气机出口的高压空气作用在膜片上，使膜片压缩膜片弹簧向右移动，并通过膜片拉杆和控制杆驱动旁通阀向左开启废气旁通口。

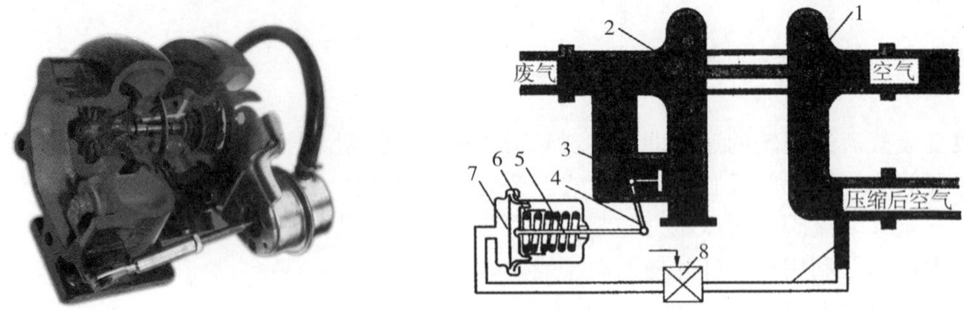

图 6－4　旁通阀式增压压力控制装置

1—压气机；2—涡轮；3—旁通阀；4—控制杆；5—膜片拉杆；6—膜片弹簧；7—膜片；8—增压压力控制电磁阀

（4）增压压力控制电磁阀。

增压压力控制电磁阀的结构见图 6－5。电磁阀断电时，阀被弹簧推至下端，低压空气侧管口被关闭，而高压空气侧管口与通驱动气室管口连通；电磁阀通电时，阀被电磁力吸起，高压空气侧管口被关闭，而低压空气侧管口与通驱动气室管口连通。在旁通阀式增压压力控制系统中，可采用占空比控制型电磁阀取代开关型电磁阀，实现增压压力的连续控制。ECU 根据柴油机负荷信号和转速信号，按预存的增压压力控制模型确定此负荷和转速下的增压压力，将其与增压压力传感器检测到的实际增压压力进行比较，并根据比较结果调节电磁阀通电占空比，通过电磁阀开度的变化调节作用在驱动气室膜片上的空气压力，从而调节旁通阀的开度，实现增压压力的连续控制。

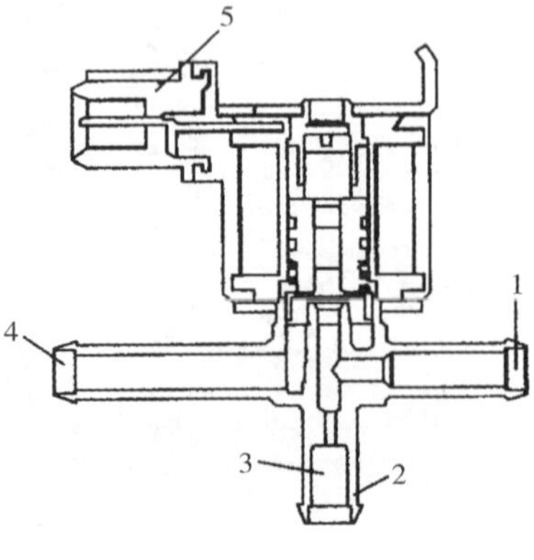

图 6－5　增压压力控制电磁阀

1—通驱动气室管口；2—低压空气侧管口；3—阀；4—高压空气侧管口；5—线束连接器

2. 节流阀式增压压力控制。

节流阀式增压压力控制装置见图 6－6。工作原理：节流阀安装在增压器的涡轮进口处，当发动机低速运转时，节流阀关闭以减小涡轮进口截面，使废气流速加快，增压器转速提高，以避免低速运转时增压压力不足的现象。当发动机转速较高时，节流阀开启以增大涡轮进口截面，使废气流速减慢，以防止高速时增压器超速现象。节流阀的开启或关闭由电磁阀和驱动气室来控制。

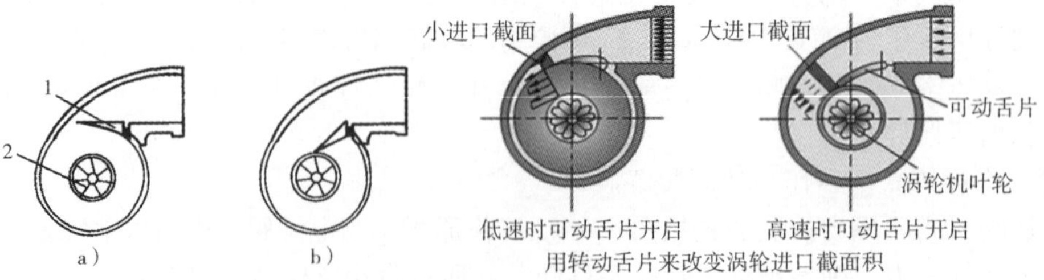

图 6－6　节流阀式增压压力控制装置

a）低速时节流阀关闭；b）高速时节流阀开启

1—增压器涡轮；2—节流阀

3. 可调叶片式增压压力控制。

（1）构造。

可调叶片式增压压力控制系统见图6－7。调整环安装在增压器的涡轮壳上，与可调叶片和轴制成一体的叶片拨销位于调整环相应的卡槽内，叶片轴由支撑环支撑，调整环转动时，即可通过相应的卡槽驱动叶片拨销和叶片一起转动，从而改变叶片角度。控制连杆通过调整环拨销相应的卡槽驱动调整环转动，而控制连杆的转动则由ECU通过电磁阀和驱动气室来控制。控制电磁阀采用占空比控制型，但只有4个位置变化，相应的可调叶片也有4个角度位置，能够对废气涡轮增压器实现四级转换控制。

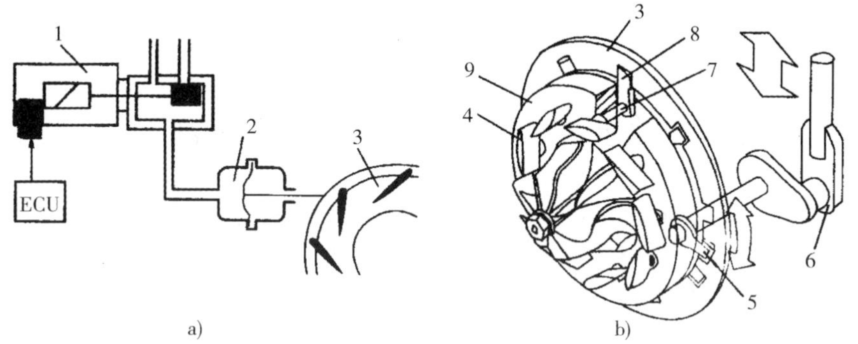

图6－7　可调叶片式增压压力控制系统

a）系统组成；b）控制装置结构

1—控制电磁阀；2—驱动气室；3—调整环；4—可调叶片；5—调整环拨销；6—控制连杆；7—叶片轴；8—叶片拨销；9—支撑环

（2）控制原理。

可调叶片式增压压力控制原理见图6－8。

发动机低速运转时，ECU通过电磁阀和驱动气室控制调整环转动，使可调叶片角度减小，由于废气经过可调叶片流向涡轮时的通道截面变小，使废气流速加快，而且废气冲击涡轮叶片的外边缘，也增大了涡轮驱动力矩，所以废气涡轮增压器转速较高，增压压力相对提高。反之，可调叶片角度增大时，增压压力则相对减小。

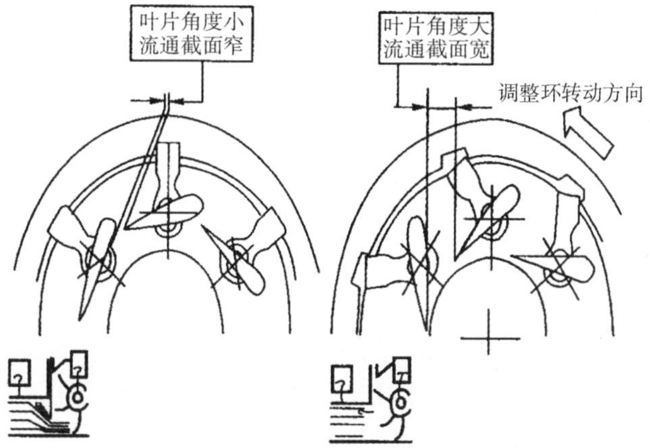

图6－8　可调叶片式增压压力控制原理

☞学习工作页

<table>
<tr><td rowspan="2">学习工作页 1</td><td>学习单元</td><td colspan="4">柴油发动机增压控制系统检修</td></tr>
<tr><td>学习任务</td><td colspan="4">柴油发动机增压控制系统综述</td></tr>
<tr><td>姓　名</td><td></td><td>班　级</td><td></td><td>小　组</td><td></td></tr>
<tr><td>日　期</td><td></td><td>开始时间</td><td></td><td>结束时间</td><td></td></tr>
<tr><td colspan="6">1. 填空题。
（1）常用废气涡轮增压系统主要由空气滤清器、废气涡轮增压器、______等组成。废气涡轮增压器主要由______和压气机两部分组成。
（2）控制增压压力的方法主要有三种：______、______和可调叶片式。
2. 判断题。
废气涡轮增压器是靠废气排出时的能量来驱动的，而废气排出时的能量主要取决于发动机排出的废气流速。随着发动机转速的提高，废气流速提高，使废气涡轮增压器的转速提高，增压压力增高；反之，随发动机转速降低，废气涡轮增压器的增压压力会减低。（　　）

指导教师评语：
____
____

教师签字：__________　　日期：______年______月______日</td></tr>
</table>

学习任务6.2 增压控制系统常见故障的诊断与排除

☞学习目标

通过本任务的学习，完成任务后能够回答以下问题：
掌握柴油发动机增压控制系统常见故障的诊断与排除。

☞学习信息

6.2.1 任务说明

电控柴油发电机废气涡轮增压能增加发动机的充气量，可供更多的燃油完全燃烧，从而提高发动机功率，降低燃油消耗。由于燃烧条件的改善，减少了废气中有害物质的排放，还可以降低噪声。但由于涡轮增压器经常在高速、高温条件下工作，增压器废气涡轮端的温度在600 ℃左右，增压器转子以832～1040 r/min的高速旋转，会引起涡轮增压器漏油、轴承磨损、异响等故障，所以必须按大修手册的技术规范进行保养和检修。

6.2.2 技术标准与要求

1. 发动机怠速运转中增压器进油压力应保持在196～392 kPa；
2. 涡轮增压器运转无异响；
3. 增压器间隙：轴向间隙应小于0.15 mm，径向间隙应大于0.1 mm。

6.2.3 设备器材

带涡轮增压器的电控柴油发动机、废气涡轮增压器、常用工具、百分表、塞尺。

6.2.4 作业准备

1. 拆卸废气涡轮增压器；
2. 调校百分表；
3. 机油压力表；
4. 常用套筒工具。

6.2.5 操作步骤

1. 转子轴卡死。 导致转子轴卡死的常见原因有： 一是机油压力低，不能满足转子轴高速旋转时的润滑需要，对此，应当检查排除润滑系统的故障。 二是机油过脏，堵塞衬套油孔，应当更换新机油，更换机油滤清器滤芯。 三是冷起动后转速过高，因润滑不良而卡死转子轴。 四是增压器进油管松脱，机油泄漏，使转子轴得不到润滑而卡死。对此，应当经常检查旋紧卡套和油管的接头螺套等。转子轴一旦卡死，除了排除上述故障外还应当认真检查增压器，不能达到技术要求的，应当予以更换。	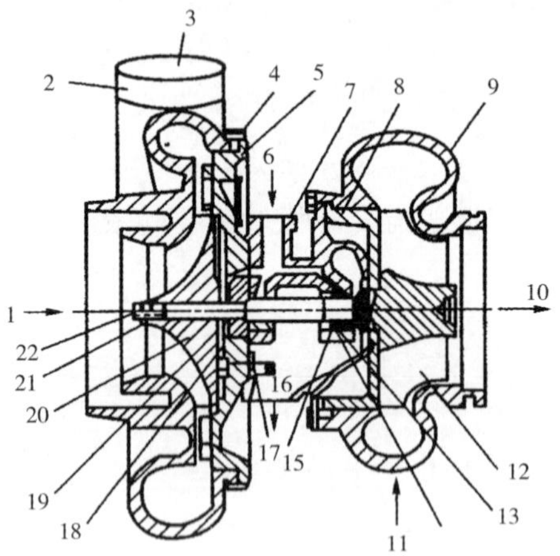
2. 转速低，发动机功率不足且冒黑烟。 此现象发生后，应当重点检修增压器排气放气阀。先检查涡轮或叶轮是否损坏，若有损坏，必须更换；检查排气放气阀膜片是否完好，破裂时应当更换；另外，还应当检查中间冷却器的工作性能及增压器外壳是否因裂纹而漏气，若有裂纹，必须更换新的壳体。	
3. 异常振动。 异常振动通常是由于转子部件不平衡所引起。常见的原因有： 一是气道内进入异物损坏了叶轮，或叶轮本身有缺陷使转子部位失去了平衡。 二是因拆卸或装配时不慎造成转子轴弯曲或其他损伤而破坏了平衡。检查中，若叶轮损坏应当更换，转子轴弯曲应当校直或更换，叶轮片有污垢应当清洁。	
4. 外部漏油。 检查时，可将漏油部位擦干净，再起动发动机，观察漏油部位。经常出现漏油的原因有：油管接头松动，油管接头垫片损坏，油管接头有裂纹或损坏等。检修时还应当注意，在更换油管接头或垫片时，不能把异物带到增压器油管内，更不能用直径较小或变形的回油管，以免增大回油阻力而导致新的漏油。	

5. 内部漏油。 内部漏油是比较常见的现象，原因有以下几种： 一是涡轮增压器密封装置损坏引起漏油； 二是曲轴箱内压力过高，使增压器回油不畅而漏油； 三是“O”形橡胶垫密封圈损坏。另外，回油管内径过小、回油管弯曲过多、油污堵塞等也可能导致回油不畅而漏油。	

6. 2. 6　记录与分析

故障 1　柴油发动机增压控制系统常见故障的诊断排除

姓　名		日　期	
班　级		学　号	

1. 转子轴卡死。

导致转子轴卡死的常见原因有：

①______________________________；

②______________________________；

③______________________________；

④______________________________。

2. 转速低，发动机功率不足且冒黑烟。

此现象发生后，应当重点检修增压器排气放气阀。先检查__________是否损坏，若有损坏，必须更换；检查排气__________是否完好，破裂时应当更换；另外，还应当检查中间冷却器的工作性能及增压器外壳是否因裂纹而漏气，如有裂纹，必须更换新的壳体。

3. 异常振动。

异常振动通常是由于转子部件不平衡所引起。常见的原因有：

①______________________________；

②______________________________。

4. 外部漏油。

检查时，可将漏油部位擦干净，再起动发动机，观察漏油部位。经常出现漏油的原因有：

____

______________________________________。

5. 内部漏油。

内部漏油是比较常见的现象，原因有以下几种：

①______________________________；

②______________________________；

③______________________________。

6. 检测涡轮增压器轴承轴向间隙和径向间隙。

轴向间隙：__________________________；

径向间隙：__________________________。

6.2.7 技能考核

柴油发动机增压控制系统常见故障的诊断与排除评分表

<table>
<tr><td rowspan="2">基本信息</td><td>姓　名</td><td></td><td>学　号</td><td></td><td>班　级</td><td></td><td>组　别</td><td></td></tr>
<tr><td>规定时间</td><td></td><td>完成时间</td><td></td><td>考核日期</td><td></td><td>总评成绩</td><td></td></tr>
<tr><td rowspan="12">任务工单</td><td rowspan="2">序号</td><td rowspan="2" colspan="3">步骤</td><td colspan="2">完成情况</td><td rowspan="2">标准分</td><td rowspan="2">评分</td></tr>
<tr><td>完成</td><td>未完成</td></tr>
<tr><td>1</td><td colspan="3">考核准备：
机件：
量具：</td><td></td><td></td><td>10</td><td></td></tr>
<tr><td>2</td><td colspan="3">清洁机件</td><td></td><td></td><td>5</td><td></td></tr>
<tr><td>3</td><td colspan="3">零件拆装</td><td></td><td></td><td>5</td><td></td></tr>
<tr><td>4</td><td colspan="3">量具使用</td><td></td><td></td><td>5</td><td></td></tr>
<tr><td>5</td><td colspan="3">读故障码</td><td></td><td></td><td>10</td><td></td></tr>
<tr><td>6</td><td colspan="3">进气压力传感器检测</td><td></td><td></td><td>5</td><td></td></tr>
<tr><td>7</td><td colspan="3">线路检测</td><td></td><td></td><td>5</td><td></td></tr>
<tr><td>8</td><td colspan="3">故障诊断</td><td></td><td></td><td>10</td><td></td></tr>
<tr><td>9</td><td colspan="3">试机</td><td></td><td></td><td>5</td><td></td></tr>
<tr><td>10</td><td colspan="3">清洁及整理</td><td></td><td></td><td>5</td><td></td></tr>
<tr><td colspan="2">安全</td><td colspan="5"></td><td>5</td><td></td></tr>
<tr><td colspan="2">5S</td><td colspan="5"></td><td>5</td><td></td></tr>
<tr><td colspan="2">沟通表达</td><td colspan="5"></td><td>5</td><td></td></tr>
<tr><td colspan="2">工单填写</td><td colspan="5"></td><td>10</td><td></td></tr>
<tr><td colspan="2">工艺制定</td><td colspan="5"></td><td>10</td><td></td></tr>
</table>

☞学习工作页

<table>
<tr><td colspan="2" rowspan="2">学习工作页2</td><td>学习单元</td><td colspan="3">柴油发动机增压控制系统检修</td></tr>
<tr><td>学习任务</td><td colspan="3">柴油发动机增压控制系统常见故障的诊断与排除</td></tr>
<tr><td>姓　名</td><td></td><td>班　级</td><td></td><td>小　组</td><td></td></tr>
<tr><td>日　期</td><td></td><td>开始时间</td><td></td><td>结束时间</td><td></td></tr>
<tr><td colspan="6">填空题。
（1）导致转子轴卡死的常见原因有：
一是______，不能满足转子轴高速旋转时的润滑需要，对此，应当检查排除润滑系统的故障。
二是______，堵塞衬套油孔，应当更换新机油，更换机油滤清器滤芯。
三是______过高，因润滑不良而卡死转子轴。
四是增压器进油管松脱，机油泄漏，使转子轴得不到润滑而卡死。
（2）内部漏油是比较常见的现象，原因有以下几种：
一是涡轮增压器密封装置损坏引起漏油；
二是______过高，使增压器回油不畅而漏油；
三是“O”形橡胶垫密封圈损坏。
另外，回油管内径过小、回油管弯曲过多、油污堵塞等也可能导致回油不畅而漏油。

指导教师评语：
____
____

教师签字：________________　日期：______年______月______日</td></tr>
</table>

单元7　运用故障自诊断系统检修柴油发动机失效保护系统故障

☞学习情境

某旅游汽车公司车队李某在服务站刚给新购入的金龙旅游大巴做完走合保养，行驶20公里后突然感觉发动机无力，勉强行驶一段路程后发动机熄火，李某目视检查车辆后未能看出有什么异常，再次起动发动机，故障依旧。现车辆抛锚在××公路××公里路段，请运用发动机故障自诊断系统读取故障代码并排除故障。

☞单元学习目标

通过本单元的学习，应能：

1. 运用发动机的故障自诊断功能读取故障代码；
2. 掌握柴油发动机失效保护功能的工作原理；
3. 能排除与柴油发动机失效保护功能相关的故障。

☞学习信息资源

1. 各汽车生产厂商的网页；
2. 维修手册；
3. 有关安全的法律、法规；
4. 提供各类维修知识和维护资料的网站。

☞学习场所和设备

学习的环境和使用的设备有：

1. 车间或模拟车间；
2. 个人防护用品、用具；
3. 汽车维修设备、解码器和工具；
4. 安全的工作环境和工作场所；
5. 装备有电控发动机的车辆。

☞单元学习任务

为了掌握柴油发动机故障自诊断系统的检修能力，本单元安排的学习任务有：

任务1　故障自诊断系统综述；

任务2　发动机动力下降故障的检修。

☞学习引导

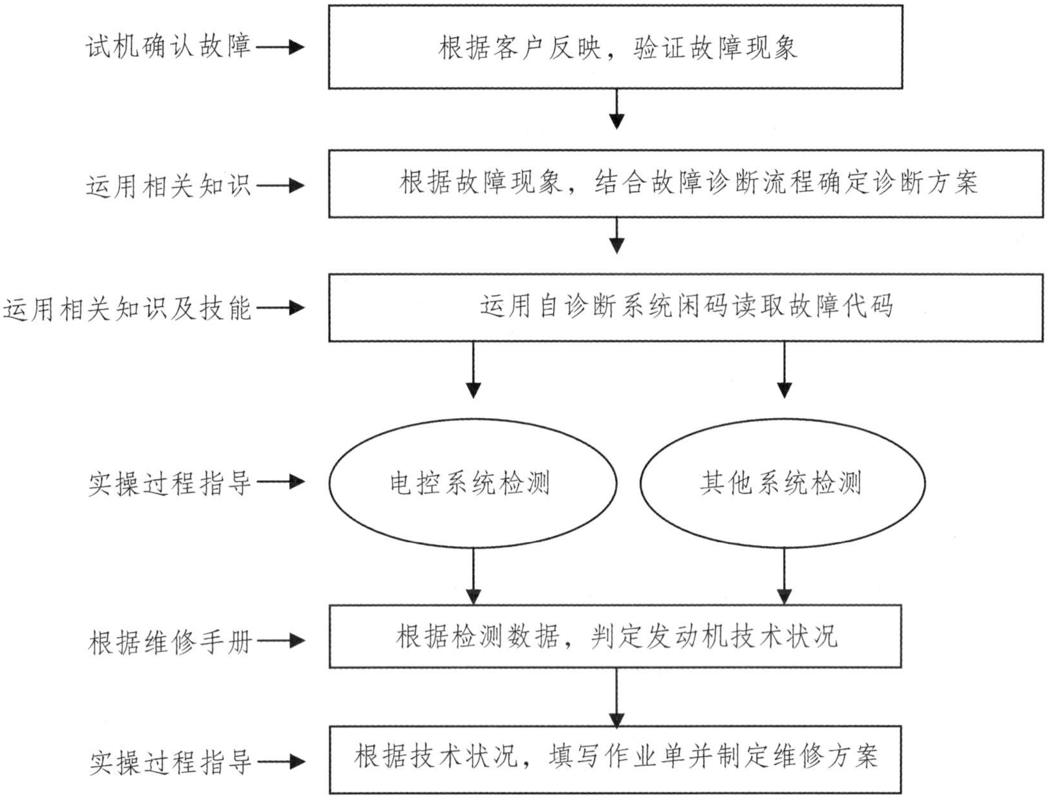

学习任务7.1　故障自诊断系统综述

☞学习目标

通过本任务的学习，完成任务后能够回答以下问题：

1. 会叙述故障自诊断的功能；
2. 掌握自诊断系统的工作原理；
3. 掌握故障码读取的方法及步骤。

☞学习信息

7.1.1 故障自诊断系统的功能

现代汽车电子控制系统中，一般都设有故障自诊断系统。故障自诊断系统主要由 ECU 中的部分软件和故障指示灯等组成。电控系统工作时，自诊断系统对电控系统各种输入、输出信号进行监测，并运用程序进行推理、判断，将结果迅速反馈到主控系统，改变控制状态，此外，还根据自诊断结果控制“故障指示灯”工作。

故障自诊断系统的功能主要包括：

（1）通过自诊断测试判断电控系统有无故障，当出现故障时，点亮故障指示灯发出报警信号，并将诊断结果以代码（故障码）的形式进行存储。但自诊断系统对机械装置、真空装置等无法进行监测，对这些装置的故障只能采取传统的检测诊断方法。

（2）在维修时，通过一定的操作程序可将代码调出，以便维修人员迅速、准确地确定故障的性质和部位，有针对性地检查有关元件、线路，排除故障。故障排除后，还应能将存储的故障码清除，否则会给下一次维修带来不必要的麻烦。

（3）当电控元件发生故障时，自动起动失效保护系统，以便对柴油机进行简单控制，维持基本的运转功能，或强制中断燃油喷射使发动机停止运转。

7.1.2 故障自诊断系统工作原理

电控系统工作时，ECU 不断收到各种传感器输入的信号，也不断向执行机构输出指令信号，自我诊断系统就是根据这些信号来判断有无故障的。

1. 传感器故障自诊断原理。

传感器是向 ECU 输送信号的电控系统元件，自诊断系统根据传感器在一定时间内是否有信号输入、信号有无变化、信号是否在正常范围来确定某传感器工作是否正常，若某传感器向 ECU 输送的“故障信号”持续出现超过一定时间或多次出现，自诊断系统即判定有故障，并将此故障以故障码的形式输入到 ECU 的存储器中，同时接通故障指示灯电路警告驾驶员。此外，自诊断系统还会根据故障性质，自动起动失效保护系统。

故障信号的产生原因除传感器自身的故障外，还有传感器电路接触断路或短路。自诊断系统只能根据传感器输入信号来判定有无故障，但不能确定故障的具体部位。因此，在进行故障诊断时，除按调取的故障码含义对相应传感器进行检查外，还应检查与传感器相关的线路，甚至还应检查 ECU。

以冷却液温度传感器为例，其自诊断原理如图 7－1 所示。正常工作时向 ECU 输送的信号电压应为 0.3～4.7 V，对应发动机冷却液的温度为 －30 ℃～120 ℃。发动机正常工作时，若冷却液温度传感器向 ECU 输送的信号电压低于 0.3 V 或高于 4.7 V，自诊断系统则会判定为故障信号。此故障信号只是偶然出现，自诊断系统不会认为有故障，但若此故障信号持续出现超过一定时间或多次出现，自诊断系统即判定水温传感器或其电路有故障。

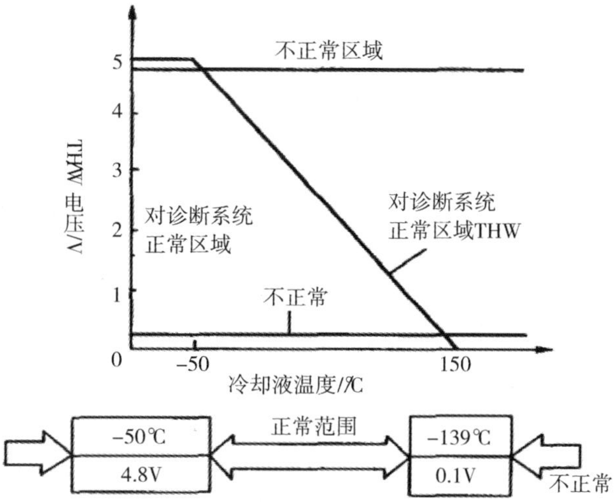

图7-1　水温传感器故障自诊断原理

2. 执行元件故障自诊断原理。

在开环控制系统，执行元件一般只接收 ECU 的指令信号，所以执行元件或其电路是否有故障，自诊断系统只能根据 ECU 输出的指令信号来判断，其自诊断原理与传感器类似。在闭环控制系统（如喷油正时、共轨压力控制系统等）工作时，自诊断系统还可根据反馈信号判别故障。

7.1.3　故障自诊断系统的使用

1. 故障指示灯。

在自诊断系统检测到故障时，仪表盘上的故障指示灯“CHECK ENGINE”点亮，以警告驾驶员或维修人员。故障指示灯控制电路见图7-2，蓄电池经点火开关和熔断丝给故障指示灯提供电源，ECU 通过“W”端子控制故障指示灯搭铁回路。

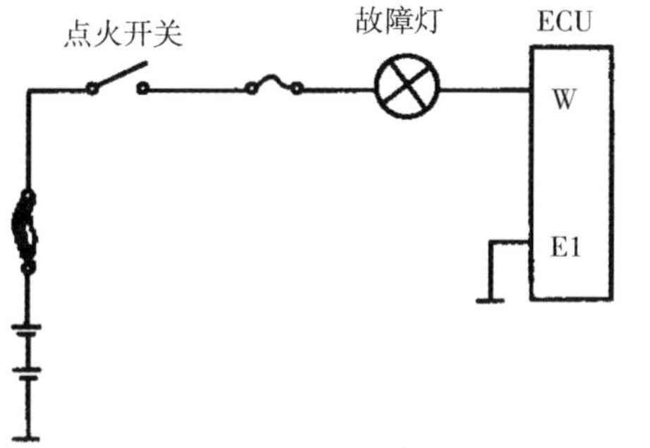

图7-2　故障指示灯控制电路

在汽车使用中，点火开关接通，发动机没有起动或起动后的短时间内，故障指示灯点亮是正常现象，但起动后几秒钟（一般3～5 s）内或发动机达到一定转速（一般为500 r/min）后，故障指示灯应熄灭。否则说明自诊断系统检测到故障，若系统无故障

(调不出故障码)，而故障指示灯点亮，应检查其控制电路是否搭铁。

2. 故障码调取与清除方法。

调取故障码的基本方法可分两种：一是使用随车自诊断系统调取；二是使用故障诊断仪调取。

装用第一代随车诊断系统（OBD－I）的汽车，可利用随车自诊断系统调取故障码，但必须掌握相关资料，如故障码调取与清除的操作程序和故障码含义等，否则无法进行故障诊断和检修。装用OBD－I的汽车，故障码读取方法很多，常见的有：利用仪表板盘上故障指示灯的闪烁规律读取故障码，利用指针式万用表的指针摆动规律或自制二极管灯的闪烁规律读取故障码，利用ECU上的二极管灯的闪烁规律读取故障码，利用车上显示器读取故障码，使用专用仪器和专用传输线调取故障码等。

装用第二代随车诊断系统（OBD－II）的汽车，它们具有统一的故障诊断座和统一的故障代码，故只需一台通用诊断仪器即可调取各种汽车故障码。

7.1.4　随车诊断系统

在汽车技术发展的历程中，由于世界各大汽车制造公司的技术特点各不相同，缺乏统一的标准，导致各种汽车自诊断系统的故障诊断形式和位置、读取与清除故障码的方法各异，这给汽车用户和维修人员带来了很大不便，为此，20世纪70年代，汽车电控系统中开始采用了第一代随车诊断系统（OBD－I）；1994年以后，美国、日本和欧洲的主要汽车制造厂家生产的电控汽车逐步开始采用第二代随车诊断系统（OBD－II）。

OBD是“ON－BOARD DIAGNOSITICS”的英文缩写，即随车诊断系统。OBD－II则是指第二代随车诊断系统。OBD－II是由美国汽车工程学会（SAE）提出，经环保机构（EPA）和加州资源协会（CARB）认证通过的。其主要特点如下：

（1）汽车按标准装用统一的16端子诊断座（见图7－3），并将诊断座统一安装在驾驶室仪表盘下方。

（2）OBD－II具有数据传输功能，并规定了两个传输线标准：欧洲统一标准（ISO－II）规定数据传输用“7”号和“15”号端子，美国统一标准（SAE－J1850）规定数据传输用“2”号和“10”号端子。

（3）OBD－II具有行车记录功能，能记录车辆行驶过程中的有关数据资料，能记忆和重新显示故障码的功能，可利用仪器方便、快速地调取或清除故障码。

（4）装用OBD－II的汽车，采用相同的故障码代号及故障码意义统一。故障码由1个英文字母和4个数字组成（见图7－4），故障码说明见表7－1。

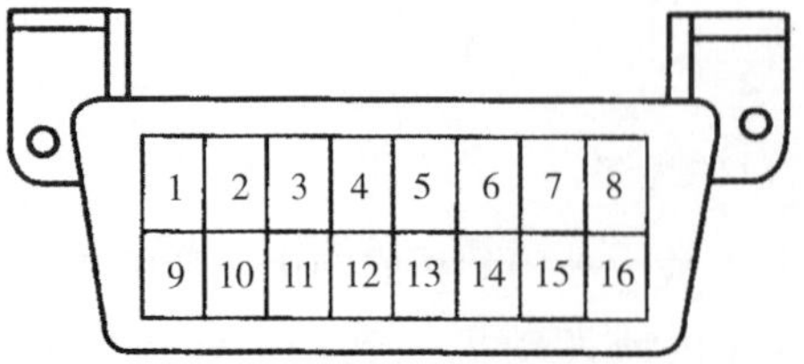

图7－3　OBD－II诊断座

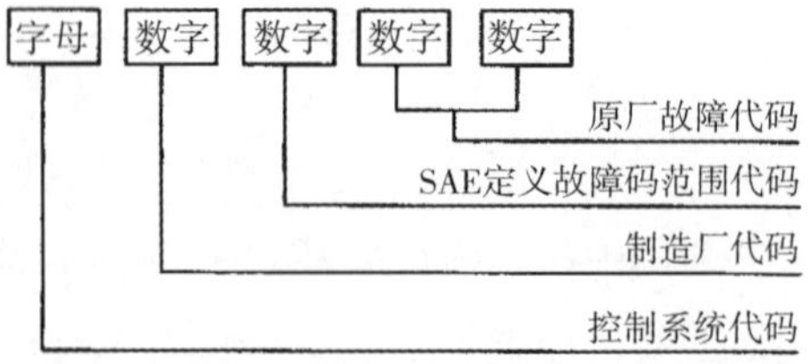

图7－4　OBD－II故障码组成

表 7-1　故障码说明

代码性质	代　码	代码含义
控制系统代码 （英文字母）	P C B	汽车发动机和自动变速器控制系统 汽车底盘控制系统 汽车车身控制系统
制造厂代码 （1 位数字）	0 其他 1，2，3，…，9	SAE 定义的故障码 汽车制造厂自定义的故障码
SAE 定义故障码范围代码（1 位数字）	1 2 3 4 5 6 7 8	燃油或进气测量系统故障 燃油或进气测量系统故障 点火系统故障或发动机间歇熄火故障 废气控制系统故障 怠速控制系统故障 ECU 或执行元件控制系统故障 自动变速器控制系统故障 自动变速器控制系统故障
原厂故障代码 （2 位数字）		由原厂规定的具体元件故障码，不同代码有不同的含义

以康明斯 ISBe 高压共轨柴油机为例。目前，国内电控柴油机普遍可以利用故障诊断灯进行读取故障闪码。在发动机运行过程中，如果电控系统出现故障，则汽车仪表盘上的故障指示灯亮进行故障报警。在进行故障诊断时，按一定的操作程序，可以通过闪码灯的闪烁读取故障代码，对柴油机电控系统进行初步诊断。此方法不需要专用诊断仪，方便有效。故障闪码的读取方法与步骤如下：

（1）点火钥匙开关处于接通位置；

（2）按下—松开故障诊断请求开关；

（3）闪码灯将报出闪码；

（4）每一次操作只闪烁一个闪码，直至循环至第一个为止；

（5）闪码由三位组成，闪码闪烁时间和间隔时间可以由发动机厂自行定义。

7.1.5　失效保护系统的功能

失效保护系统的组成主要是设在 ECU 内的部分程序，其功能是：当自诊断系统确定某传感器或其电路出现故障（即失效）时，给 ECU 提供预先设定的该传感器信号来替代故障信号以保证控制系统的正常运行，使发动机仍能继续运转。此外，当 ECU 或重要传感器（如凸轮运转，除起动或熄火外），一般无法改变柴油机工况，以免发生严重事故。

当控制系统发生故障时，失效保护系统只能按设定的传感器信号或程序维持柴油机的运转，给 ECU 提供的设定信号不可能与实际工作情况一致，设定程序也不可能具有强大的控制功能，因此失效保护系统只能维持发动机运转，但不能保证发动机的性能。

7.1.6 信号设定

标准信号是预先设定好并存储在失效保护系统中的，一般包括蓄电池电压信号、冷却温度信号、进气温度信号、燃油温度信号、润滑油温度信号、增压空气压力信号、大气压力信号、进气量信号等。

以冷却液温度信号设定为例，当冷却液温度传感器或其电路发生故障时，ECU 可能会收到超过正常范围（低于 -40 ℃或高于 150 ℃）的温度信号，若电控燃油喷射系统仍按通常的方式控制喷油量，必然会引起空燃比过小或过大，导致发动机性能下降。此时，失效保护系统给 ECU 提供设定的冷却液温度信号，通常按冷却液温度为 80 ℃控制发动机工作。

7.1.7 安全保护

当重要传感器失效无法确定喷油正时和喷油量时，或 ECU 内部发生故障无法按正常控制程序工作时，失效保护系统将按设定的程序控制喷油正时和喷油量，使柴油机维持基本运转功能，以便驾驶员能够将车开到最近的维修站（厂）检修。在此情况下，失效保护系统一般只能根据起动开关和怠速触点（加速踏板位置传感器内）信号，将柴油机的工况简单分为起动、怠速、非起动怠速 3 种工况，每一工况对应的喷油正时和喷油量都是设定的，无法改变。为防止重大事故发生，减少燃油消耗和排放污染，柴油机在失效保护系统控制下工作，循环喷油量和转速不可能高，汽车也只能维持基本的行驶能力。

以康明斯 ISBe 为例，发动机动力不足故障的检修步骤如下：

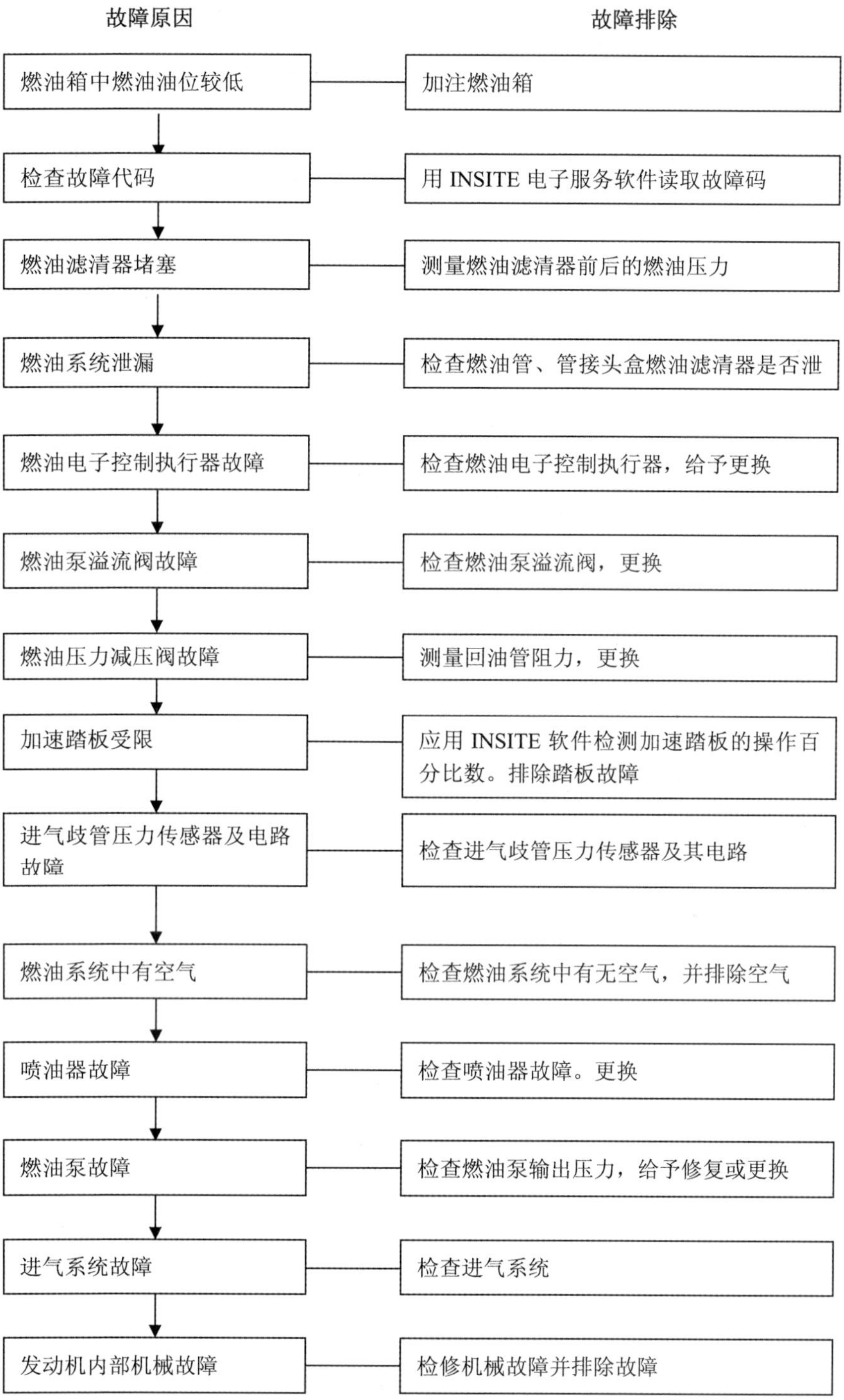
故障原因
故障排除
燃油箱中燃油油位较低
加注燃油箱
检查故障代码
用 INSITE 电子服务软件读取故障码
燃油滤清器堵塞
测量燃油滤清器前后的燃油压力
燃油系统泄漏
检查燃油管、管接头盒燃油滤清器是否泄
燃油电子控制执行器故障
检查燃油电子控制执行器，给予更换
燃油泵溢流阀故障
检查燃油泵溢流阀，更换
燃油压力减压阀故障
测量回油管阻力，更换
加速踏板受限
应用 INSITE 软件检测加速踏板的操作百分比数。排除踏板故障
进气歧管压力传感器及电路故障
检查进气歧管压力传感器及其电路
燃油系统中有空气
检查燃油系统中有无空气，并排除空气
喷油器故障
检查喷油器故障。更换
燃油泵故障
检查燃油泵输出压力，给予修复或更换
进气系统故障
检查进气系统
发动机内部机械故障
检修机械故障并排除故障

学习任务7.2　发动机动力下降故障的检修

☞学习目标

通过本任务的学习，完成任务后能够回答以下问题：

1. 掌握故障码读取的操作步骤；
2. 了解故障自诊断的基本原则。

☞学习信息

7.2.1　任务说明

以旅游汽车公司所属金龙大巴的康明斯 ISBe 故障发动机为任务实施对象，根据故障诊断故障树的检测排除流程进行检修。运用故障自诊断闪码诊断法进行故障代码读取。

7.2.2　技术标准与要求

1. 每个学员独立完成此项目。
2. 技术标准：

按照康明斯 ISBe 发动机故障维修手册，以故障树为故障排查流程依据。

检修完毕试机检验。

7.2.3　设备器材

1. 万用表。
2. 拆装工具。
3. 手持式转速检测仪。

7.2.4　作业准备

1. 清洁发动机。
2. 清洁工具设备。
3. 准备作业单。

7.2.5　操作步骤

	（1）试机，确认故障。
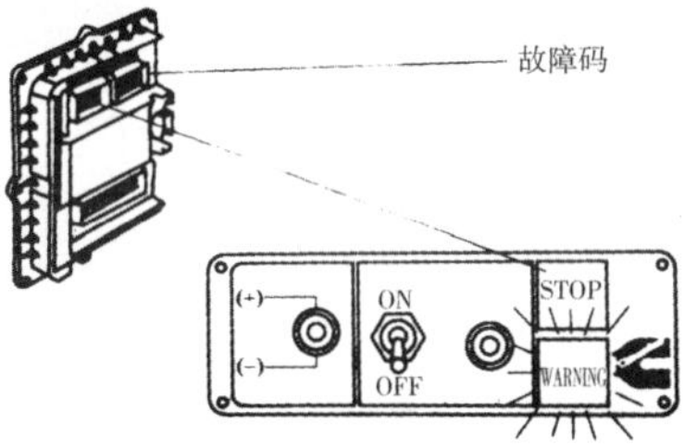	（2）故障指示灯自检。当点火开关转到“ON”位置，同时诊断开关在“OFF”位置时，四种指示灯（报警、停机、保养和等待起动灯）将依次点亮约2 s，然后熄灭，以进行自检。如果按上述条件点亮，说明指示灯工作正常。当有故障代码时，故障指示灯将常亮。
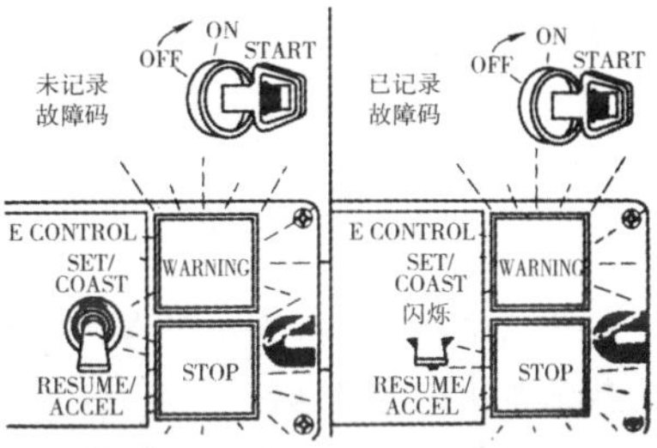	（3）故障代码读取操作，并根据故障代码的故障诊断树进行检修。将点火开关转到“OFF”位置，将诊断开关转到“ON”位置，再将点火开关转到“ON”位置，发动机不运转，此时如果没有故障代码，红色故障指示灯和黄色故障指示灯依次点亮后保持熄灭。
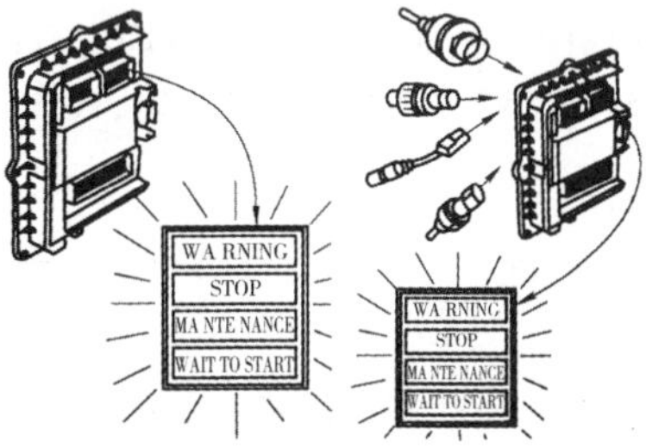	（4）如果有故障代码，故障指示灯将瞬间点亮，然后开始闪烁。
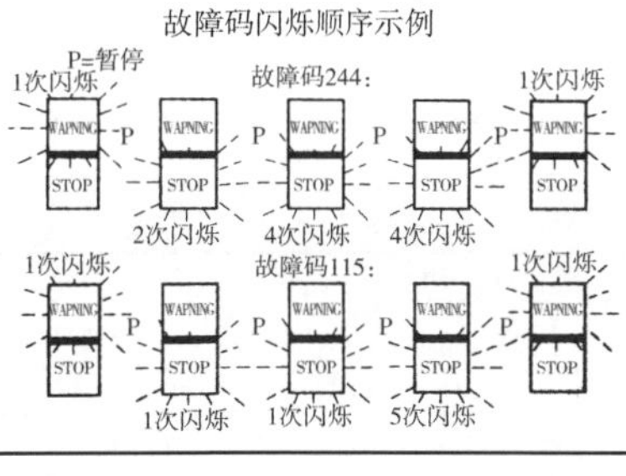	（5）故障代码记录。有故障代码时，首先黄色报警指示灯闪烁一次，停顿1 ~ 2 s后，红色停机指示灯闪烁，连续闪烁的次数及故障代码每位的号码，各号码间会有1 ~ 2 s的停顿。红色指示灯闪烁完故障码后，黄色指示灯再次闪亮。记录故障代码。本次记录的故障代码是143。

(6) 查阅维修手册，故障代码 143 为 ECM 检测到机油压力信号指示机油压力低于发动机保护下限，发动机停机保护功能起作用，通过减少供油量使发动机功率、转速下降直至停机。

(7) 检查机油油位是否正常。如果低于正常范围，添加机油，再试机检查。

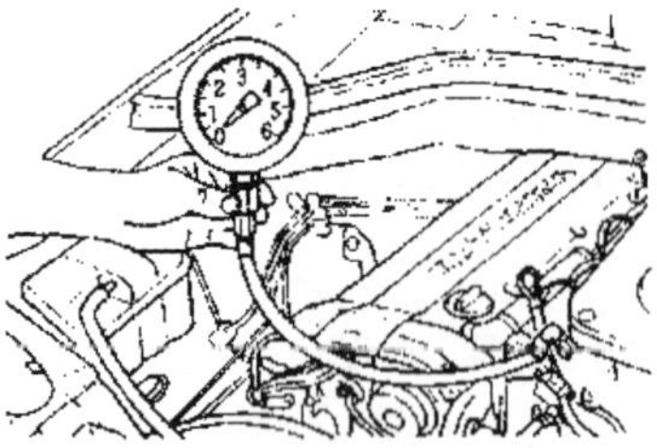

(8) 起动发动机，应用机油压力表检查机油压力是否正常，如果压力不正常则检查润滑油路油压，确定故障元件（这通常和润滑油路的机械部分有关）。

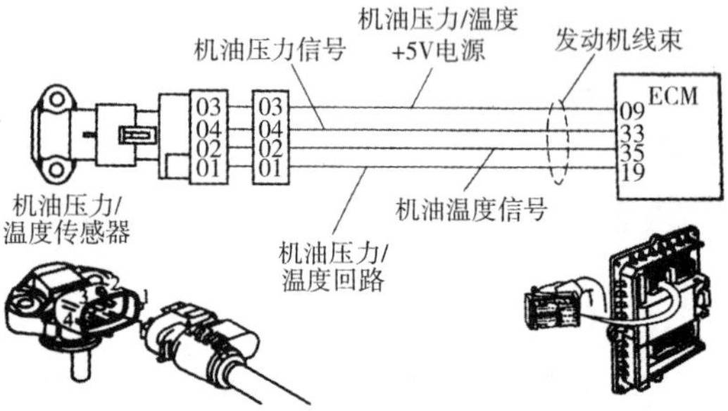

(9) 如果机油压力实际测量正常，则检测机油压力传感器及其电路是否正常。首先，检查机油压力传感器的电源电压，即测量发动机线束传感器中 1 号触针和 3 号触针间电压，应该为 4.75 ~ 5.25 V。否则为线束故障，进行修复。

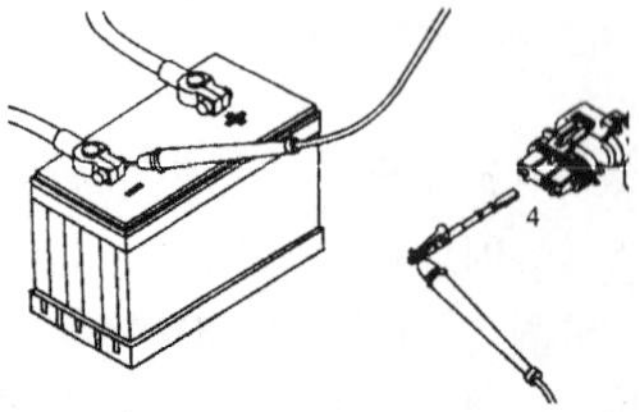

(10) 检查机油压力传感器的信号电压。即测量传感器连接器的 4 号触针和蓄电池负极间的电压，应该为 0.10 ~ 0.25 V。否则为线束故障，进行修复。

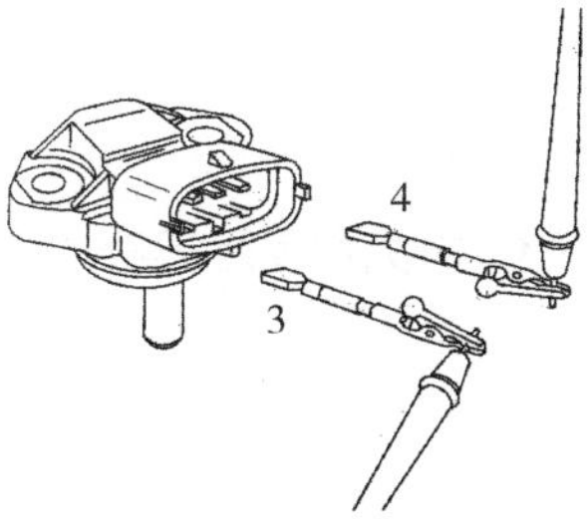	(11) 检查机油压力传感器电阻。测量传感器的 3 号触针和 4 号触针间的电阻。应为 10 ~ 100 MΩ。否则为传感器故障，进行修复。
	(12) 试机检查正常，清除故障代码。

7.2.6　记录与分析

运用故障自诊断系统检修柴油发动机失效保护系统故障作业记录单

姓　名		班　级		学　号		组　别	
车　型		发动机编号		作业单号		作业日期	

检修步骤	检修结果记录	是否正常
检查是否有故障代码		
闪码记录		
故障代码原因		
机油是否足够		
机油压力是否低于标准		
机油压力传感器线路是否故障		
机油压力传感器是否有故障		
是否发动机内部机械故障		
处理意见		
制定修复工艺		
维修记录		

7.2.7 技能考核

运用故障自诊断系统检修柴油发动机失效保护系统故障项目评分表

<table>
<tr><td rowspan="2">基本信息</td><td colspan="2">姓　名</td><td></td><td>学　号</td><td></td><td>班　级</td><td></td><td>组　别</td><td colspan="2"></td></tr>
<tr><td colspan="2">规定时间</td><td></td><td>完成时间</td><td></td><td>考核日期</td><td></td><td>总评成绩</td><td colspan="2"></td></tr>
<tr><td rowspan="12">任务工单</td><td rowspan="2">序号</td><td rowspan="2" colspan="2">步骤</td><td colspan="4">完成情况</td><td rowspan="2">标准分</td><td rowspan="2">评分</td></tr>
<tr><td colspan="2">完成</td><td colspan="2">未完成</td></tr>
<tr><td>1</td><td colspan="2">考核准备：
机件：
量具：</td><td colspan="2"></td><td colspan="2"></td><td>10</td><td></td></tr>
<tr><td>2</td><td colspan="2">清洁机件</td><td colspan="2"></td><td colspan="2"></td><td>5</td><td></td></tr>
<tr><td>3</td><td colspan="2">零件拆装</td><td colspan="2"></td><td colspan="2"></td><td>5</td><td></td></tr>
<tr><td>4</td><td colspan="2">量具使用</td><td colspan="2"></td><td colspan="2"></td><td>5</td><td></td></tr>
<tr><td>5</td><td colspan="2">读故障码</td><td colspan="2"></td><td colspan="2"></td><td>10</td><td></td></tr>
<tr><td>6</td><td colspan="2">进气压力传感器检测</td><td colspan="2"></td><td colspan="2"></td><td>5</td><td></td></tr>
<tr><td>7</td><td colspan="2">线路检测</td><td colspan="2"></td><td colspan="2"></td><td>5</td><td></td></tr>
<tr><td>8</td><td colspan="2">故障诊断</td><td colspan="2"></td><td colspan="2"></td><td>10</td><td></td></tr>
<tr><td>9</td><td colspan="2">试机</td><td colspan="2"></td><td colspan="2"></td><td>5</td><td></td></tr>
<tr><td>10</td><td colspan="2">清洁及整理</td><td colspan="2"></td><td colspan="2"></td><td>5</td><td></td></tr>
<tr><td colspan="2">安全</td><td colspan="6"></td><td>5</td><td></td></tr>
<tr><td colspan="2">5S</td><td colspan="6"></td><td>5</td><td></td></tr>
<tr><td colspan="2">沟通表达</td><td colspan="6"></td><td>5</td><td></td></tr>
<tr><td colspan="2">工单填写</td><td colspan="6"></td><td>10</td><td></td></tr>
<tr><td colspan="2">工艺制定</td><td colspan="6"></td><td>10</td><td></td></tr>
</table>

☞拓展学习

故障诊断基本方法

学习目标：

掌握柴油机故障诊断的基本程序。

1. 故障诊断基本原则

大多数传感器都使用5V参考电压，而执行器用12V驱动；几乎所有发动机的冷却液温度传感器、进气温度传感器、燃油温度传感器都采用负温度系数热敏电阻型传感器；所有发动机的凸轮轴/曲轴位置传感器都必须安装在与曲轴有固定关系的部位，而且几乎全部采用电磁感应式、霍尔式或光电式，等等。如果我们能够掌握这些规律，遵循一定的原则，在故障诊断过程中往往能取得事半功倍的效果。

对电控发动机进行故障诊断一般应遵循的原则概括为：先简后繁、先易后难，先思后行、先熟后生，先上后下、先外后内，先备后用、代码优先。

(1) 先简后繁、先易后难的原则。

发动机电控系统的结构和发生故障的原因十分复杂，为避免在故障诊断过程中走弯路，应首先借助简单工具，利用眼看、鼻闻、耳听、手摸等手段进行简单检查，如：观察故障指示灯是否点亮，观察线束和连接器是否有断裂、松脱，观察进气管路有无破损，观察燃油系统有无泄漏痕迹等；闻一闻有无电器线路或元件烧焦的气味；听一听发动机有无异响，怠速转速是否平衡，有无漏气声等；用手摸一摸相关电控元件、继电器、可疑的线束连接器是否有松动，摸一摸电控元件的温度有无异常，摸一摸喷油器、电磁阀是否有规律地振动等。如果通过简单检查诊断不出故障，需借助于仪器设备来进行故障诊断时，也应优先对就车检查的项目、采用简单仪器设备的项目、较容易检查的项目进行检查，然后再进行拆卸检查、使用较复杂仪器设备检查、对较困难的项目检查。

(2) 先思后行、先熟后生的原则。

在对电控系统进行故障诊断时，应首先利用自己所掌握的专业知识和经验，针对故障现象进行推理分析，明确引起故障的可能原因、优先检查的方向和部位，做到有的放矢，避免对与故障无关项目做无谓的检查，也防止与故障有关项目漏检。

此外，由于设计制造以及使用环境等方面的因素，有些汽车的某些故障，常常以某个部件或总成故障比较常见，维修人员根据平时积累的经验，应对这些部件或总成优先检查，往往也能手到病除。

(3) 先上后下、先外后内的原则。

随着电控系统在汽车上的应用越来越多，汽车零部件和线束的数量也不断增加，尤其是发动机舱内几乎没有闲余空间，有时为了进行某项检查，需要拆除周围很多的零部件，因此，掌握好先上后下、先外后内的原则，对省工省时十分有益。

（4）先备后用、代码优先的原则。

对电控系统进行故障诊断时，确定电控元件性能好坏、线路是否正常，常以其精确的电压或电阻等参数值来判断，如果没有这些数据资料，而且不具备采用换件法诊断故障的条件，将无法进行故障诊断。“先备后用”就是要求在进行故障诊断前，先准备好维修资料以备后用。维修资料除从维修手册、专业书刊上收集整理外，另一个有效的途径就是对无故障车辆进行测量并记录下来，平时注意做好资料收集工作，会给故障诊断带来方便。

汽车上的电控系统一般都有故障自诊断功能，在对电控系统进行故障诊断时，应优先调取故障码，并按故障码提示进行诊断。将故障码提示的故障排除后，如果发动机故障现象仍然存在，或者开始就无故障码输出，则再对发动机可能的故障部位进行检查。

2. 故障诊断基本程序

电控燃油喷射发动机发生故障后，进行故障诊断应遵循以下基本程序。

（1）向车主调查。

向车主了解故障发生的时间、现象、故障发生前后的情况、近期检修情况等非常必要，尽管有些车主的描述不够清楚，但对车主提供的信息认真分析，对迅速诊断故障会有或多或少的帮助。

（2）外部检查。

外部检查的目的是排除一般性的故障成因，避免走弯路。外部检查的主要内容包括：检查各真空软管是否损坏、是否连接错误、是否堵塞，检查各线束连接器是否连接可靠，检查发动机有无明显的漏油、漏气或外部损伤现象等。

（3）调取故障码。

如果故障指示灯点亮，按规定程序调取故障码，并按故障码提示对相关传感器或执行元件及其电路进行检查。

在车辆使用中，如果故障现象时隐时现，而且有故障码，但按故障码提示又检查不出故障原因，应按间歇性故障进行检查。

在车辆使用中，如果故障症状明显，故障指示灯不亮，调取故障码时显示正常码，应按无故障码故障进行检查。

（4）检测。

只有在进行检测后才能最终判定故障的位置和找到产生故障的原因。检测包括的内容很多，如：信号检测、数据检测、压力检测、执行器动作检测等，涉及的检测仪器也较复杂，要求能够正确选择和使用检测仪器。

（5）试验。

确定准确的故障原因并进行修理后，必须进行试验，以确认故障是否被排除，并检查维修后的效果等。通过试验，在确定维修合格后，要进行故障码的清除工作。

3. 故障码的调取与清除

发动机电控系统发生故障时，调取故障码是快速、准确获取故障信息的有效途径。

（1）故障码调取与清除的基本方法。

虽然不同公司生产的汽车，调取故障码的操作程序及读取方法有很大差异，但基本方法分两种：一是使用随车自诊断系统调取，二是使用故障诊断仪调取。

①利用随车自诊断系统调取故障码：只需按照规定程序进行操作（如短接诊断座上的

端子、操作某些开关等），即可利用仪表板盘上故障指示灯、指针式万用表、自制二极管灯或车上显示器等读取故障码，此种方法不需价格比较昂贵的仪器设备，但必须知道被检车辆的维修资料，如调取故障码的操作程序和故障码含义等，否则无法进行故障诊断和检修，而且有些汽车也无法利用随车自诊断系统调取故障码（如德国大众车系等）。随着汽保设备价格的降低，其应用也越来越普及，利用随车自诊断系统调取故障码的方法已很少使用，因此本教材对此不做详细介绍。

②使用故障诊断仪调取故障码：使用故障诊断仪调取故障码，只需掌握诊断仪的简单使用方法，对维修人员理论水平要求不高，而且速度快、准确率高，目前已得到广泛应用。

③清除故障码的方法：与调取故障码类似，在发动机故障排除后，必须按规定程序利用随车自诊断系统清除故障码，或利用故障诊断仪清除故障码。

（2）按故障码提示进行故障诊断。

首先应注意，有故障码并不一定有故障。因为维修人员在故障排除后并未清除的历史故障码，在发动机运行或点火开关打开的情况下驾驶人员或维修人员拆开线束连接器产生的人为故障码，都会导致有故障码但无故障的情况发生。所以，即使能调取故障码，也不要急于按故障码来检修，如果发动机能够起动，最好是先清除故障码，起动运行后再重新调取故障码，第二次调出的故障码才真正说明有无故障。当然，在清除故障码前应记下故障码，因为有些故障码的产生情况难以再现，第二次调取的故障码或许会漏掉一些故障信息。

自诊断系统监视的往往是某一电路，而非某一元件。所以如果故障码含义是“某传感器信号不正常”，实际是指该传感器相应电路故障，传感器电路包括传感器线路、传感器与 ECU 间的连线（包括线束连接器）、ECU 及其供电和搭铁线路，如果只按故障码含义的字面含义来检修，必然会走弯路。

有故障码反映了电控系统存在故障，但有时并非是故障码含义所指相应电路的故障。例如，宝来轿车柴油机故障码 19764P3008 的含义为“凸轮轴位置传感器信号不正常”，其可能的故障原因则是“传感器转子在凸轮轴处扭曲变形或松动”。所以，根据故障码提示进行故障诊断，也不可局限于电路，必要时还要考虑机械、气路等部分。

4. 间歇性故障诊断

间歇性故障是指受外界因素（如温度、受潮、振动等）影响而有时存在、有时又自动消失的故障。由于此类故障无明显的故障现象，诊断比较困难，一般需模拟车主陈述故障出现时的条件和环境，使故障再现，以便根据故障现象查明故障原因。

（1）振动法。

电控系统线路接触不良或元件安装不牢固等引发的故障，汽车行驶中由于振动往往会使故障现象时隐时现。遇此类故障可使发动机维持怠速运转，在水平和垂直方向摇动线束或线束连接器，用手轻拍装有传感器的部件，观察发动机故障是否再现，如果故障出现，说明摇动的线路或轻拍部位的传感器有故障。

注意：不能用力拍打继电器，否则可能会造成继电器断路；对传感器进行振动试验时，可用万用表测量其输出信号有无异常变化，以确定该传感器是否有故障。

（2）加热法。

如果故障只在热机时出现，可用电吹风加热怀疑有故障的电控系统元件，如果加热某元件时故障再现，说明该元件有故障。

注意：不能对 ECU 中的元件直接加热，且加热温度应不超过 60℃。

(3) 水淋法。

如果故障只在雨天、洗车后或高湿度环境下出现，可用水喷淋车辆使故障再现，以便根据故障现象分析判断故障原因。

注意：不能用水直接喷淋电控系统元件，而应将水喷淋在发动机散热器前面，间接改变发动机室内的湿度。

(4) 电器全部接通法。

如果怀疑因用电负荷过大而引起故障时，可接通全部用电设备，检查故障是否再现。

(5) 道路试验法。

有些故障只在特定的行驶状态下出现，则必须通过道路试验的方法使故障再现，以便查明故障原因。

间歇性故障一般不会长时间出现，所以在故障诊断时，用上述方法使故障再现后，应抓住时机，根据故障码提示和故障现象迅速对故障进行诊断。

5. 无故障码故障诊断

无故障码故障是指在汽车使用中，有明显的故障现象，但故障指示灯不亮，按规定程序调取故障码时，显示正常码。

自诊断系统只能监测电控系统电路，这包含两点：一是如果故障不属于电路，也就不可能有故障码；二是不属于电控系统的电路（如起动系统、充电系统电路等）故障，也不会存储故障码。因此，无故障码故障往往与电控系统无关，此时应按非电控发动机故障的诊断步骤进行排查，切记不要盲目检查电控系统的 ECU、执行元件、传感器和电路，否则不仅徒劳无功，稍有不慎反而会损坏电控元件。

此外，自诊断系统一般只能监测信号的范围，不能监测传感器特性的变化。若因某种原因只是使传感器信号的特性发生了变化，并不能产生故障码。例如，发动机冷却液温度传感器的阻值有一个正常的工作范围，一旦阻值超出此范围，自诊断系统马上会产生故障码；但是假如该传感器的特性（指温度和阻值的对应关系）发生变化，但阻值依然在此范围内，发动机会工作不良，故障指示灯却并不会亮，当然也无故障码。维修人员不应因为无故障码，就认为肯定无故障，以免走弯路。这时应该根据发动机的故障现象进行综合分析判断，有条件的还应用专用诊断仪读取相关数据块、分析波形，继而对传感器单体进行有针对性的检测，以找到并排除传感器故障。

如果故障指示灯亮，却调不出故障码，则可能是故障指示灯电路搭铁故障。

柴油机无故障码故障诊断可参照表 5－4 进行。

表 5－4　非共轨型柴油机无故障码故障诊断

故障现象	可能故障原因	检查内容
发动机不能转动	①起动机； ②起动继电器； ③空挡起动开关	①起动机； ②起动继电器； ③空挡起动开关及其电路

续　表

故障现象	可能故障原因	检查内容
低温起动困难	①预热系统； ②STA 信号电路； ③燃油系统； ④发动机 ECU	①预热塞及其电路； ②STA 信号电路； ③喷油泵、喷油器和燃油滤清器； ④发动机 ECU
热起动困难	①STA 信号； ②燃油系统； ③压缩压力； ④发动机 ECU	①STA 信号电路； ②喷油泵、喷油器和燃油滤清器； ③压缩压力； ④发动机 ECU
发动机起动后经常熄火	①ECU 电源电路； ②燃油系统； ③发动机 ECU	①ECU 电源电路； ②燃油滤清器和喷油泵； ③发动机 ECU
发动机失速	①IECU 电源电路； ②喷油量控制阀继电器电路； ③发动机 ECU； ④喷油泵	①IECU 电源电路； ②喷油量控制阀继电器电路； ③发动机 ECU； ④喷油泵
怠速过高	①A/C 信号； ②STA 信号； ③喷油泵； ④发动机 ECU	①A/C 信号电路； ②STA 信号电路； ③喷油泵； ④发动机 ECU
怠速过低	①A/C 信号； ②气门间隙； ③压缩压力； ④燃油管路有空气； ⑤燃油系统； ⑥EGR 系统； ⑦发动机 ECU	①A/C 信号电路； ②气门间隙； ③压缩压力； ④燃油系统排气； ⑤喷油器和喷油泵； ⑥EGR 系统； ⑦发动机 ECU

续　表

故障现象	可能故障原因	检查内容
怠速不稳	①燃油管路有空气； ②气门间隙； ③压缩压力； ④预热系统； ⑤燃油系统； ⑥EGR 系统； ⑦发动机 ECU	①燃油系统排气； ②气门间隙； ③压缩压力； ④预热系统； ⑤喷油器和喷油泵； ⑥EGR 系统； ⑦发动机 ECU
工作粗暴	①燃油系统； ②EGR 系统； ③发动机 ECU	①喷油器； ②EGR 系统； ③发动机 ECU
冒黑烟	①燃油系统； ②EGR 系统； ③发动机 ECU	①喷油器和喷油泵； ②EGR 系统； ③发动机 ECU
冒白烟	①燃油系统； ②预热系统； ③EGR 系统； ④发动机 ECU	①喷油泵、喷油器和燃油滤清器； ②预热系统； ③EGR 系统； ④发动机 ECU
喘振（转速波动）	①燃油系统； ②发动机 ECU	①喷油器和喷油泵； ②发动机 ECU
加速不良	①压缩压力； ②燃油系统； ③EGR 系统； ④燃油压力传感器； ⑤进气节流控制系统； ⑥发动机 ECU	①压缩压力； ②抽油泵、喷油器和燃油滤清器； ③EGR 系统； ④燃油压力传感器； ⑤进气节流控制系统； ⑥发动机 ECU

续　表

故障现象	可能故障原因	检查内容
工作粗暴	①燃油系统， ②EGR 系统； ③燃油压力传感器	①喷油器和输油泵； ②EGR 系统； ③燃油压力传感器
冒黑烟	①燃油系统； ②EGR 系统； ③燃油压力传感器； ④进气节流控制系统； ⑤发动机 ECU	①喷油器和喷油泵； ②EGR 系统； ③燃油压力传感器； ④进气节流控制系统； ⑤发动机 ECU
冒白烟	①燃油系统； ②预热系统； ③EGR 系统； ④燃油压力传感器； ⑤进气节流控制系统； ⑥发动机 ECU	①抽油泵和燃油滤清器； ②预热系统． ③EGR 系统； ④燃油压力传感器； ⑤进气节流控制系统； ⑥发动机 ECU
喘振（转速波动）	①燃油系统； ②燃油压力传感器； ③发动机 ECU	①喷油器和输油泵； ②燃油压力传感器； ③发动机 ECU

☞学习工作页

<table>
<tr><td rowspan="2">学习工作页 2</td><td>学习单元</td><td colspan="4">运用故障自诊断系统检修柴油发动机失效保护系统故障</td></tr>
<tr><td>学习任务</td><td colspan="4">发动机动力下降故障的检修</td></tr>
<tr><td>姓　名</td><td></td><td>班　级</td><td></td><td>小　组</td><td></td></tr>
<tr><td>日　期</td><td></td><td>开始时间</td><td></td><td>结束时间</td><td></td></tr>
</table>

1. 判断题。

(1) 故障代码的读取一定需要解码器或软件设备。(　　)

(2) 发动机的动力下降不会和机油压力有关。(　　)

(3) 电控系统工作时，ECU 不断收到各种传感器输入的信号，也不断向执行机构输出指令信号，自我诊断系统就是根据这些信号来判断有无故障的。(　　)

(4) 国内电控柴油机普遍不能利用故障诊断灯进行读取故障闪码。(　　)

(5) 当重要传感器失效无法确定喷油正时和喷油量时，或 ECU 内部发生故障无法按正常控制程序工作时，失效保护系统将按设定的程序控制喷油正时和喷油量，使柴油机维持基本运转功能，以便驾驶员能够将车开到最近的维修站（厂）检修。(　　)

2. 分析题。

(1) 简述发动机功率下降故障诊断所需的设备器材。

(2) 简述电控柴油发动机故障自诊断系统的工作原理。

(3) 简述电控柴油发动机失效保护系统的工作原理。

指导教师评语：

____

____

教师签字：________________　日期：______年______月______日

单元 8　诊断与排除电控柴油发动机综合故障

☞学习情境

某旅游汽车公司车队拥有一批金龙旅游大巴，专用于在旅游景区专线接送游客。据车队负责人反映，该车队的拥有几十台大巴车都装备了康明斯 ISBe 电控柴油发动机，目前车辆行驶了 5 万公里，实施统一的维护保养制度，执行情况良好。因此绝大部分车的使用令人满意，但就是其中有一台车出现了发动机启动困难，就算启动起来了也出现发动机运转不稳而且发动机动力不足的故障现象，上个星期到检测站年检时还发现发动机排放不正常。联系了某公司技术人员来检查发动机，也没有发现发动机的故障原因所在，但是确定发动机的机械部分没有任何故障。

目前发动机的上述故障依旧。请通过检测诊断设备对发动机的电控系统进行故障诊断，并对故障进行排除。

☞单元学习目标

通过本单元的学习，应能：

1. 明确柴油发动机电控燃油喷射系统故障检修流程；
2. 使用柴油发动机电控系统检测与诊断设备；
3. 诊断柴油发动机电控系统典型故障（发动机启动困难、发动机运转不稳、发动机动力不足、发动机排放不正常），并分析其原因；
4. 确定柴油发动机电控系统检修项目。

☞学习信息资源

1. 各汽车生产厂商的网页；
2. 维修手册；
3. 有关安全的法律、法规；
4. 提供各类维修知识和维护资料的网站。

☞学习场所和设备

学习的环境和使用的设备有：

1. 车间或模拟车间；

2. 个人防护用品、用具；
3. 汽车维修设备、解码器和工具；
4. 安全的工作环境和工作场所；
5. 装备有电控发动机的车辆。

☞单元学习任务

为了掌握诊断与排除电控柴油发动机综合故障的能力，本单元安排的学习任务有：

任务1 诊断与排除电控柴油发动机综合故障综述；

任务2 发动机动力下降故障的检修。

☞学习引导

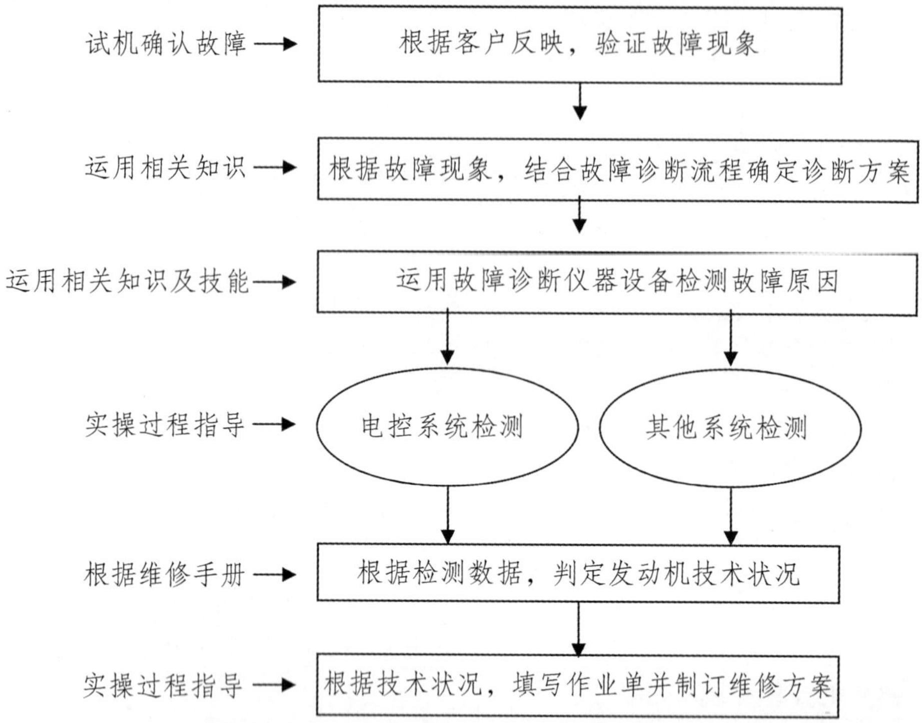

学习任务8.1 诊断与排除电控柴油发动机综合故障综述

☞学习目标

通过本任务的学习，完成任务后能够回答以下问题：

1. 会叙述柴油发动机电控燃油喷射系统故障诊断流程；
2. 掌握发动机运转不稳故障的诊断步骤；
3. 掌握发动机动力不足的检修步骤；
4. 掌握发动机排放不正常的检修步骤。

☞学习信息

8.1.1　柴油发动机电控燃油喷射系统故障检修流程

电控柴油机燃油系统通过各种传感器检测出发动机的实际运行状态，送入电控单元进行计算和处理，可以对喷油时间、喷油压力和喷油率进行最佳控制。由于采用了电子控制技术，故与传统的柴油机故障检修流程相比又有其独特之处：

1. 静态模式读取和清除故障码。

故障码检查。确认故障代码是现行故障代码还是非现行故障代码。若为非现行故障代码，则清楚该故障代码，重启系统试机即可。

2. 症状确认。

若为现行故障代码，则表明发动机目前有现行故障在起作用。

3. 动态故障代码检查。

运用故障诊断仪器设备对故障代码进行读取分析，读取故障代码信息，为检修提供参考依据。

4. 电路检查。

根据故障代码信息检查相应电控系统的电路。

5. 部件检查。

根据故障代码信息检查相应电控系统的传感器、执行器。

6. 调整、设定、激活或维修。

通过对电路和部件的检查，对故障部位或部件进行调整、设定、激活或维修。

7. 试车检验。

在对电控系统进行检修的过程中，也要注意下列安全事项：

（1）禁止使用大功率仪器，避免对电控单元产生无线电干扰。

（2）在拆除蓄电池的搭铁线前，先读取 ECU 中的故障代码。

（3）检修燃油系统时，先对油路进行卸压。

（4）在拆卸和插接线路或元件连接器之前，点火开关一定要置于“ON”位。

8.1.2　使用柴油发动机电控系统检测与诊断设备

以康明斯 ISBe 高压共轨柴油机为例。现今在用的柴油机电控系统大多具有故障诊断功能，该系统检查从传感器输入的信号是否正确、软件操作是否有错误，以及电子控制模块（ECU/ECM）中的驱动电路是否发生了故障。当诊断系统检测到一个故障时，就会在存储器重记录下该故障和相应的发动机运行参数数值，这为发动机故障的检测与诊断带来了极大的便利，大大提高了故障检测与诊断的准确性和效率。

因此对故障代码的读取在电控系统检修过程中就显得尤为重要，我们常常采用的检测和诊断方法主要有：

1. 故障闪码诊断法。

目前，国内电控柴油机普遍可以利用故障诊断灯读取故障闪码。在发动机运行过程中，如果电控系统出现故障，则汽车仪表盘上的故障指示灯亮进行故障报警。在进行故障诊断时，按一定的操作程序，可以通过闪码灯的闪烁读取故障代码，对柴油机电控系统进行初步诊断。此方法不需要专用诊断仪，方便有效。故障闪码的读取方法与步骤如下：

（1）点火钥匙开关处于接通位置。

（2）按下—松开故障诊断请求开关。

（3）闪码灯将报出闪码。

（4）每一次操作只闪烁一个闪码，直至循环至第一个为止。

（5）闪码由三位数组成。

注意：闪码闪烁时间和间隔时间可以由发动机厂自行定义。

2. 专用诊断仪诊断法：

用专用故障诊断仪可以进行更进一步的判断。

<table>
<tr><td colspan="4">故障诊断设备组成</td></tr>
<tr><td>项目</td><td>名称</td><td>数量</td><td rowspan="6">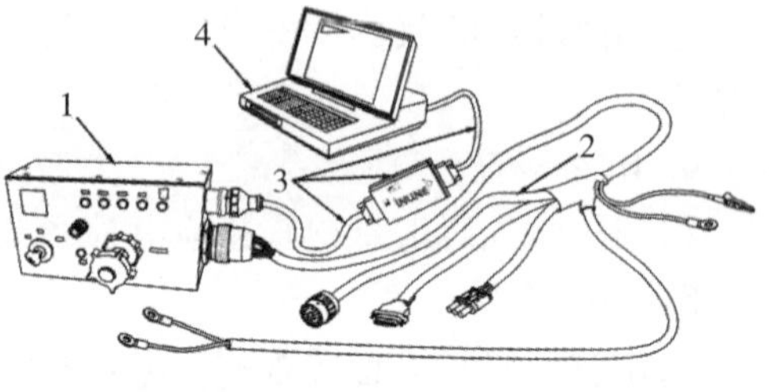
</td></tr>
<tr><td>1</td><td>发动机控制器</td><td>1</td></tr>
<tr><td>2</td><td>发动机控制线束（ISBe and ISB four – cylinder）</td><td>1</td></tr>
<tr><td>3</td><td>INLINE™5 适配器工具包</td><td>1</td></tr>
<tr><td>4</td><td>INSITE™ – 装备的个人手提电脑</td><td>1</td></tr>
<tr><td colspan="3"></td></tr>
<tr><td colspan="4">故障诊断设备安装</td></tr>
<tr><td colspan="3">1. 小心地拉开连接头插销并拆开插头。
2. 将发动机控制线束连接到 ECM 上的 89 针 OEM 插头上。</td><td>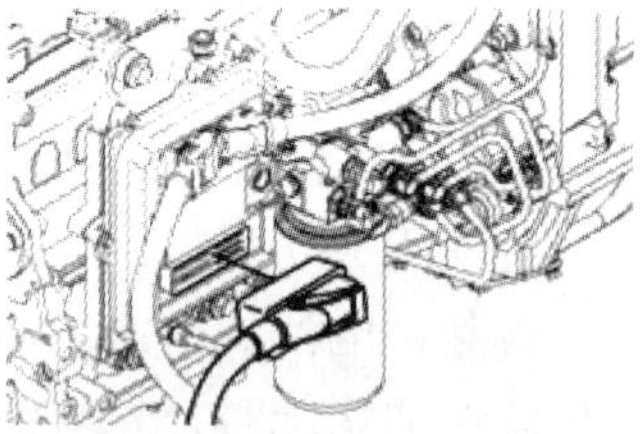</td></tr>
<tr><td colspan="3">1. 连接发动机控制线束的两针 Metri – Pack 插头到油水分离器的插头上。
2. 拆开四针 Weather – Pack 插头上的短接帽，零件号为 3164250，如果需要，连接格栅加热器。
3. 连接四针 Weather – Pack 插头到格栅加热器的插头。</td><td>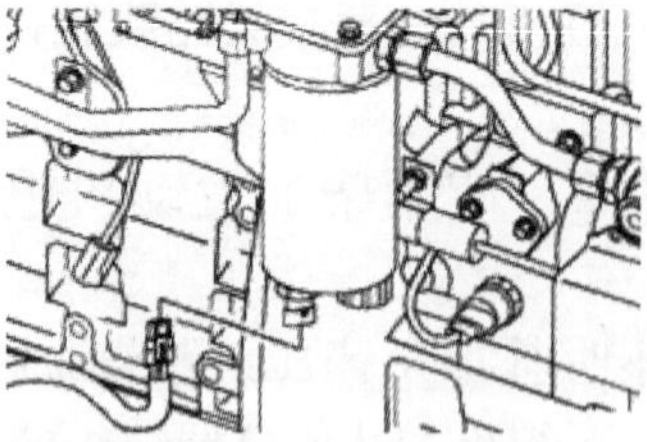</td></tr>
</table>

1. 连接发动机控制线束到发动机控制器，要用一台装有 INSITE 服务工具的手提电脑来监测电路是否正常运行，采用合适的 INLINE 数据适配器包。 2. 将手提电脑连接到发动机控制器上。	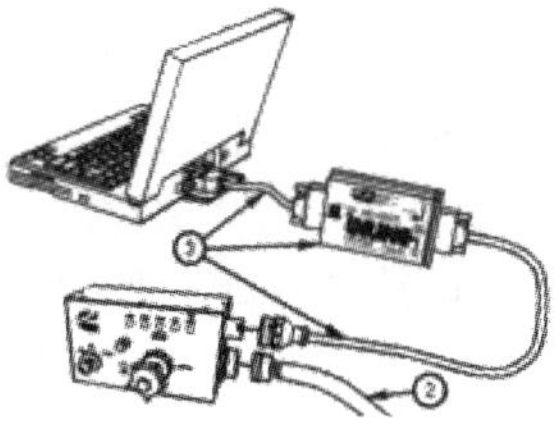
＊　蓄电池会放射出爆炸性气体，为减少人身伤害，维修蓄电池时车间要经常通风。为避免碰火，先将电池负极拆下并绑在负极的另一端 ＊　注意：使用 CM870 的 ISX，CM850 的 ISB，CM870 的 ISM，并使用零件号为 3164242 的线束的发动机，要将黑色的线连接到缸体地线上 1. 将控制线束上的红色端头连接到蓄电池的正极上。 2. 将控制线束上的黑色端头连接到蓄电池的负极上。	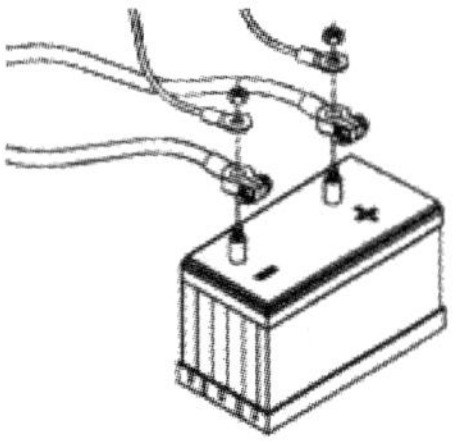
＊　检查红色的线已连接到蓄电池正极端，黑色线已连接在负极端，如果安装出错则会导致设备和发动机的损坏 1. 当电源接通并打开点火开关至附加挡或 ON 位置时，控制器指示灯亮。 2. 如果指示灯不亮，则关闭电门开关至 OFF 位置，检查红色线是否接正极，黑色线是否接负极。 3. 打开点火开关至 ON 位置，发动机控制器上的 STOP，WARN，MAINT，WAIT TO START 灯应点亮，此灯大约点亮 30 s。如果没有故障代码，灯随后会熄灭。 ＊　如果 STOP 指示灯（红色），或 WARN 指示灯（黄色）持续点亮，则使用 INSITE™ 电控服务工具和相应的服务文献来诊断发动机故障代码	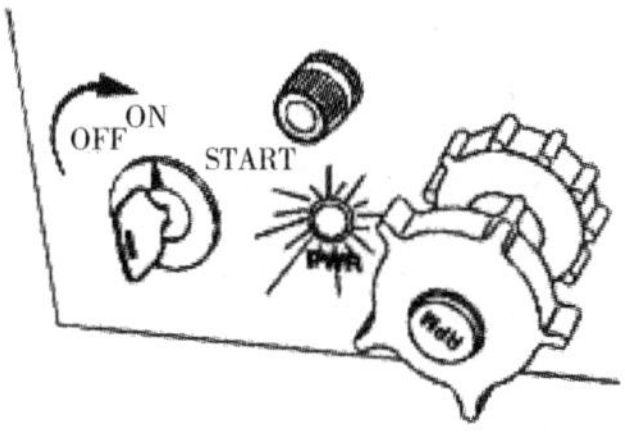 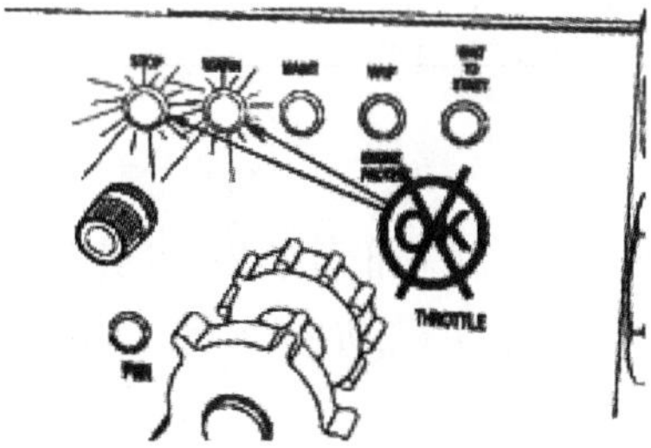
故障诊断设备操作	
＊　起动发动机前检查冷却液及润滑油的油位是否正常。如不正常则有可能导致发动机故障 ＊　起动发动机 将钥匙开关放到 START 位置直到发动机起动后再放开。	

1. 缓慢逆时针方向旋转油门旋钮来增大发动机转速。 2. 缓慢顺时针方向旋转油门旋钮来降低发动机转速。 3. 将点火开关钥匙关到 OFF 位置来使发动机停止运行。	
故障诊断软件 INSITE 的使用	
* 进行 INSITE 软件的硬件连接。首先关闭电门钥匙，找到发动机上的诊断连接口，将数据连接线连接上，将此线连接到通信适配器上，再用通信线连接通信适配器到电脑。这样，硬件连接部分就完成了 * 打开桌面上的 INSITE 软件图标，进入 INSITE 使用界面 * 打开电门钥匙，从 INSITE 软件界面上选择 Add new 选项，进入连接部分。在依次选定连接类型（Cummins Adapter 或 Cummins Simulator）、串口、适配器类型、通讯协议、连接名称等后，将当前连接设置为现行连接，并点击连接按钮即进行了连接 * 发动机连接上后，就可根据需要来进行故障诊断所需的读取故障码、进行 ECM 测试、进行标定、数据监测等工作	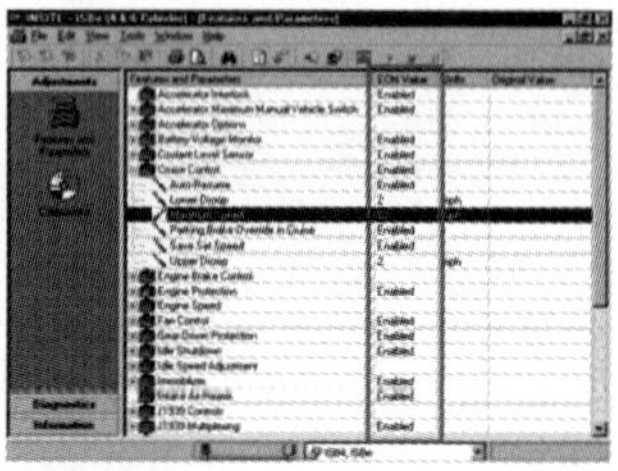

8.1.3 明确柴油发动机电控系统典型故障（发动机起动困难、发动机运转不稳、发动机动力不足、发动机排放不正常）及检修项目和故障排除方法

1. 以康明斯 ISBe 为例，发动机起动困难故障的检修步骤如下：

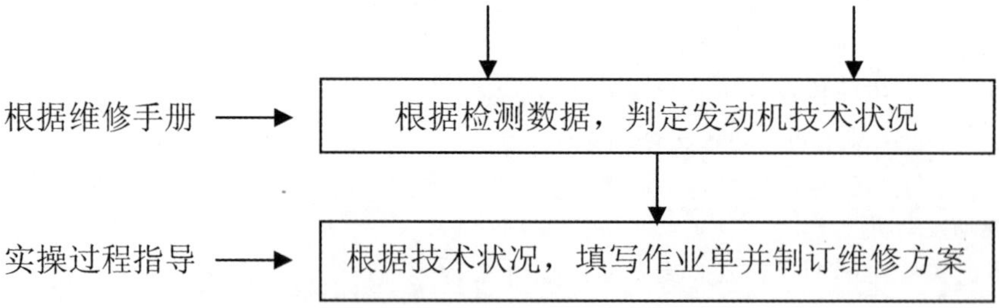

2. 以康明斯 ISBe 为例，发动机运转不稳故障的检修步骤如下：

故障原因	故障排除
燃油箱中燃油油位较低	加注燃油箱
检查故障代码	用 INSITE 电子服务软件读取故障码
蓄电池电压过低	检查蓄电池电压，充电或更换蓄电池
发动机拖动转速过低	用手持转速计检查发动机拖动转速，是否低于 150r/min，如果低于就检查起动机
燃油滤清器堵塞	测量燃油滤清器前后的燃油压力
发动机转速传感器或电路发生故障	检查发动机转速传感器是否正确调整，传感器上有无碎屑。检查发动机转速传感器及其电路
燃油系统泄漏	检查燃油管、管接头和燃油滤清器是否泄漏
燃油系统中有空气	排除空气
燃油电子控制执行器故障	检查燃油电子控制执行器，给予更换
输油泵故障	检查输油泵输出压力，给予修复或更换
喷油器故障	检查喷油器故障，更换
燃油泵故障	检查燃油泵输出压力，给予修复或更换
进排气系统堵塞	检查堵塞情况，排除故障
ECM 故障	检查重新标定 ECM，或更换 ECM
发动机内部机械故障	检修机械故障并排除

3. 以康明斯 ISBe 为例，发动机动力不足故障的检修步骤如下：

故障原因	故障排除
燃油箱中燃油油位较低	加注燃油箱
检查故障代码	用 INSITE 电子服务软件读取故障码
燃油滤清器堵塞	测量燃油滤清器前后的燃油压力
J1939 控制装置与发动机控制装置相互干扰	断开干扰装置
加速踏板或油门操纵杆故障	运用 INSITE 检查踏板或操纵杆的百分比读数。更换故障部件
燃油电子控制执行器故障	检查燃油电子控制执行器，给予更换
燃油系统泄漏	检查燃油管、管接头和燃油滤清器是否泄漏
发动机转速传感器或电路发生故障	检查发动机转速传感器是否正确调整，传感器上有无碎屑。检查发动机转速传感器及其电路
燃油系统中有空气	排除空气
喷油器故障	检查喷油器故障，更换
燃油泵故障	检查燃油泵输出压力，给予修复或更换
扭转减振器损坏	检查扭转减振器
发动机内部机械故障	检修机械故障并排除

4. 以康明斯 ISBe 为例，发动机排放不正常故障的检修步骤如下：

故障原因	故障排除
燃油箱中燃油油位较低	加注燃油箱
检查故障代码	用 INSITE 电子服务软件读取故障码
燃油滤清器堵塞	测量燃油滤清器前后的燃油压力
燃油系统泄漏	检查燃油管、管接头和燃油滤清器是否泄漏
燃油电子控制执行器故障	检查燃油电子控制执行器，给予更换
燃油泵溢流阀故障	检查燃油泵溢流阀，更换
燃油压力减压阀故障	测量回油管阻力，更换
加速踏板受限	应用 INSITE 软件检测加速踏板的操作百分比数。排除踏板故障
进气歧管压力传感器及其电路故障	检查进气歧管压力传感器及其电路
燃油系统中有空气	排除空气
喷油器故障	检查喷油器故障，更换
燃油泵故障	检查燃油泵输出压力，给予修复或更换
进气系统故障	检查进气系统
发动机内部机械故障	检修机械故障并排除

8.1.4 排除柴油发动机电控系统典型故障（发动机起动困难、发动机运转不稳、发动机动力不足、发动机排放不正常）的方法

故障原因	故障排除
检查故障代码	用 INSITE 电子服务软件读取故障码
进气歧管压力传感器故障	检查进气歧管压力传感器及其电路
燃油滤清器堵塞	测量燃油滤清器前后的燃油压力
燃油电子控制执行器故障	检查燃油电子控制执行器，给予更换
喷油器故障	检查喷油器故障，更换
燃油泵溢流阀故障	检查燃油泵溢流阀，更换
冷却液温度传感器故障	检查冷却液温度传感器及其线路
进气歧管压力传感器故障	检查进气歧管压力传感器及其线路
燃油系统中有空气	排除空气
进气系统故障	检查进气系统
发动机内部机械故障	检修机械故障并排除

学习任务 8.2 发动机起动困难故障的检修

☞学习目标

通过本任务的学习，完成任务后能够回答以下问题：

1. 掌握发动机起动困难故障检修所需的设备及工具；

2. 掌握发动机起动困难的故障的诊断方法。

☞学习信息

8.2.1　任务说明

以旅游汽车公司所属金龙大巴的康明斯 ISBe 故障发动机为任务实施对象，根据故障诊断的故障树检测排除流程进行检修。运用康明斯电控系统 INSITE 软件和故障诊断设备进行检修。

8.2.2　技术标准与要求

1. 每个学员独立完成此项目。
2. 技术标准：

按照康明斯 ISBe 发动机故障维修手册，以故障树为故障排查流程依据。

检修完毕试机检验。

8.2.3　设备器材

1. 康明斯 INSITE 软件；
2. 康明斯数据适配器；
3. 笔记本电脑；
4. 气压表；
5. 油压表；
6. 万用表；
7. 拆装工具；
8. 手持式转速检测仪。

8.2.4　作业准备

1. 清洁发动机；
2. 清洁工具设备；
3. 准备作业单。

8.2.5 操作步骤

	（1）试机，确认故障。
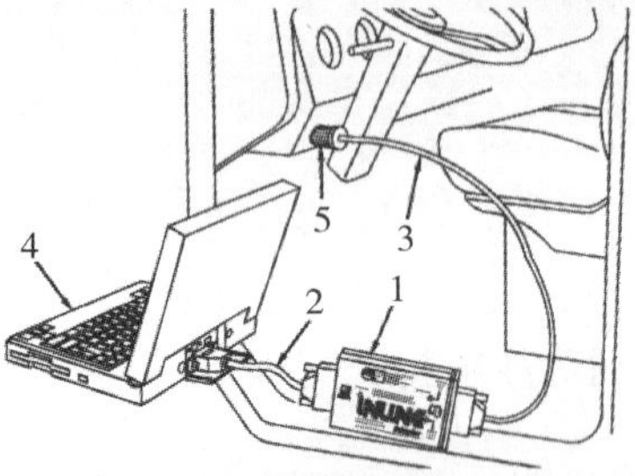	（2）通过数据线连接 INLINE 到 ECM 故障诊断接口，通过数据线连接笔记本电脑到 INLINE。
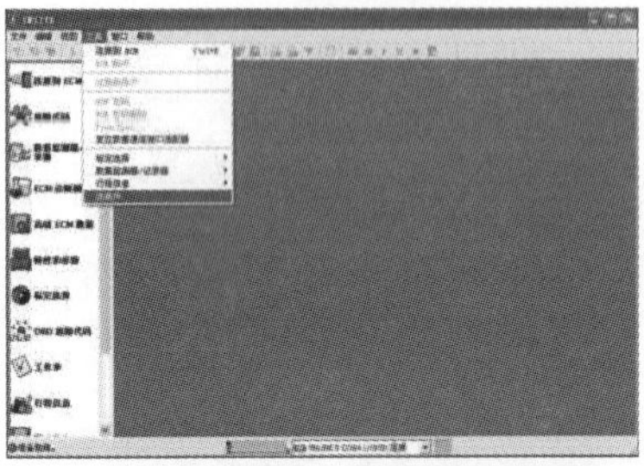	（3）读取故障代码，并根据故障代码的故障诊断树进行检修。
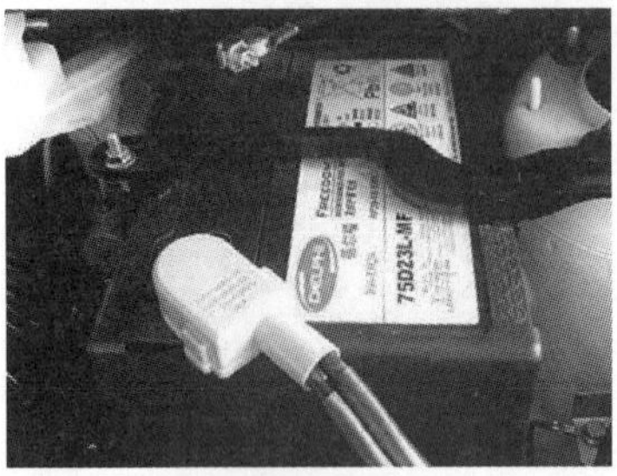	（4）检查蓄电池电压，充电或更换蓄电池。
	（5）用手持转速计检查发动机拖动转速，是否低于 150 r/min，如果低于就检查起动机。

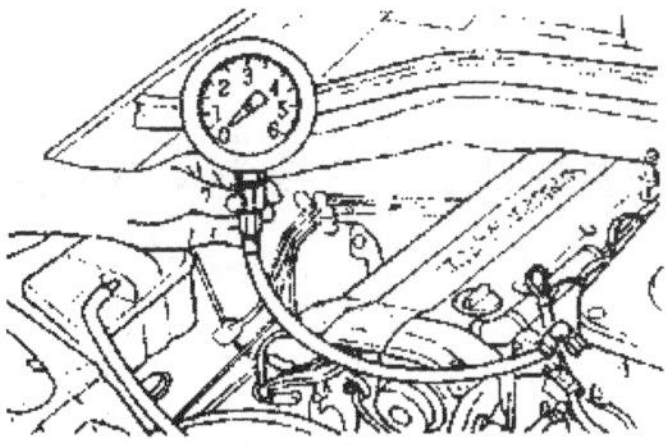	（6）测量燃油滤清器前后的燃油压力。
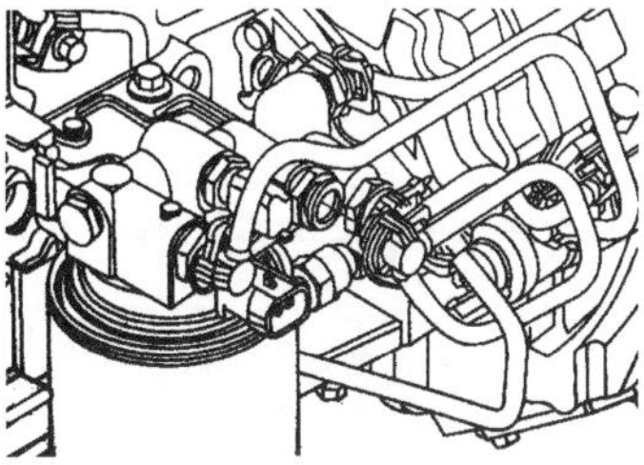	①拆下输油泵到燃油滤清器进口的低压燃油管。
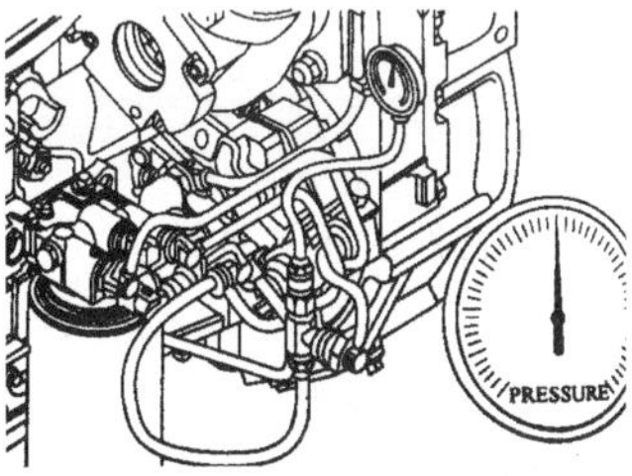	②将燃油压力表连接到燃油滤清器座，重新安装低压燃油管。
	③测量低怠速下的燃油压力。要求燃油滤清器进口处的压力为 0.5～1.3 MPa。如果压力低于标准值，说明输油泵可能损坏。
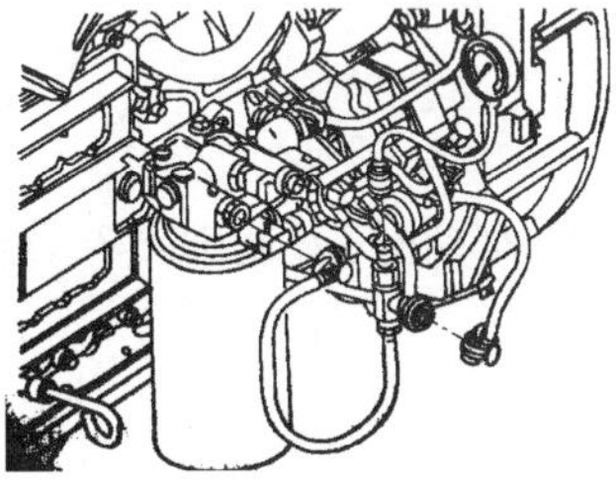	④从燃油滤清器出口拆下低压油管，安装燃油压力表重新连接低压燃油管。
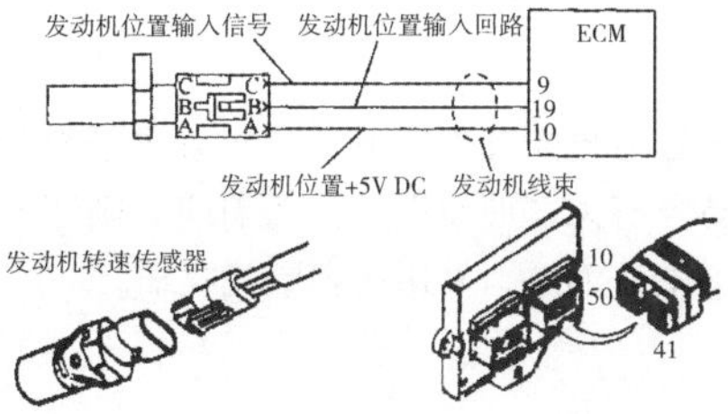	（7）检查发动机转速传感器是否正确调整，传感器上有无碎屑。检查发动机转速传感器及其电路。

	（8）检查燃油管、管接头及燃油滤清器是否泄漏。
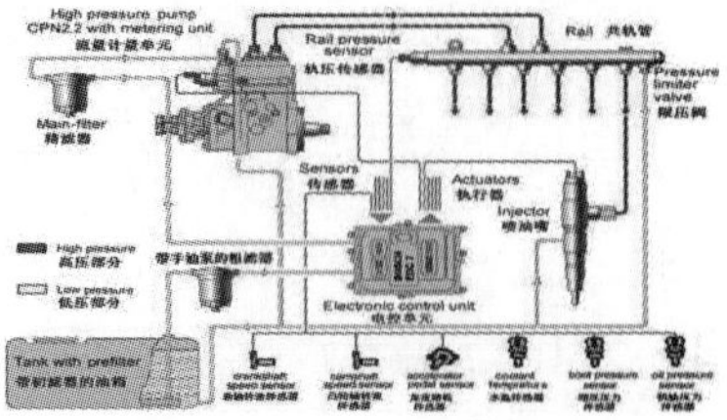	（9）检查燃油系统中有无空气，并排除空气。
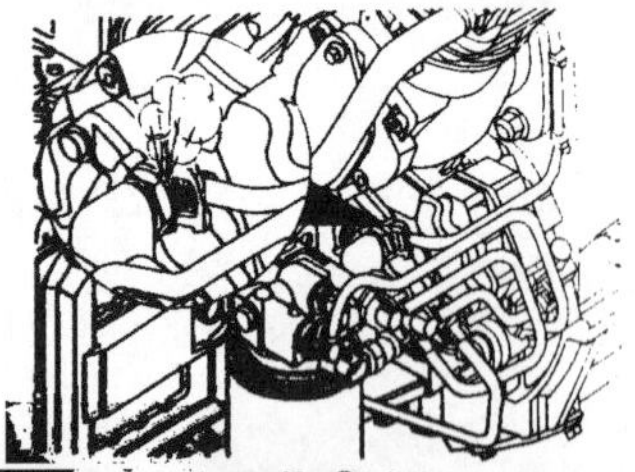	①连接油压表到输油泵前端。
	②怠速运转发动机，检查有无气泡，如果系统中连续出现气泡几分钟，则确定燃油中有空气。检查管路及接头，密封处理。
	（10）检查燃油电子控制执行器，给予更换。
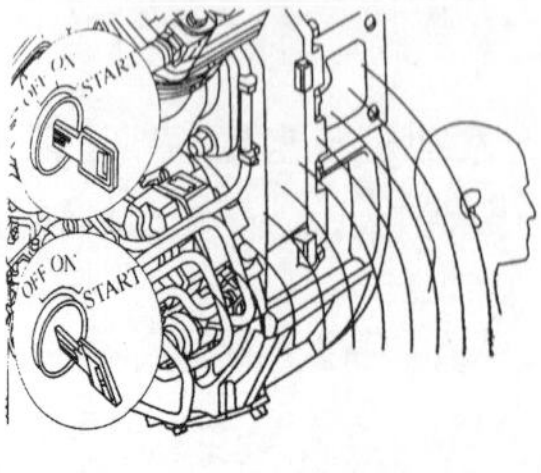	①接通再断开电源开关，检查电子燃油控制执行器有无“咔哒”声，没有声音则证实故障。 ②清洗油泵，并用压缩空气吹干。

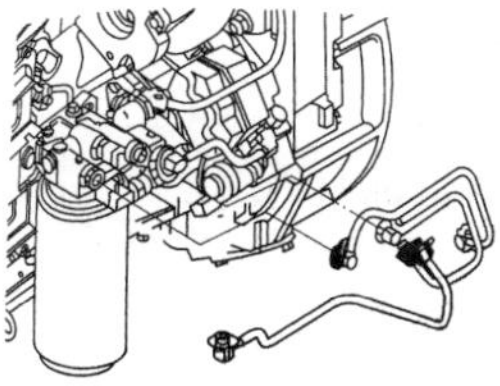	③拆下燃油泵的低压油管。 ④拆下螺栓和燃油控制执行器。
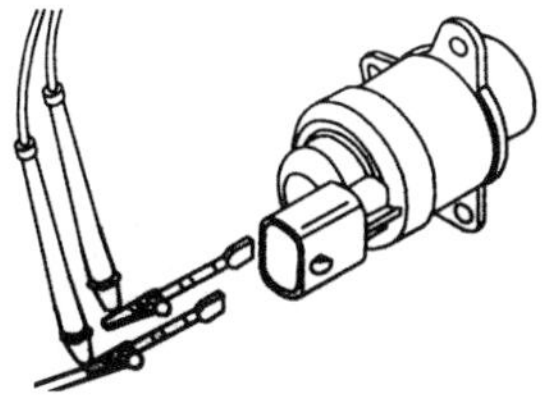	⑤测量燃油压力控制阀电磁线圈电阻，即测量1号、2号触针间电阻值。 ⑥正常值应为1～2.2 Ω。
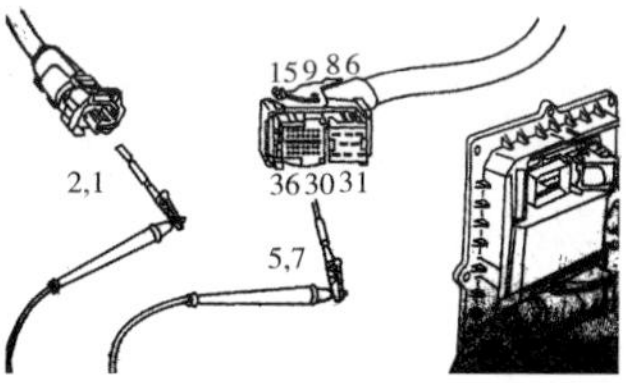	⑦检查线路是否开路： *　分别测量36针连接器中的5号触针和执行器连接头的2号触针；36针连接器的7号触针和执行器连接头的1号触针间电阻 *　电阻小于10 Ω为正常
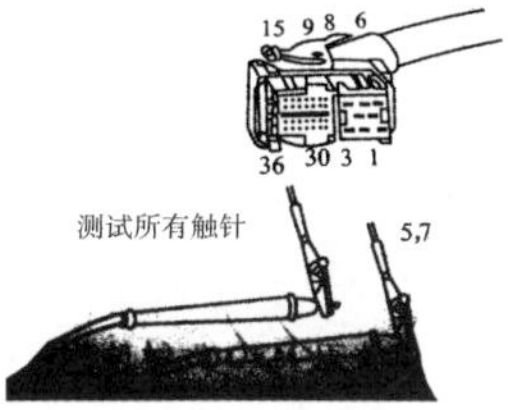	⑧检查36针连接器中的触针线路是否短路： *　分别测量36针连接器中的5号、7号触针和36针连接器的其他触针间电阻 *　电阻大于100 Ω为正常
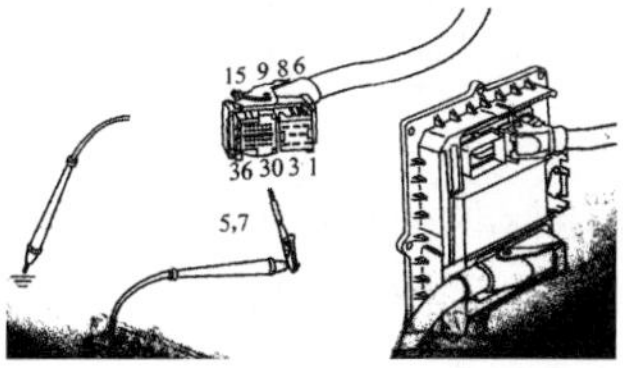	⑨检查36针连接器中5号和7号触针线路是否接地： *　分别测量36针连接器中的5号触针及7号触针和机体间的电阻 *　电阻大于100 Ω为正常
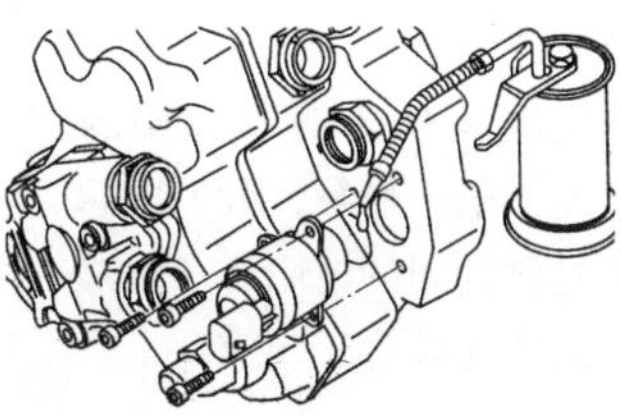	⑩对故障执行器做更换处理。 ⑪对线路故障做修复处理。 ⑫安装电子燃油控制执行器。 ⑬安装低压燃油管。

	（11）检查输油泵输出压力。给予修复或更换。
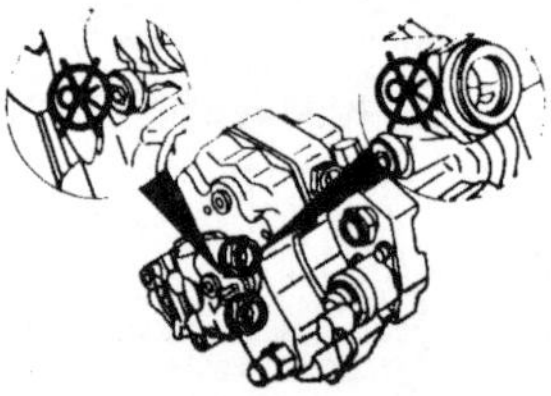	①检查齿轮式输油泵是否泄漏，以及壳体和燃油管是否损坏。
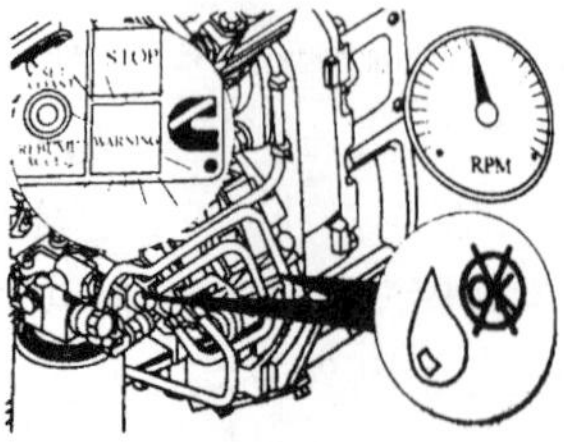	②连接油压表到输油泵输出油管，检测油压是否符合技术标准。
	（12）检查喷油器故障。更换。
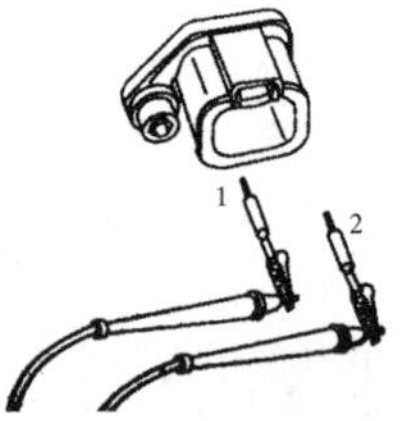	①检查喷油器电路电阻。 * 测量喷油器连接器中的 1 号与 2 号触针间的电阻 * 电阻标准值应小于 0.5 Ω ②否则喷油器电磁阀线圈故障，建议更换。
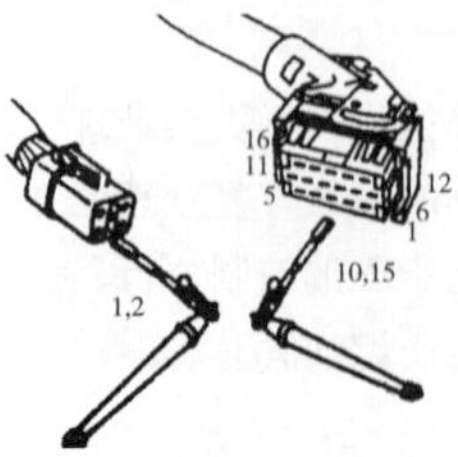	③检查电路是否开路。 * 分别测量 16 针连接器中的 10 号触针和 4 针连接器中的 1 号触针间的电阻，以及 15 号触针与 2 号触针间的电阻 * 电阻值应该小于 10 Ω

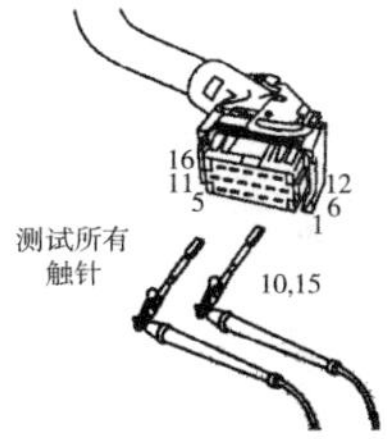	④检查触针与触针间是否短路。 *　分别测量 16 针连接器中的 10 号触针、15 号触针与该连接器中的其他触针间的电阻 *　电阻应该大于 100 Ω
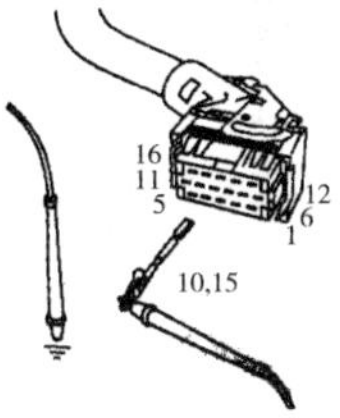	⑤检查线路是否短路接地。 *　分别测量 16 针连接器中的 10 号触针、15 号触针与发动机机体间的电阻 *　正常电阻应大于 100 Ω
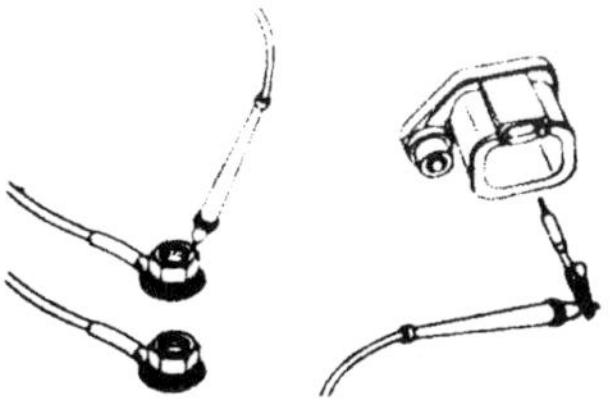	⑥检查线路是否存在开路。 *　分别测量 4 针连接器中的 2 号触针、1 号触针与接在 2 号喷油器上的引线螺母间的电阻 *　正常电阻应该小于 10 Ω
	⑦检查 4 针连接器中触针与触针间是否短路。 *　分别测量 4 针连接器中的 2 号触针、1 号触针与该连接器中的其他触针间的电阻 *　电阻应大于 100 kΩ
	⑧检查 4 针连接器是否短路接地。 *　分别测量 4 针连接器中的 2 号触针、1 号触针与机体间的电阻 *　电阻应大于 100 kΩ
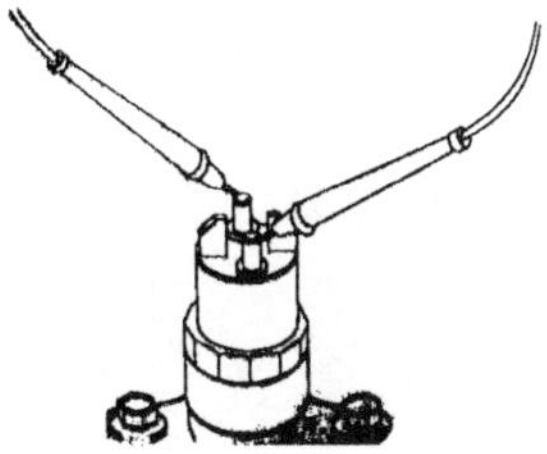	⑨检查喷油器电磁线圈电阻。 *　测量 2 号喷油器两个线圈端子间的电阻 *　电阻应小于 0.5 Ω

	(13) 检查燃油泵输出压力，给予修复或更换：通过 INSITE 检测燃油泵的输出压力是否在正常范围内。
	(14) 检查进排气系统是否有堵塞，排除故障。
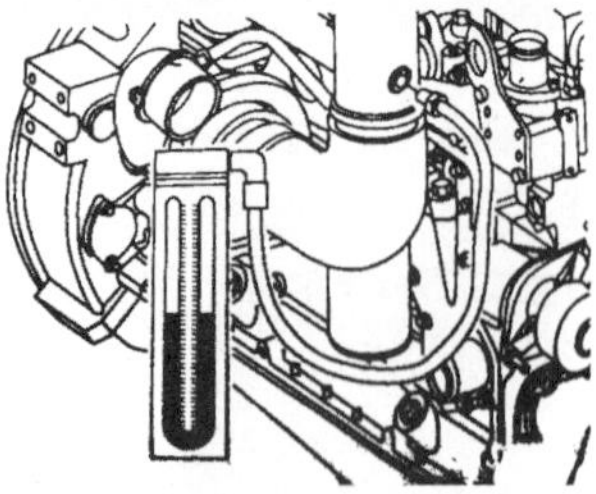	①安装压力表到进气管。
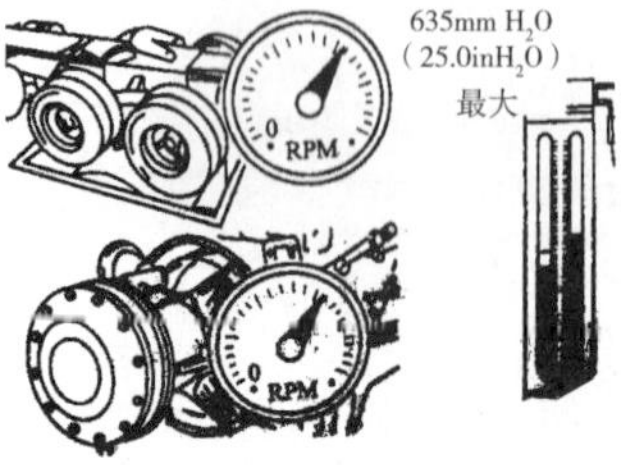	②油门全开，大负荷运转及在额定转速下记录压力表的读数，规定最大进气阻力为 633 mmH_2O，如果进气阻力超过基数规范，更换或清洁空气滤清器。
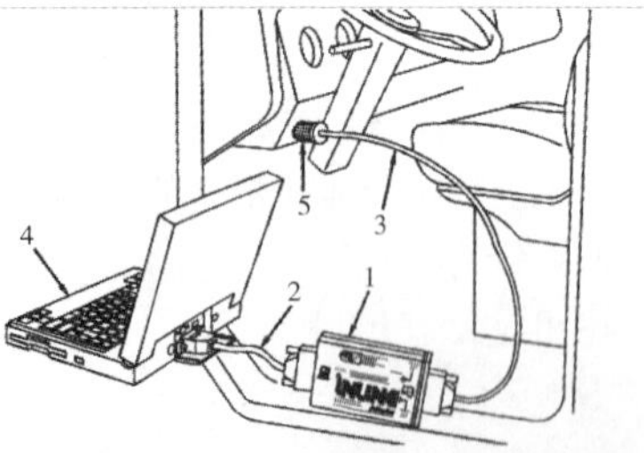	(15) 检查重新标定 ECM，或更换 ECM。
	(16) 检修机械故障并排除故障。

☞学习工作页

<table>
<tr><td rowspan="2">学习工作页 2</td><td>学习单元</td><td colspan="4">诊断与排除电控柴油发动机综合故障</td></tr>
<tr><td>学习任务</td><td colspan="4">发动机起动困难故障的检修</td></tr>
<tr><td>姓　名</td><td></td><td>班　级</td><td></td><td>小　组</td><td></td></tr>
<tr><td>日　期</td><td></td><td>开始时间</td><td></td><td>结束时间</td><td></td></tr>
</table>

发动机起动困难故障的检修作业记录单

检修步骤	检修结果记录	是否正常
是否燃油箱中燃油油位较低		
检查故障代码		
是否蓄电池电压过低		
是否发动机拖动转速过低		
是否燃油滤清器堵塞		
是否发动机转速传感器或电路发生故障		
是否燃油系统泄漏		
是否燃油系统中有空气		
是否燃油电子控制执行器故障		
是否输油泵故障		
是否喷油器故障		
是否燃油泵故障		

是否进排气系统堵塞		
是否 ECM 故障		
是否发动机内部机械故障		
处理意见		
制定修复工艺		
维修记录		
指导教师评语： ____________________ ____________________ 教师签字：__________ 日期：_____年_____月_____日		

学习任务 8.3　发动机运转不稳故障的检修

☞学习目标

通过本任务的学习，完成任务后能够回答以下问题：

1. 掌握发动机运转不稳故障检修所需的设备及工具；
2. 掌握发动机运转不稳的故障诊断方法。

☞学习信息

8.3.1　任务说明

以旅游汽车公司所属金龙大巴的康明斯 ISBe 故障发动机为任务实施对象，根据故障诊断的故障树检测排除流程进行检修。运用康明斯电控系统 INSITE 软件和故障诊断设备进行检修。

8.3.2　技术标准与要求

1. 每个学员独立完成此项目。
2. 技术标准：

按照康明斯 ISBe 发动机故障维修手册，以故障树为故障排查流程依据。

检修完毕试机检验。

8.3.3　设备器材

1. 康明斯 INSITE 软件；
2. 康明斯数据适配器；
3. 笔记本电脑；
4. 气压表；
5. 油压表；
6. 万用表；
7. 拆装工具；
8. 手持式转速检测仪。

8.3.4　作业准备

1. 清洁发动机；
2. 清洁工具设备；
3. 准备作业单。

8.3.5 操作步骤

	(1) 试机，确认故障。
	(2) 检查燃油箱是否油位太低。
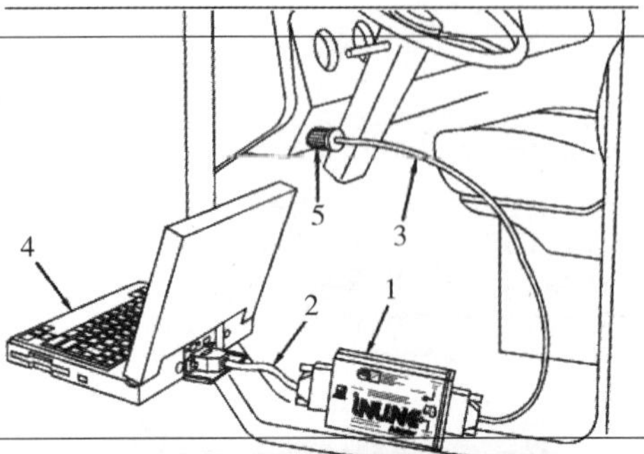	(3) 通过数据线连接 INLINE 到 ECM 故障诊断接口，通过数据线连接笔记本电脑到 INLINE。
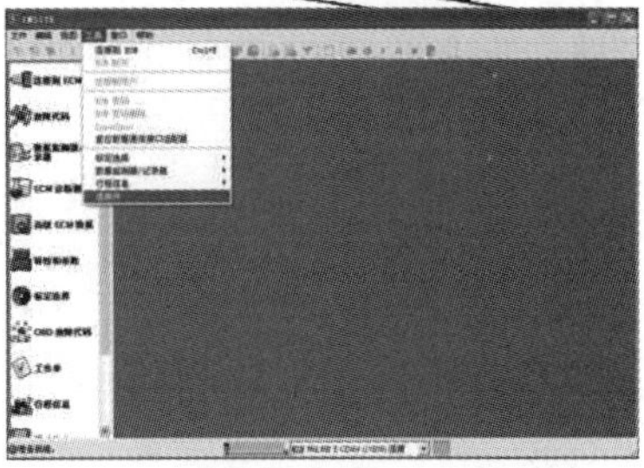	* 读取故障代码，并根据故障代码的故障诊断树进行检修
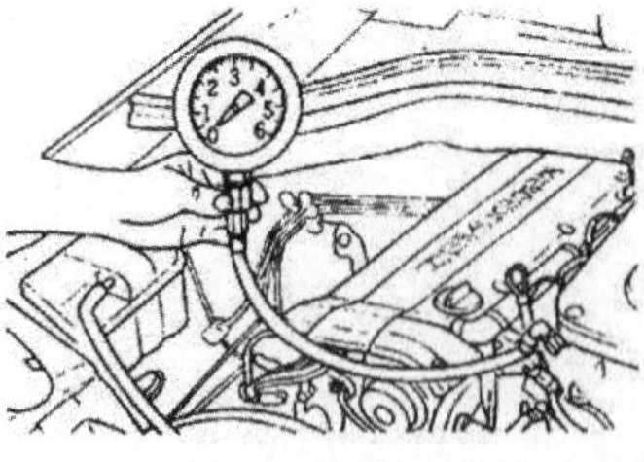	(4) 测量燃油滤清器前后的燃油压力。

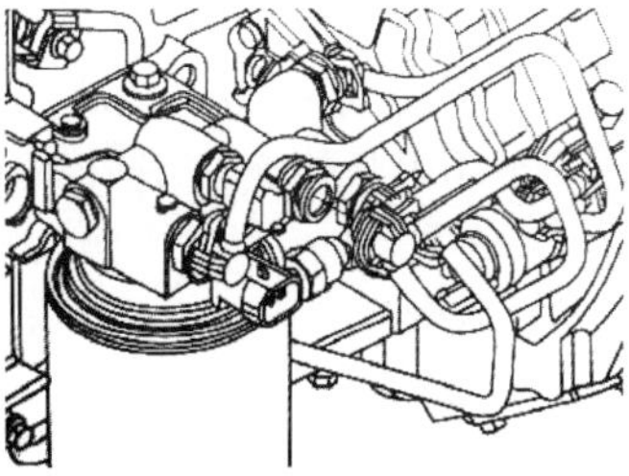	①拆下输油泵到燃油滤清器进口的低压燃油管。
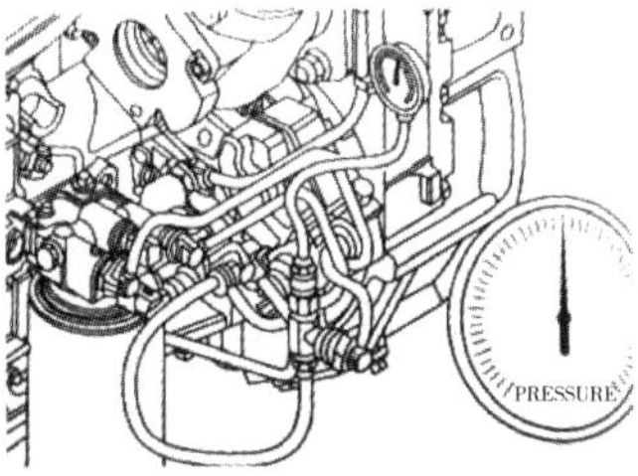	②将燃油压力表连接到燃油滤清器座，重新安装低压燃油管。
	③测量低怠速下的燃油压力。要求燃油滤清器进口处的压力为 0.5 ~ 1.3 MPa。如果压力低于标准值，说明输油泵可能损坏。
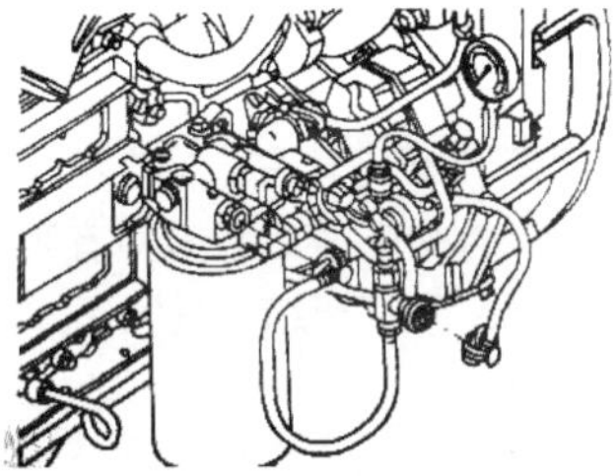	④从燃油滤清器出口拆下低压油管，安装燃油压力表重新连接低压燃油管。
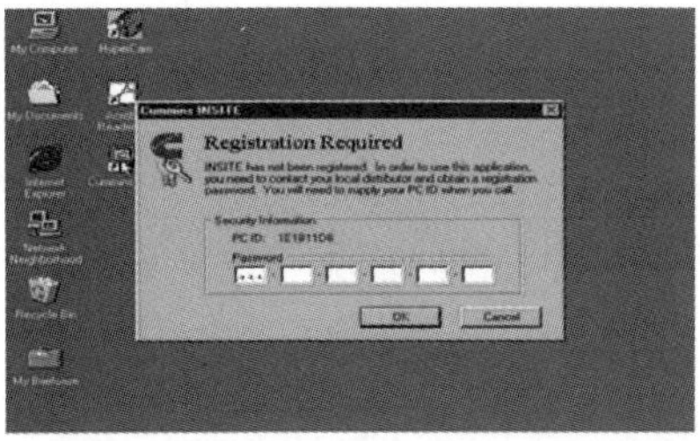	(5) J1939 控制装置与发动机控制装置相互干扰： 通过 INSITE 软件检查是否存在干扰问题并解除干扰。

	（6）加速踏板或油门操纵杆故障。 ①运用 INSITE 软件检查油门踏板的百分比读数与实际是否一致。 ②如果不一致则检测油门踏板位置传感器是否正常。
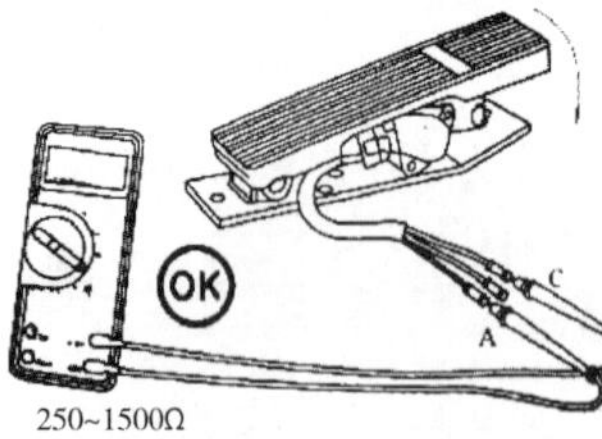	* 检测油门踏板 * 如果油门踏板故障则更换踏板
	（7）检查燃油电子控制执行器，给予更换。
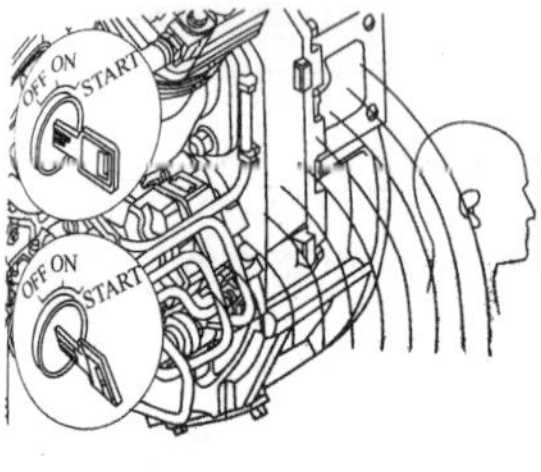	①接通再断开电源开关，检查电子燃油控制执行器有无“咔哒”声，没有声音则证实故障。 ②清洗油泵，并用压缩空气吹干。
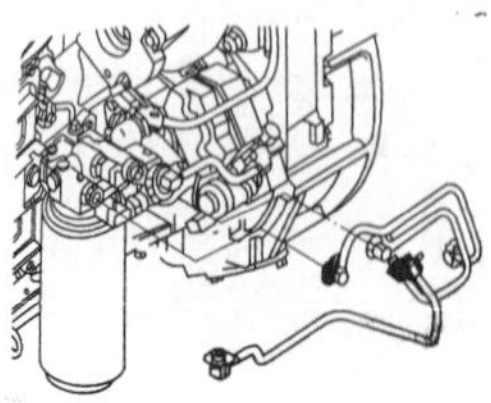	③拆下燃油泵的低压油管。 ④拆下螺栓和燃油控制执行器。

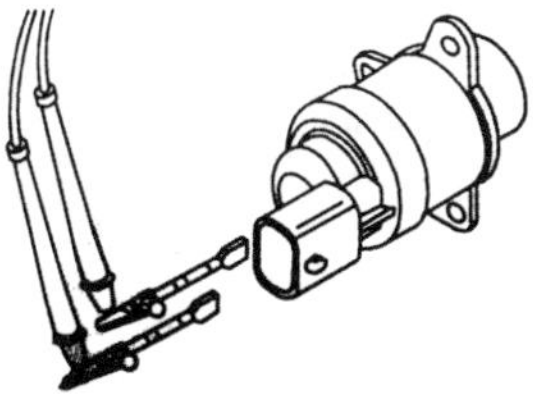	⑤测量燃油压力控制阀电磁线圈电阻，即测量1号和2号触针间电阻值。 正常值应为1～2.2 Ω。
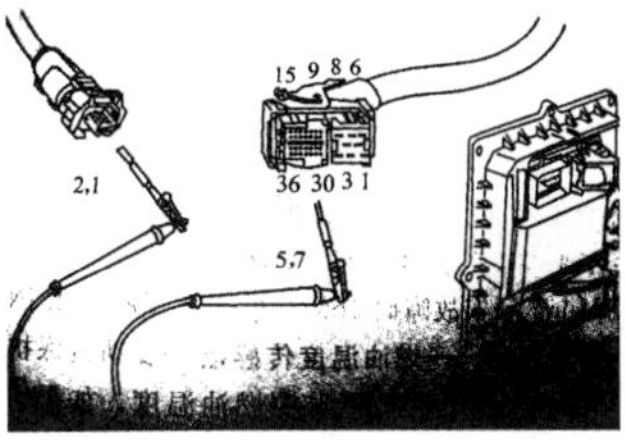	⑥检查线路是否开路。 ＊　分别测量36针连接器中的5号触针和执行器连接头的2号触针，36针连接器的7号触针和执行器连接头的1号触针间电阻 ＊　电阻小于10 Ω为正常
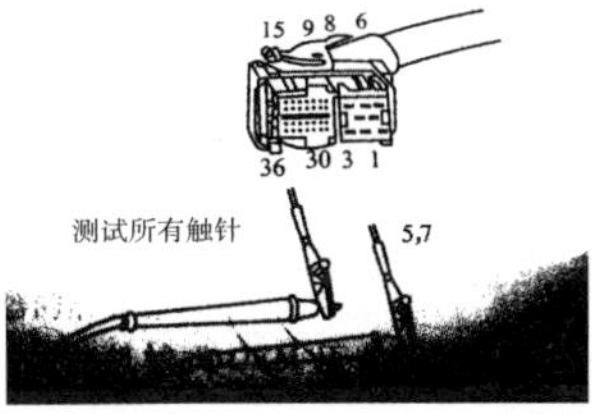	⑦检查36针连接器中的触针线路是否短路。 ＊　分别测量36针连接器中的5号、7号触针和36针连接器的其他触针间电阻 ＊　电阻大于100 Ω为正常
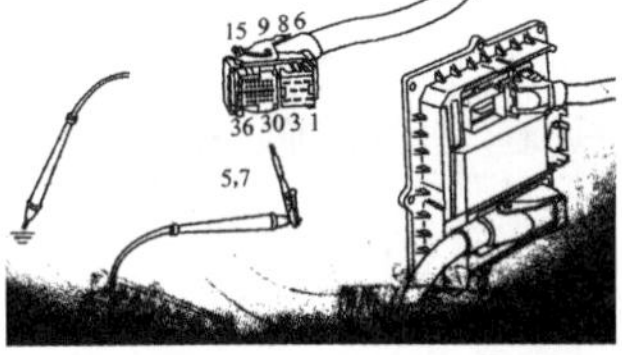	⑧检查36针连接器中5号和7号触针线路是否接地。 ＊　分别测量36针连接器中的5号触针及7号触针和机体间的电阻 ＊　电阻大于100 Ω为正常
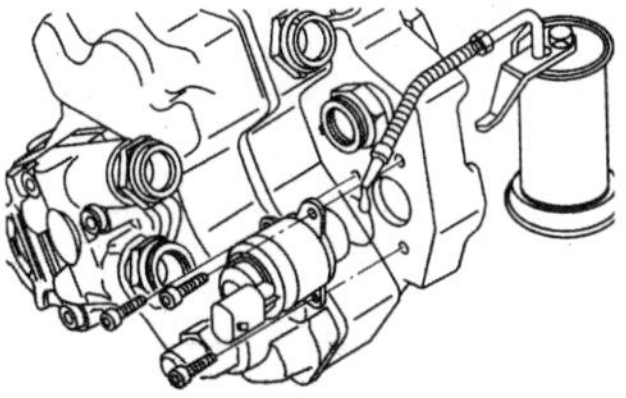	⑨对故障执行器做更换处理。 ＊　对线路故障做修复处理 ＊　安装电子燃油控制执行器 ＊　安装低压燃油管

	（8）检查燃油管、管接头及燃油滤清器是否泄漏。
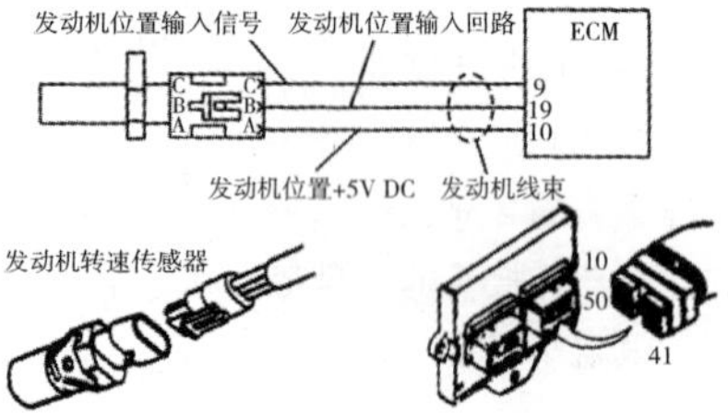	（9）检查发动机转速传感器是否正确调整，传感器上有无碎屑。检查发动机转速传感器及其电路。
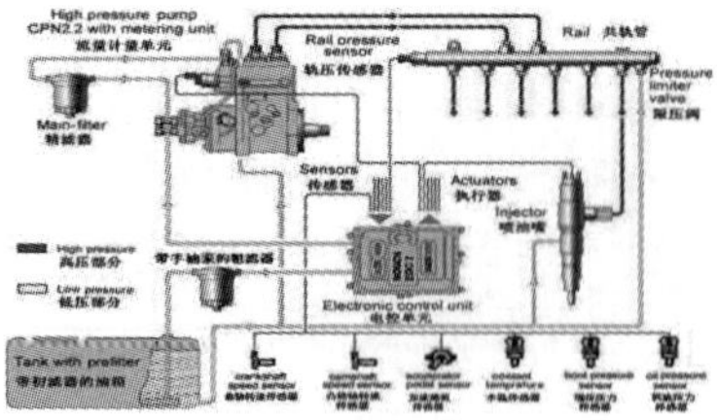	（10）检查燃油系统中有无空气，如有，排除空气。
	（11）检查喷油器故障。更换。
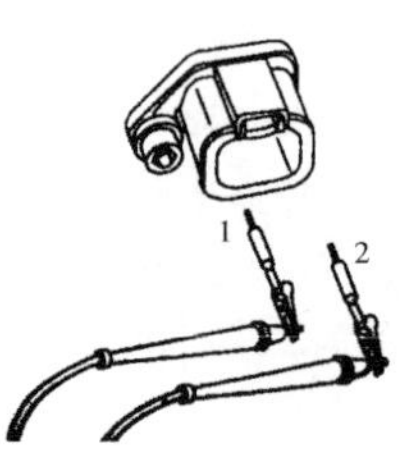	①检查喷油器电路电阻。 ＊　测量喷油器连接器中的 1 号与 2 号触针间的电阻 ＊　电阻标准值应小于 0.5 Ω ②否则喷油器电磁阀线圈故障，建议更换。

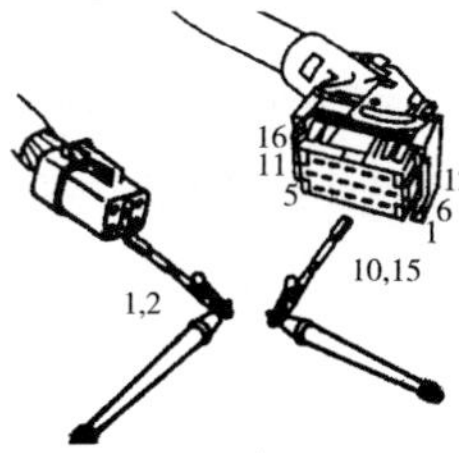	③检查电路是否开路。 ＊　分别测量 16 针连接器中的 10 号触针和 4 针连接器中的 1 号触针间的电阻，以及 15 号触针与 2 号触针间的电阻 ＊　电阻值应该小于 10 Ω
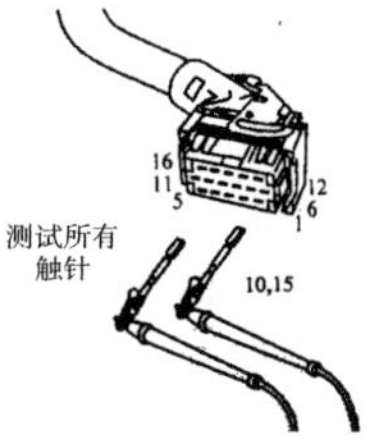	④检查触针与触针间是否短路。 ＊　分别测量 16 针连接器中的 10 号触针、15 号触针与该连接器中的其他触针间的电阻 ＊　电阻应该大于 100 Ω
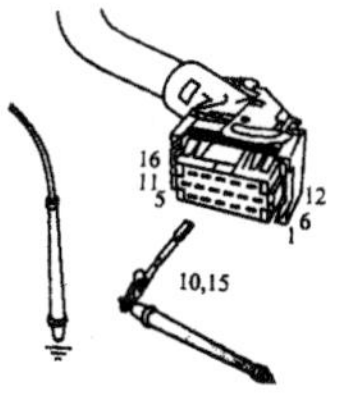	⑤检查线路是否短路接地。 ＊　分别测量 16 针连接器中的 10 号触针、15 号触针与发动机机体间的电阻 ＊　正常电阻应大于 100 Ω
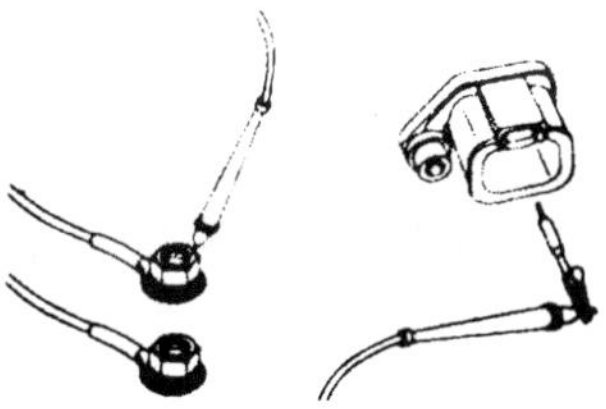	⑥检查线路是否存在开路。 ＊　分别测量 4 针连接器中的 2 号触针、1 号触针与接在 2 号喷油器上的引线螺母间的电阻 ＊　正常电阻应该小于 10 Ω
	⑦检查 4 针连接器中触针与触针间是否短路。 ＊　分别测量 4 针连接器中的 2 号触针、1 号触针与该连接器中的其他触针间的电阻 ＊　电阻应大于 100 Ω

	⑧检查 4 针连接器是否短路接地。 * 分别测量 4 针连接器中的 2 号触针、1 号触针与机体间的电阻 * 电阻应大于 100 Ω
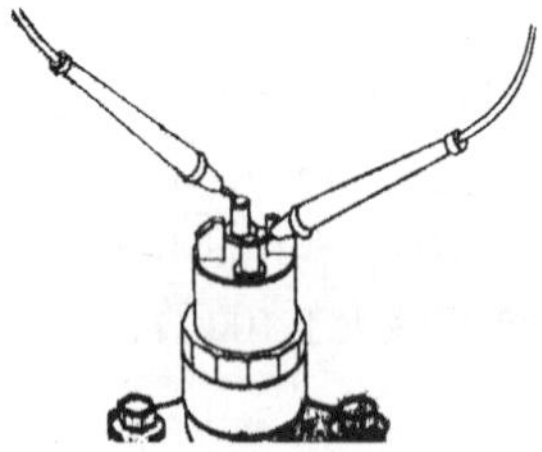	⑨检查喷油器电磁线圈电阻。 * 测量 2 号喷油器两个线圈端子间的电阻 * 电阻应小于 0.5 Ω
	(12) 检查燃油泵输出压力，给予修复或更换：通过 INSITE 检测燃油泵的输出压力是否在正常范围内
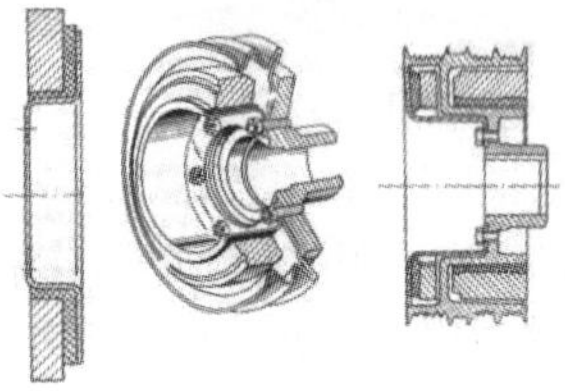 橡胶扭转减震器	(13) 检查扭转减震器是否有裂纹、松脱、缺失等故障，如果有就更换扭转减震器。
	(14) 检修机械故障并排除。

☞学习工作页

学习工作页 3	学习单元	诊断与排除电控柴油发动机综合故障
	学习任务	发动机运转不稳故障的检修

姓　名		班　级		小　组	
日　期		开始时间		结束时间	

发动机运转不稳故障的检修作业记录单

检修步骤	检修结果记录	是否正常
是否燃油箱中燃油油位较低		
检查故障代码		
是否燃油滤清器堵塞		
是否 J1939 控制装置与 发动机控制装置相互干扰		
是否加速踏板或油门操纵杆有故障		
是否燃油电子控制执行器故障		
是否燃油系统泄漏		
是否发动机转速传感器或电路发生故障		
是否燃油系统中有空气		
是否喷油器故障		
是否燃油泵故障		
是否曲轴扭转减震器故障		

是否发动机内部机械故障		
处理意见		
制定修复工艺		
维修记录		
指导教师评语： ____________________ ____________________ 教师签字：__________ 日期：____年____月____日		

学习任务 8.4　发动机动力不足故障的检修

☞学习目标

通过本任务的学习，完成任务后能够回答以下问题：

1. 掌握发动机动力不足故障检修所需的设备及工具；
2. 掌握发动机动力不足的故障诊断方法。

☞学习信息

8.4.1　任务说明

以旅游汽车公司所属金龙大巴的康明斯 ISBe 故障发动机为任务实施对象，根据故障诊断的故障树检测排除流程进行检修。运用康明斯电控系统 INSITE 软件和故障诊断设备进行检修。

8.4.2　技术标准与要求

1. 每个学员独立完成此项目。
2. 技术标准：

按照康明斯 ISBe 发动机故障维修手册，以故障树为故障排查流程依据。

检修完毕试机检验。

8.4.3　设备器材

1. 康明斯 INSITE 软件；
2. 康明斯数据适配器；
3. 笔记本电脑；
4. 气压表；
5. 油压表；
6. 万用表；
7. 拆装工具；
8. 手持式转速检测仪。

8.4.4　作业准备

1. 清洁发动机；
2. 清洁工具设备；
3. 准备作业单。

8.4.5 操作步骤

	（1）试机，确认故障。
	（2）检查燃油箱是否油位太低。
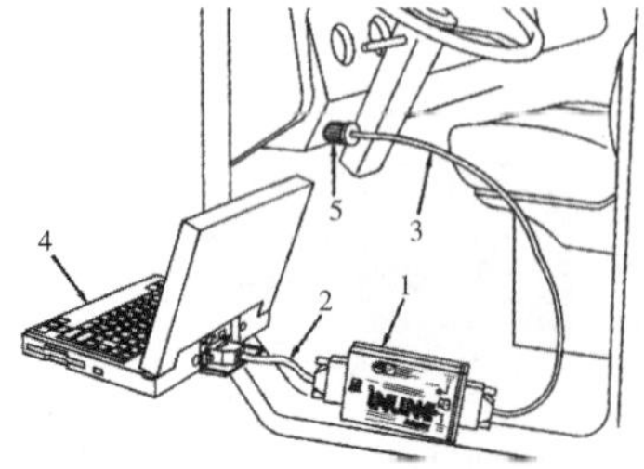	（3）通过数据线连接 INLINE 到 ECM 故障诊断接口，通过数据线连接笔记本电脑到 INLINE。
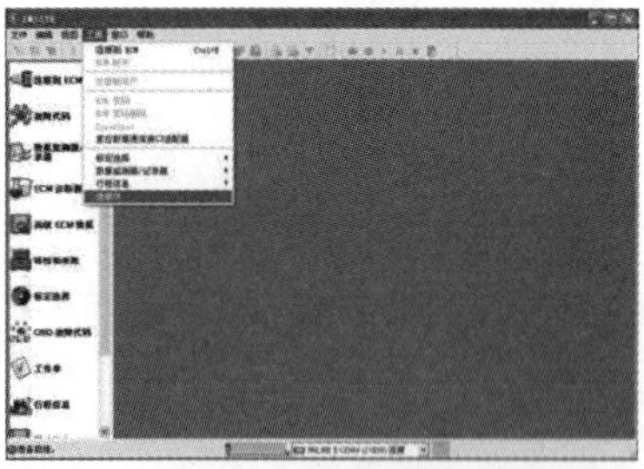	读取故障代码，并根据故障代码的故障诊断树进行检修。
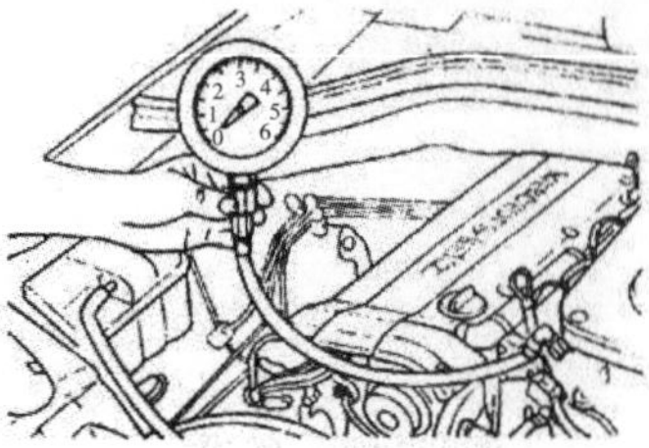	（4）测量燃油滤清器前后的燃油压力。

	①拆下输油泵到燃油滤清器进口的低压燃油管。
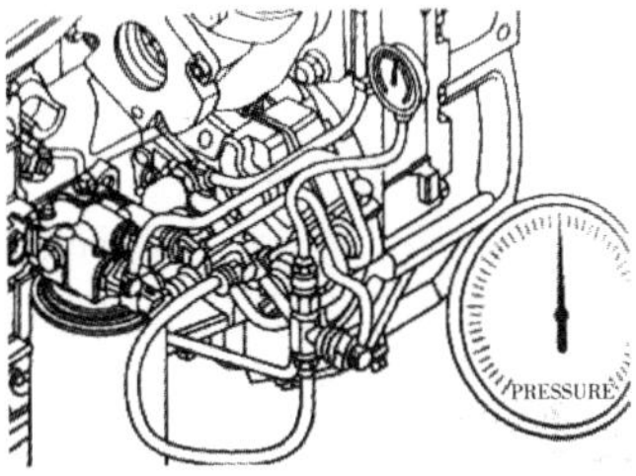	②将燃油压力表连接到燃油滤清器座，重新安装低压燃油管。
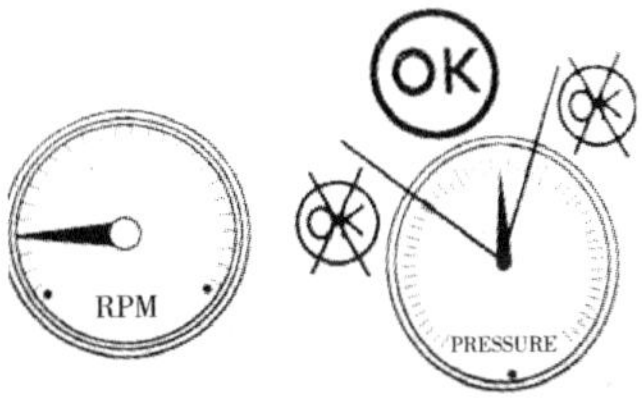	③测量低怠速下的燃油压力。要求燃油滤清器进口处的压力为 0.5 ~ 1.3 MPa。如果压力低于标准值，说明输油泵可能损坏。
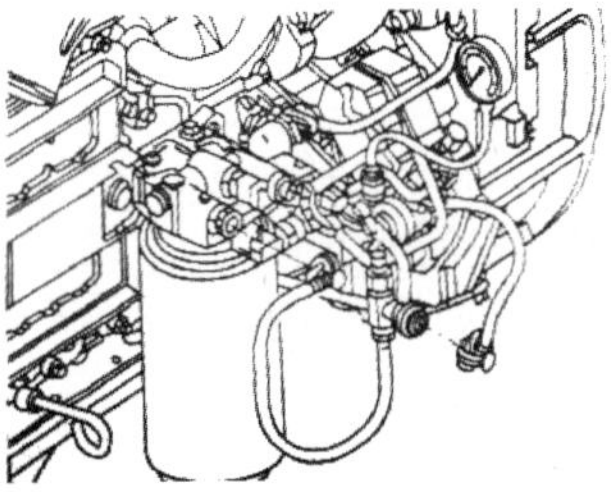	④从燃油滤清器出口拆下低压油管，安装燃油压力表重新连接低压燃油管。
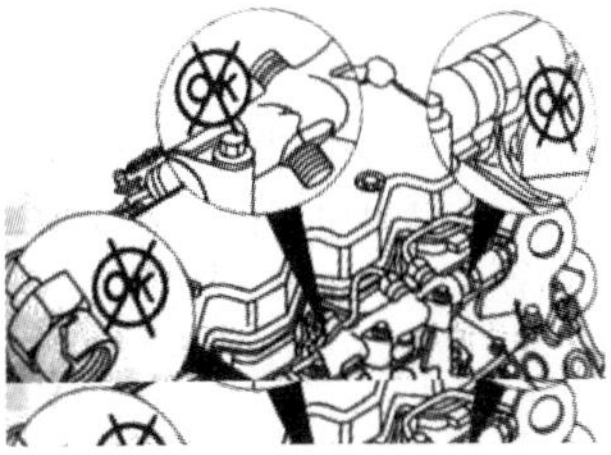	(5) 检查燃油管、管接头及燃油滤清器是否泄漏。

	（6）检查燃油电子控制执行器，给予更换。
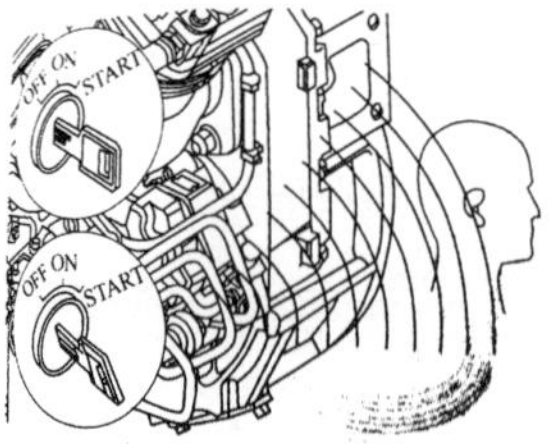	①接通再断开电源开关，检查电子燃油控制执行器有无“咔哒”声，没有声音则证实故障。 ②清洗油泵，并用压缩空气吹干。
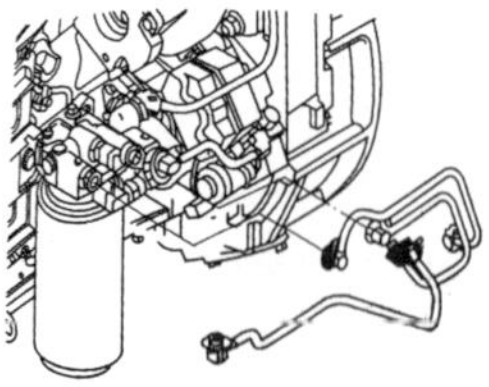	③拆下燃油泵的低压油管。 ④拆下螺栓和燃油控制执行器。
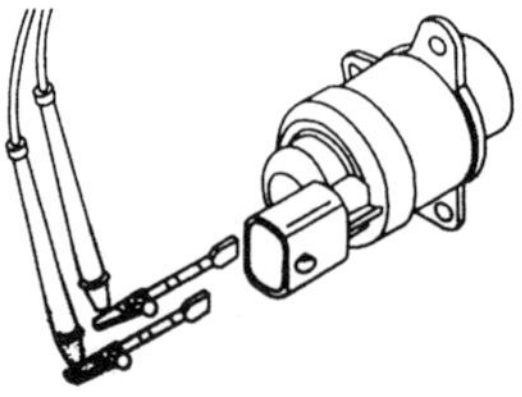	⑤测量燃油压力控制阀电磁线圈电阻，即测量1号2号触针间电阻值。 ⑥正常值应为1～2.2 Ω。
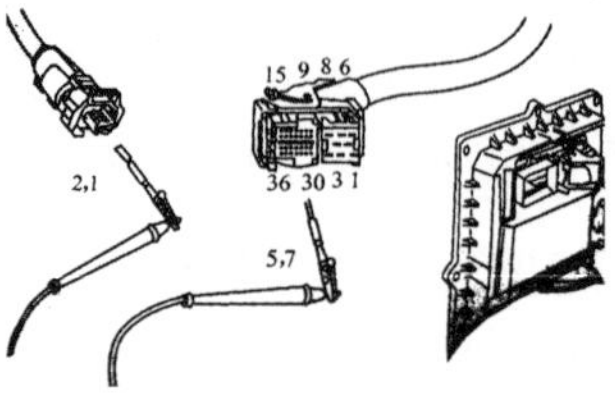	⑦检查线路是否开路。 ＊　分别测量36针连接器中的5号触针和执行器连接头的2号触针，36针连接器的7号触针和执行器连接头的1号触针间电阻 ＊　电阻小于10 Ω为正常

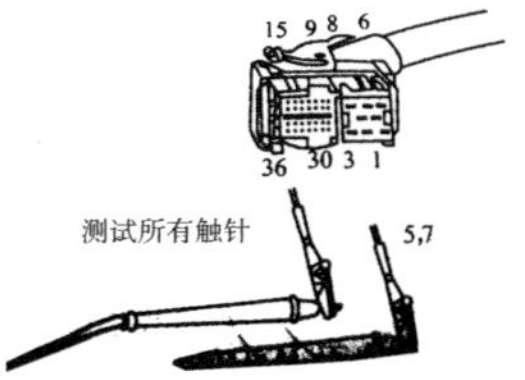	⑧检查 36 针连接器中的触针线路是否短路。 ＊　分别测量 36 针连接器中的 5 号、7 号触针和 36 针连接器的其他触针间电阻 ＊　电阻大于 100 Ω 为正常
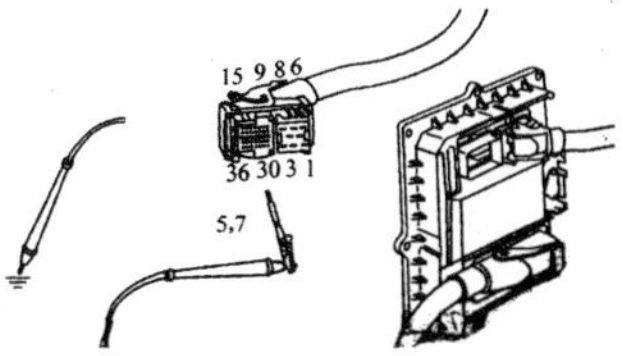	⑨检查 36 针连接器中的 5 号和 7 号触针线路是否接地。 ＊　分别测量 36 针连接器中的 5 号、7 号触针和机体间的电阻 ＊　电阻大于 100 Ω 为正常
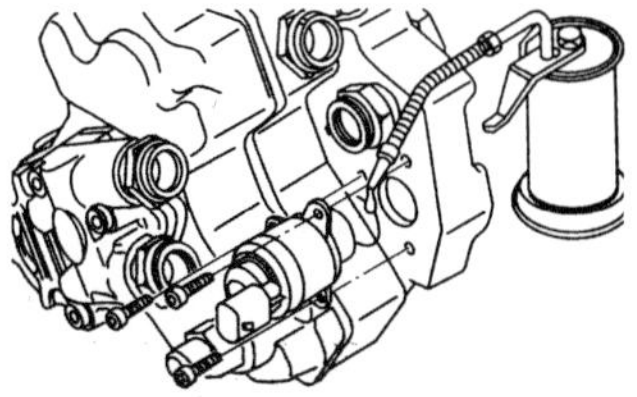	⑩对故障执行器做更换处理。 ⑪对线路故障做修复处理。 ⑫安装电子燃油控制执行器。 ⑬安装低压燃油管。
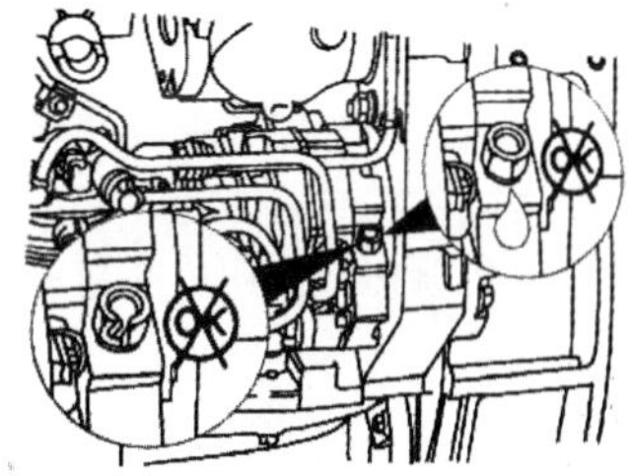	(7) 燃油泵溢流阀故障。 ①检查燃油泵回油溢流阀有无泄漏或损坏。
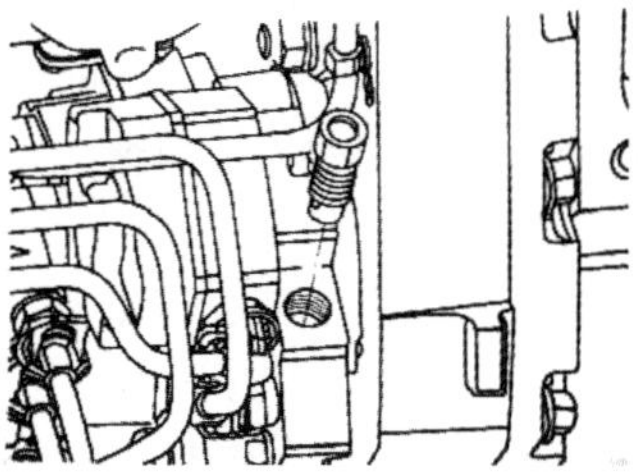	②拆卸燃油泵回油溢流阀。

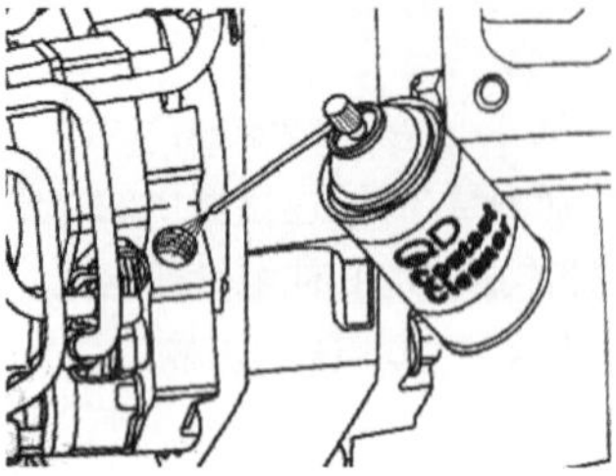	③清洁安装孔，安装燃油溢流阀。
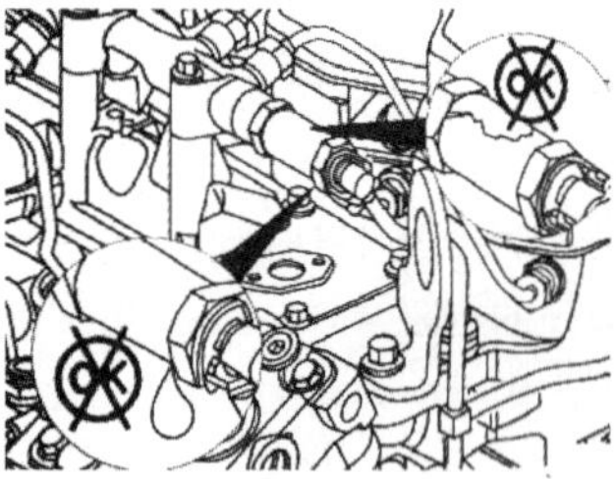	（8）燃油压力减压阀故障。 ①检查燃油压力减压阀有无泄漏或损坏。
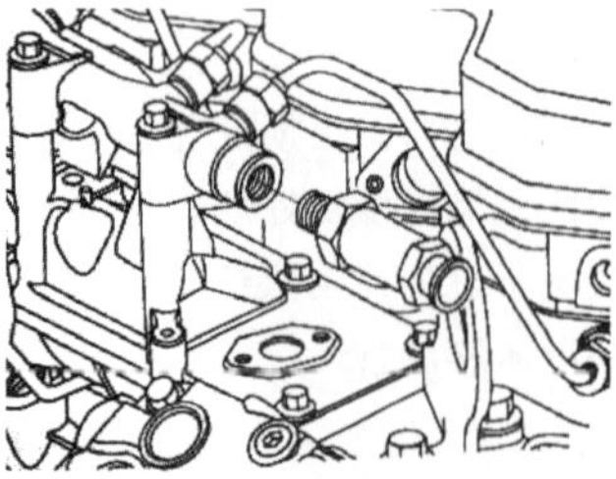	②拆卸下压力减压阀燃油管。 ③放掉压力减压阀中的燃油。
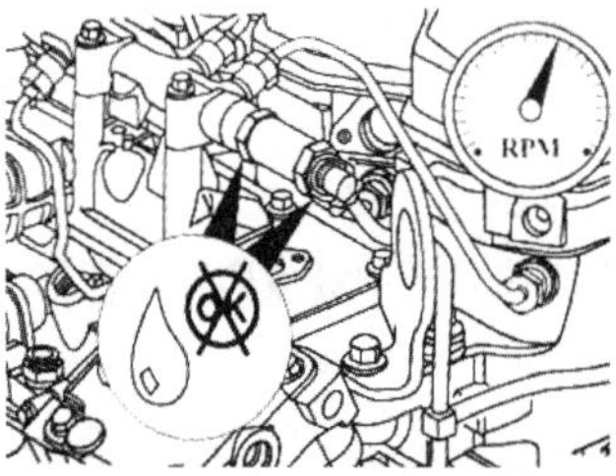	④安装压力减压阀，拧紧压力为 60 N・m。 ⑤连接压力减压阀的燃油管。 ⑥起动发动机检查燃油压力减压阀和燃油管有无泄漏。
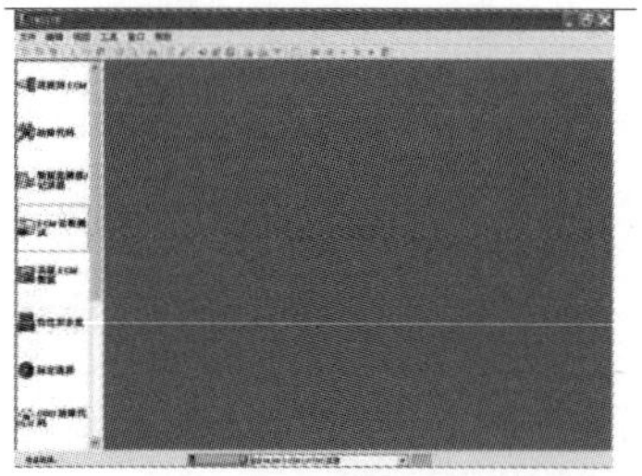	（9）加速踏板或油门操纵杆故障。 ①运用 INSITE 软件检查油门踏板的百分比读数与实际是否一致。 ②如果不一致则检测油门踏板传感器是否正常。

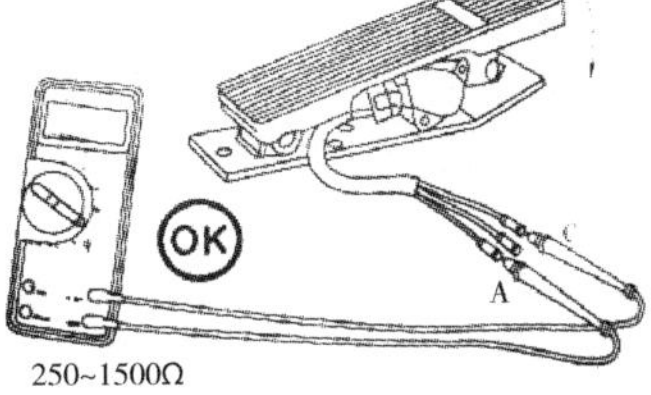	③检测油门踏板。 ④如果油门踏板故障则更换踏板。
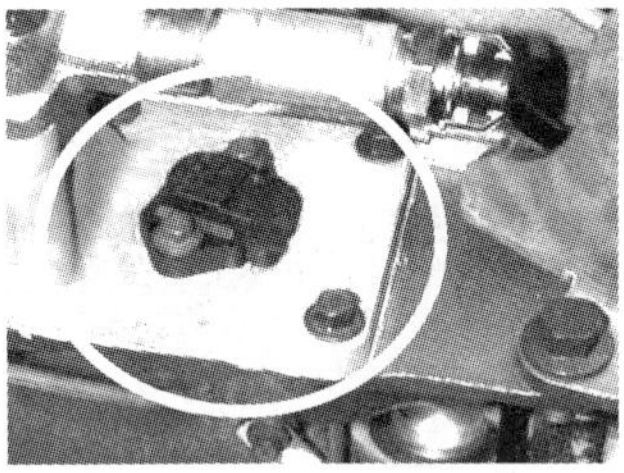	（10）检查进气压力传感器及线路故障。
	①拆下进气歧管压力传感器连接器。
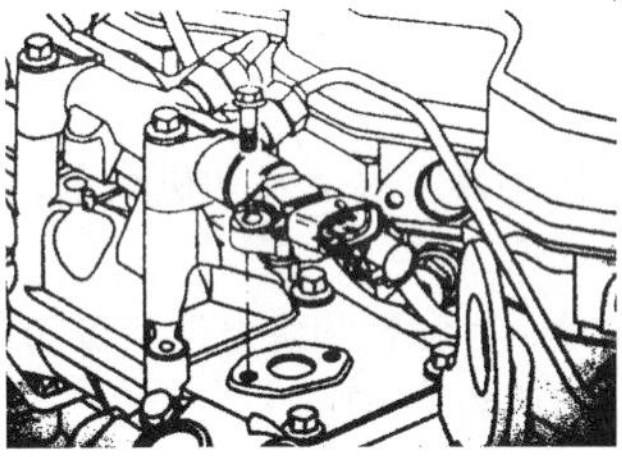	②从发动机上拆下传感器。
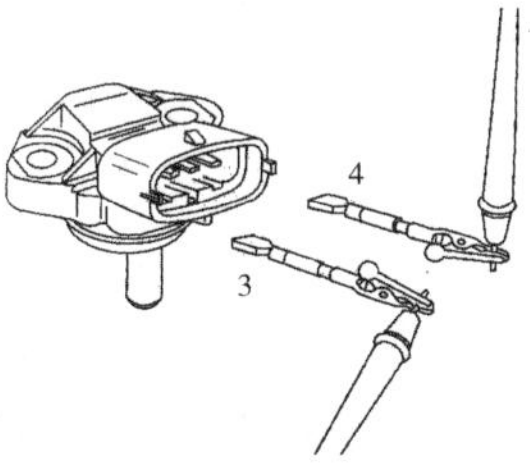	③检查传感器电阻。 ＊　测量传感器的 3 号触针和 4 号触针间电阻 ＊　标准值是 10 ~ 100 MΩ

<table>
<tr><td>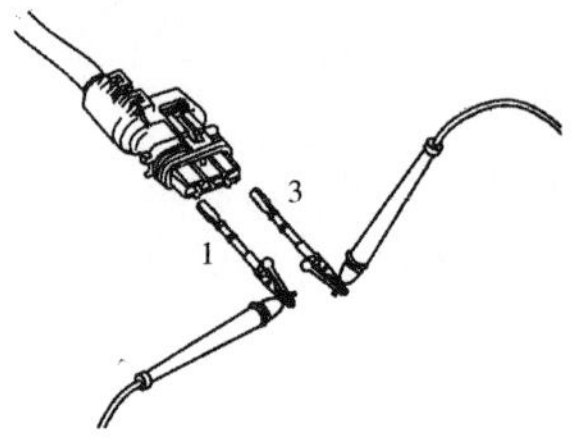
</td><td>④测量电源电压。
＊　将点火开关转到“ON”位置
＊　测量传感器连接器的 1 号触针和 3 号触针间的电压
＊　标准值是 4.75～5.25 V</td></tr>
<tr><td>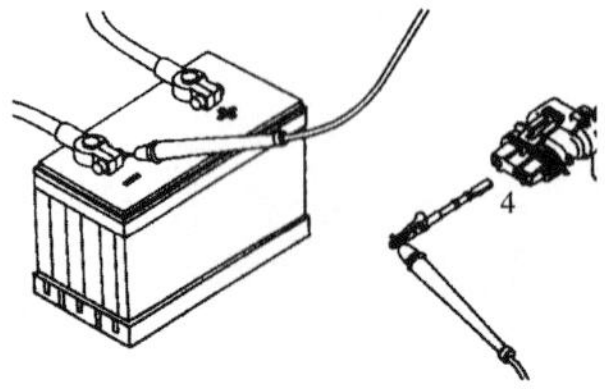
</td><td>⑤测量信号电压。
＊　从发动机线束上拆下传感器，将点火开关转到“ON”位置
＊　测量 4 号触针和蓄电池负极之间的信号电压
＊　电压标准值为 0.1～0.25 V</td></tr>
<tr><td>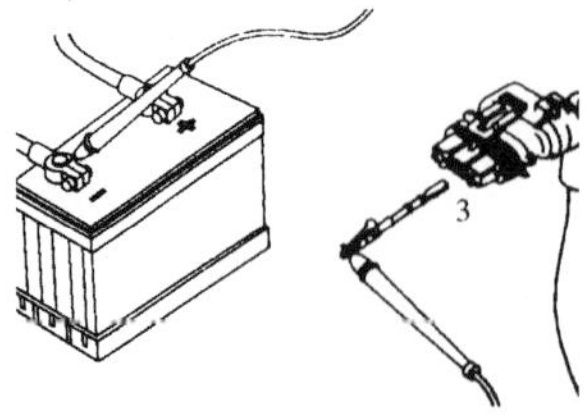
</td><td>⑥测量传感器连接器和蓄电池负极间的电源电压。
＊　从传感器上拆下发动机线束，将点火开关转到“ON”位置
＊　测量 3 号触针与蓄电池负极间的电压
＊　标准值为 4.75～5.25 V</td></tr>
<tr><td>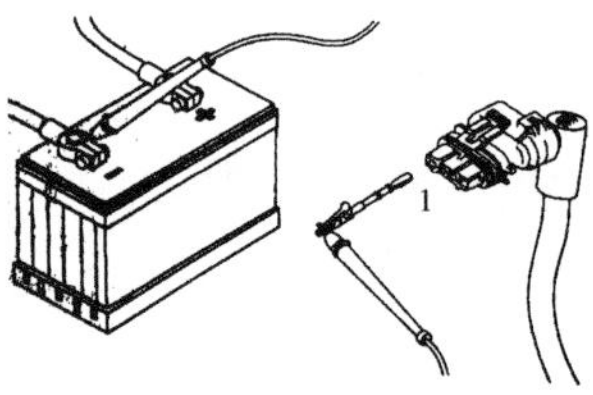
</td><td>⑦测量传感器连接器和蓄电池负极间回路电阻。
＊　从传感器上拆下发动机线束，将点火开关转到“ON”位置
＊　测量 1 号触针和蓄电池负极间回路电阻
＊　标准值为 10 Ω</td></tr>
<tr><td>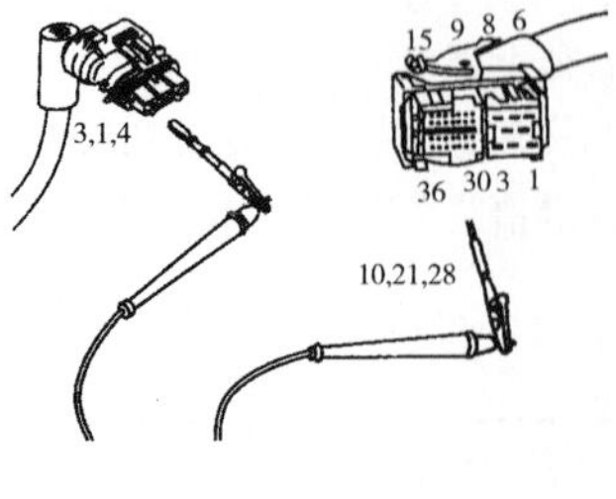
</td><td>⑧检查线路是否开路。
＊　将点火开关转到“OFF”位置，从 ECM 上拆下 36 针连接器
＊　从传感器上拆下发动机线束
＊　测量 36 针连接器中的 10 号触针与 3 号触针，21 号触针与 1 号触针，28 号触针与 4 号触针间电阻
＊　标准值为小于 10 Ω</td></tr>
</table>

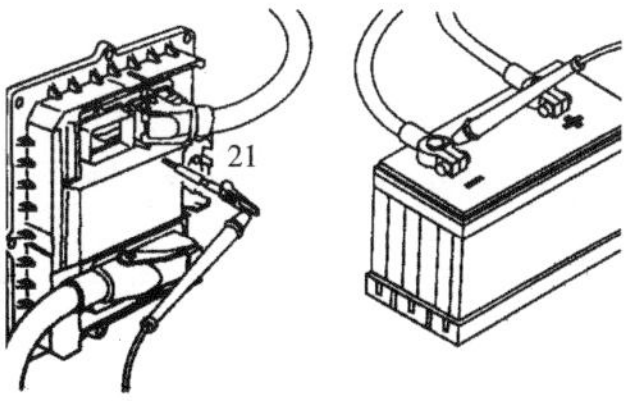	⑨检查 ECM 和蓄电池负极间的电阻。 ＊　测量 ECM 上 36 针插座 21 号触针和蓄电池负极间电阻 ＊　标准值为小于 10 Ω
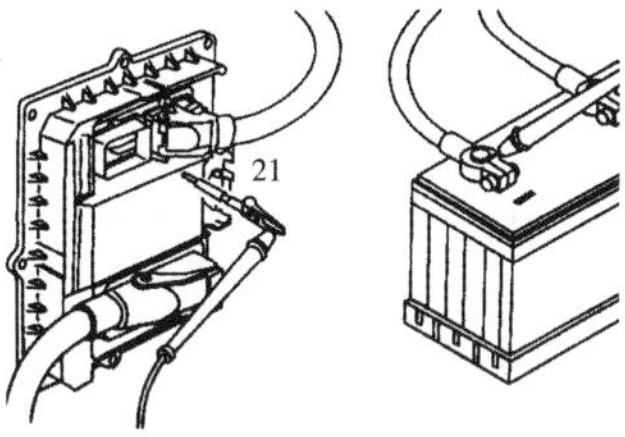	⑩检查 ECM 和蓄电池负极间的信号电压。 ＊　测量 ECM 上 36 针插座 28 号触针与蓄电池负极间电压 ＊　标准值为 0. 1 ~0. 25 V
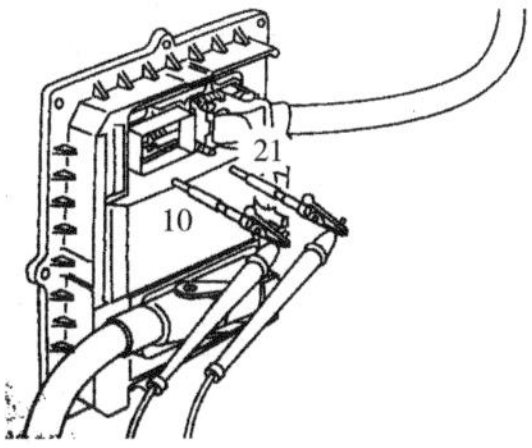	⑪测量 ECM 输出电压。 ＊　测量 ECM 上 36 针插座 10 号触针和 21 号触针间电压 ＊　标准值为 4. 75 ~5. 25 V
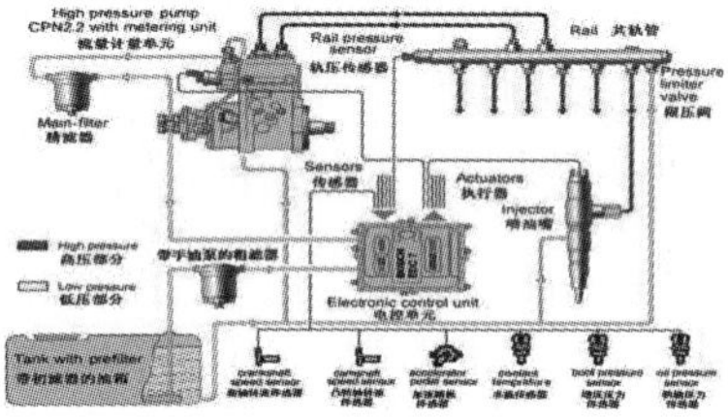	(11) 检查燃油系统中有无空气，若有，排除空气。
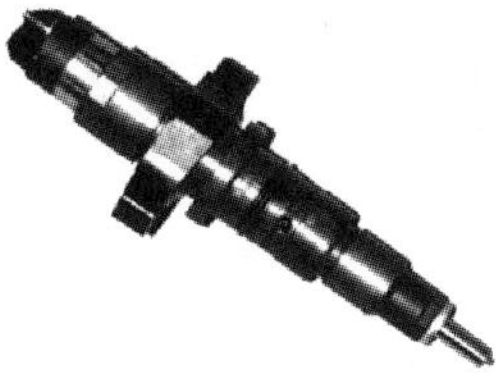	(12) 检查喷油器故障。更换。

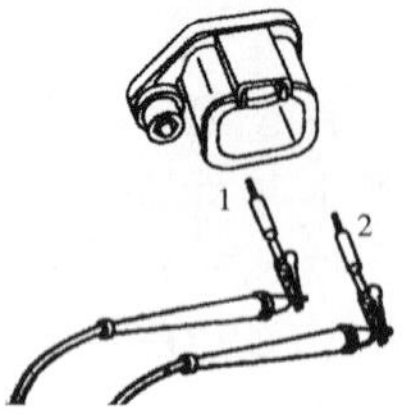	①检查喷油器电路电阻。 * 测量喷油器连接器中的 1 号与 2 号触针间的电阻 * 电阻标准值应小于 0.5 Ω ②若电路电阻正常，则是喷油器电磁阀线圈故障，建议更换。
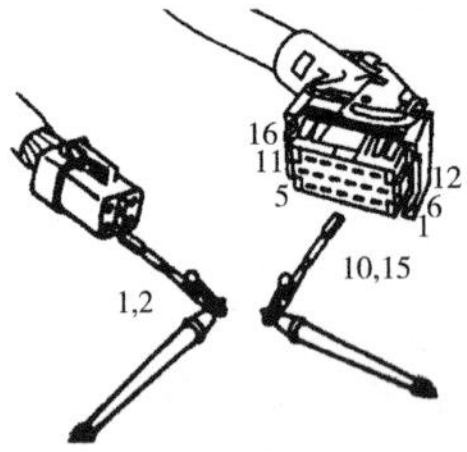	③检查电路是否开路。 * 分别测量 16 针连接器中的 10 号触针和 4 针连接器中的 1 号触针间的电阻，以及 15 号触针与 2 号触针间的电阻 * 电阻值应该小于 10 Ω
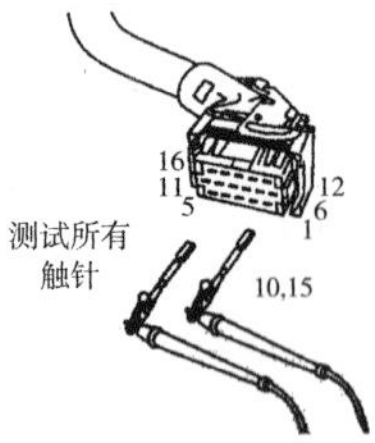	④检查触针与触针间是否短路。 * 分别测量 16 针连接器中的 10 号触针、15 号触针与该连接器中的其他触针间的电阻 * 电阻应该大于 100 Ω
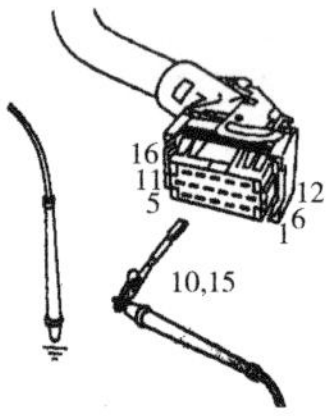	⑤检查线路是否短路接地。 * 分别测量 16 针连接器中的 10 号触针、15 号触针与发动机机体间的电阻 * 正常电阻应大于 100 Ω
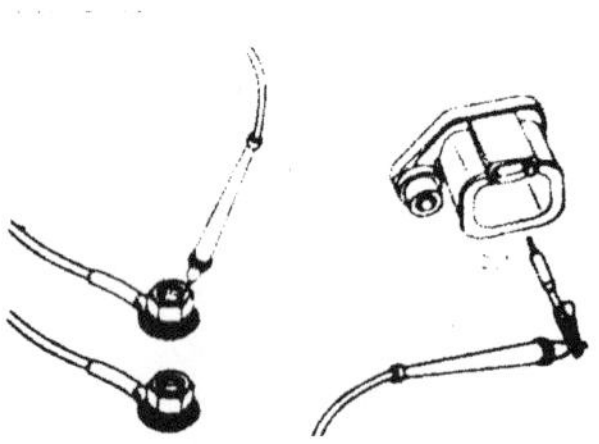	⑥检查线路是否存在开路。 * 分别测量 4 针连接器中的 2 号触针、1 号触针与接在 2 号喷油器上的引线螺母间的电阻 * 正常电阻应该小于 10 Ω
	⑦检查 4 针连接器中触针与触针间是否短路。 * 分别测量 4 针连接器中的 2 号触针、1 号触针与该连接器中的其他触针间的电阻 * 电阻应大于 100 Ω

	⑧检查 4 针连接器是否短路接地。 ＊　分别测量 4 针连接器中的 2 号触针、1 号触针与机体间的电阻 ＊　电阻应大于 100 Ω
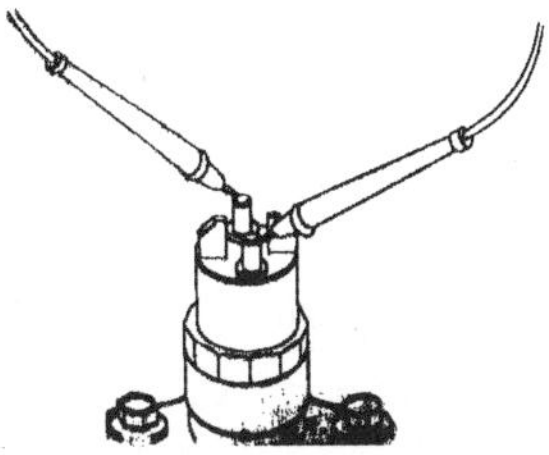	⑨检查喷油器电磁线圈电阻。 ＊　测量 2 号喷油器两个线圈端子间的电阻 ＊　电阻应小于 0.5 Ω
	（13）检查进排气系统是否有堵塞，排除故障。
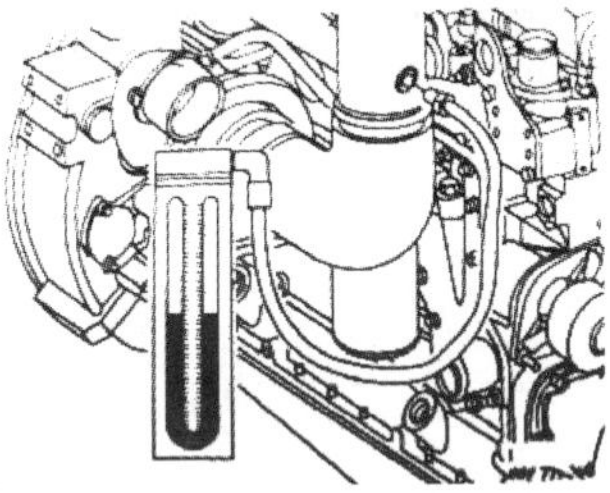	①安装压力表到进气管。
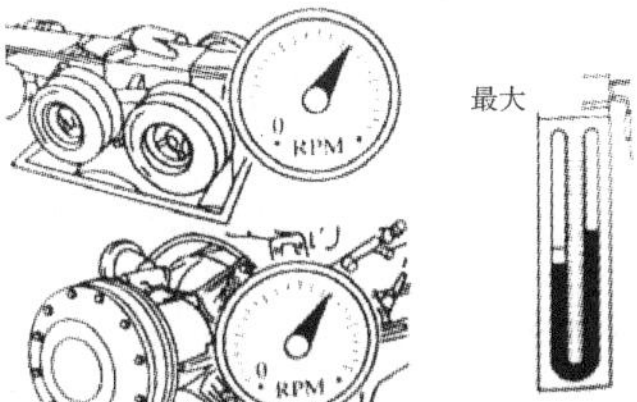	②油门全开，大负荷运转及在额定转速下记录压力表的读数，规定最大进气阻力为 633 mmH_2O，如果进气阻力超过基数规范，更换或清洁空气滤清器。
	（14）检修机械故障并排除故障。

☞学习工作页

学习工作页 4	学习单元	诊断与排除电控柴油发动机综合故障			
	学习任务	发动机动力不足故障的检修			
姓　名		班　级		小　组	
日　期		开始时间		结束时间	

发动机动力不足故障的检修作业记录单

检修步骤	检修结果记录	是否正常
是否燃油箱中燃油油位较低		
检查故障代码		
是否燃油滤清器堵塞		
是否燃油系统泄漏		
是否燃油电子控制执行器故障		
是否燃油泵溢流阀故障		
是否燃油压力减压阀故障		
是否加速踏板或油门操纵杆有故障		
是否进气歧管压力传感器及电路故障		
是否燃油系统中有空气		
是否喷油器故障		
是否燃油泵故障		

续　表

是否进气系统故障		
是否发动机内部机械故障		
处理意见		
制定修复工艺		
维修记录		
指导教师评语： ____________________ ____________________ 教师签字：__________　日期：____年____月____日		

学习任务 8.5　发动机排放不正常故障的检修

☞学习目标

通过本任务的学习，完成任务后能够回答以下问题：

1. 掌握发动机排放不正常故障检修所需的设备及工具；
2. 掌握发动机排放不正常的故障诊断方法。

☞学习信息

8.5.1 任务说明

以旅游汽车公司所属金龙大巴的康明斯 ISBe 故障发动机为任务实施对象，根据故障诊断的故障树检测排除流程进行检修。运用康明斯电控系统 INSITE 软件和故障诊断设备进行检修。

8.5.2 技术标准与要求

1. 每个学员独立完成此项目。
2. 技术标准：

按照康明斯 ISBe 发动机故障维修手册，以故障树为故障排查流程依据。

检修完毕试机检验。

8.5.3 设备器材

1. 康明斯 INSITE 软件；
2. 康明斯数据适配器；
3. 笔记本电脑；
4. 气压表；
5. 油压表；
6. 万用表；
7. 拆装工具；
8. 手持式转速检测仪。

8.5.4 作业准备

1. 清洁发动机；
2. 清洁工具设备；
3. 准备作业单。

8. 5. 5　操作步骤

	(1) 试机，确认故障。
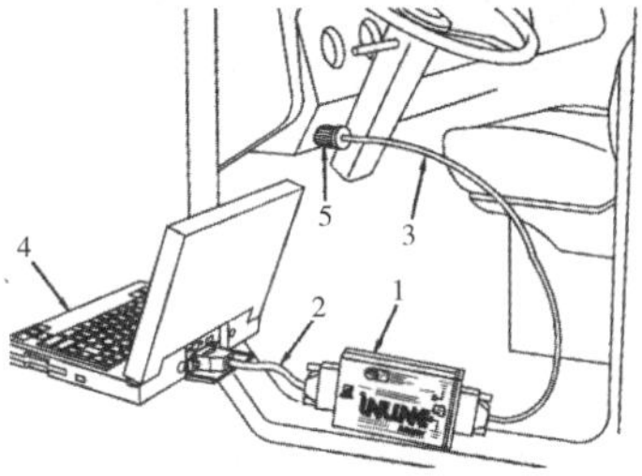	(2) 通过数据线连接 INLINE 到 ECM 故障诊断接口，通过数据线连接笔记本电脑到 INLINE。
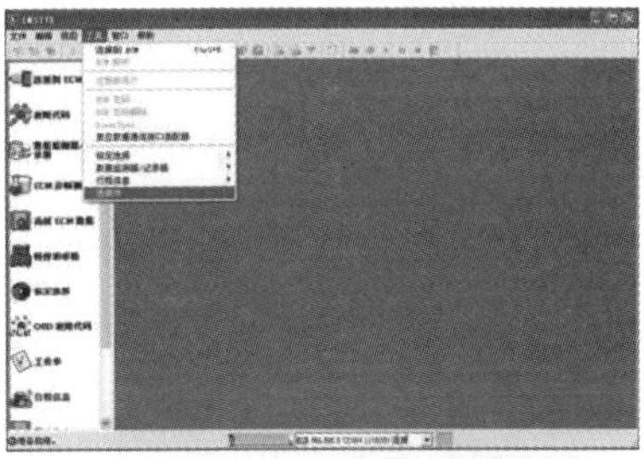	读取故障代码，并根据故障代码的故障诊断树进行检修。
	(3) 检查进气压力传感器及线路故障。
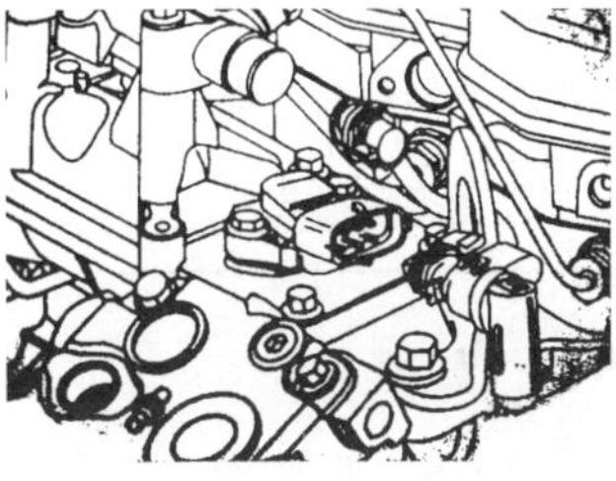	①拆下进气歧管压力传感器连接器。

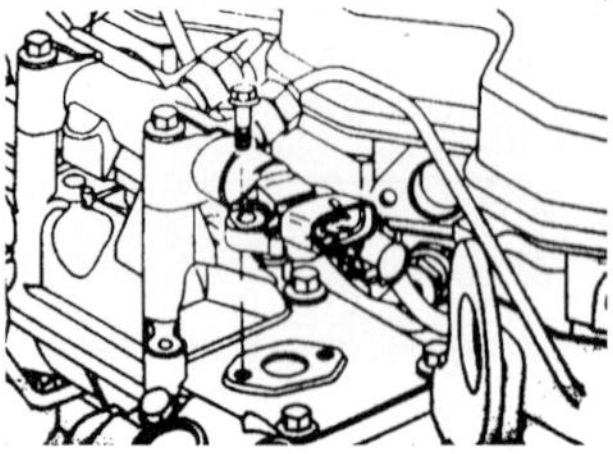	②从发动机上拆下传感器。
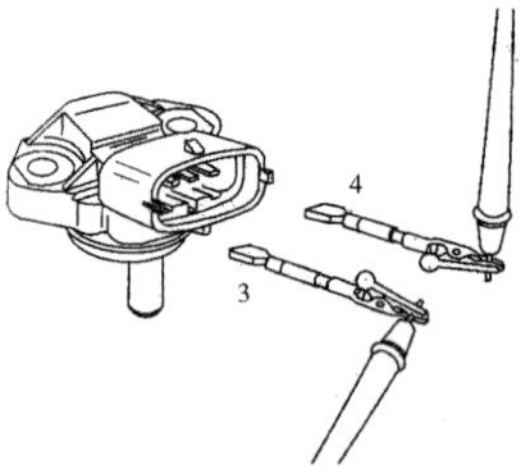	③检查传感器电阻。 ＊　测量传感器的 3 号触针和 4 号触针间电阻 ＊　标准值是 10～100 MΩ
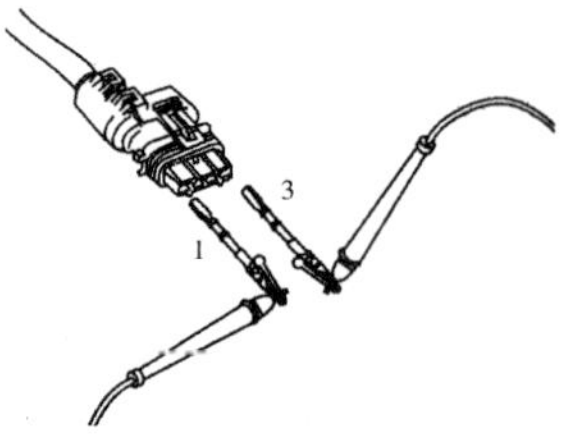	④测量电源电压。 ＊　将点火开关转到"ON"位置 ＊　测量传感器连接器的 1 号触针和 3 号触针间的电压 ＊　标准值是 4.75～5.25 V
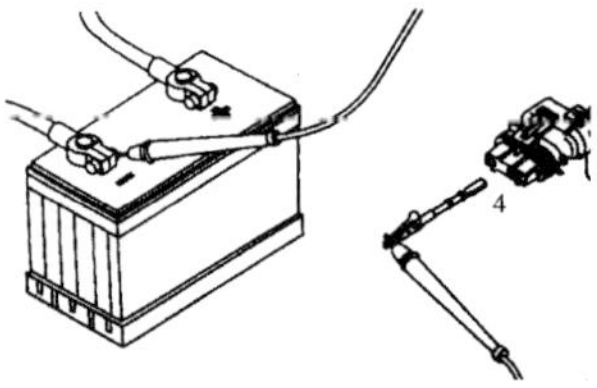	⑤测量信号电压。 ＊　从发动机线束上拆下传感器，将点火开关转到"ON"位置 ＊　测量 4 号触针和蓄电池负极之间的信号电压 ＊　电压标准值为 0.1～0.25 V
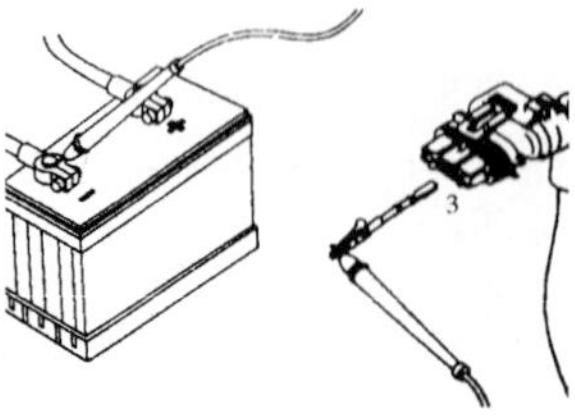	⑥测量传感器连接器和蓄电池负极间的电源电压。 ＊　从传感器上拆下发动机线束，将点火开关转到"ON"位置 ＊　测量 3 号触针与蓄电池负极间的电压 ＊　标准值为 4.75～5.25 V

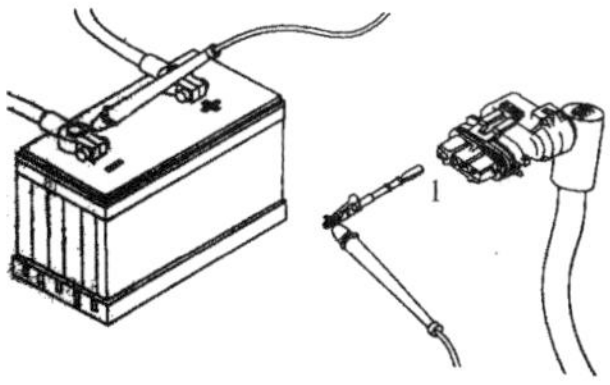	⑦测量传感器连接器和蓄电池负极间回路电阻。 ＊　从传感器上拆下发动机线束，将点火开关转到“ON”位置 ＊　测量 1 号触针和蓄电池负极间回路电阻 ＊　标准值为 10 Ω
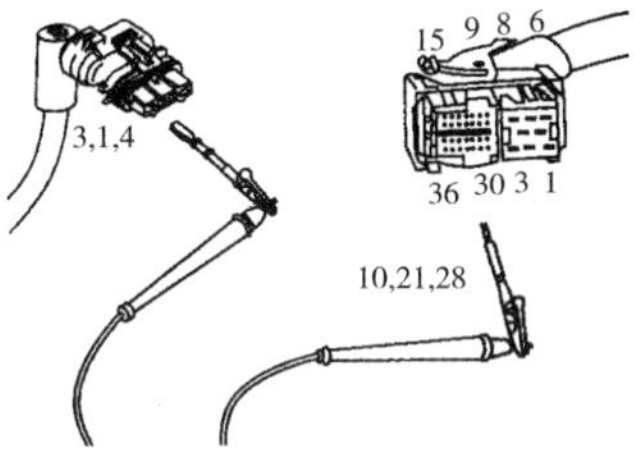	⑧检查线路是否开路。 ＊　将点火开关转到“OFF”位置，从 ECM 上拆下 36 针连接器 ＊　从传感器上拆下发动机线束 ＊　测量 36 针连接器中的 10 号触针与 3 号触针，21 号触针与 1 号触针，28 号触针与 4 号触针间电阻 ＊　标准值为小于 10 Ω
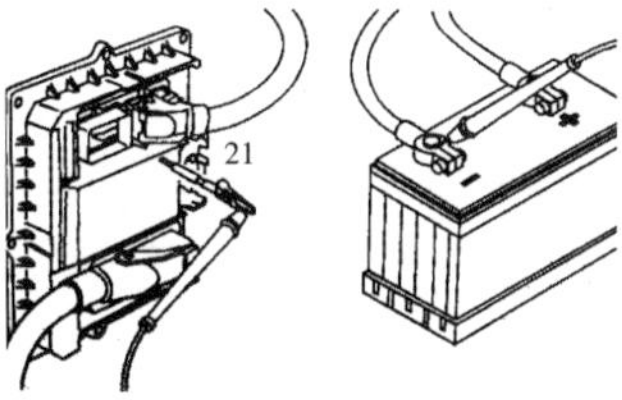	⑨检查 ECM 和蓄电池负极间的电阻。 ＊　测量 ECM 上 36 针插座 21 号触针和蓄电池负极间电阻 ＊　标准值为小于 10 Ω
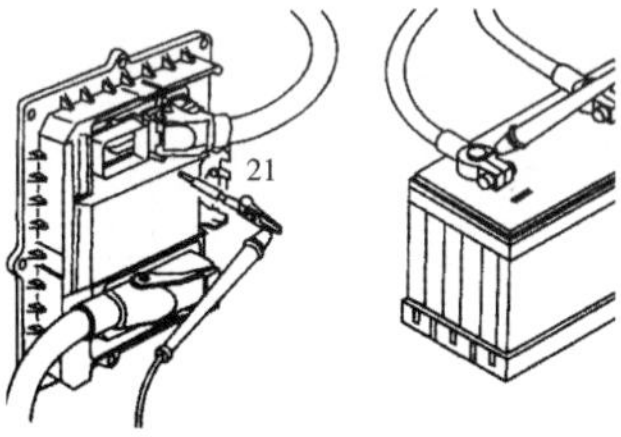	⑩检查 ECM 和蓄电池负极间的信号电压。 ＊　测量 ECM 上 36 针插座 28 号触针与蓄电池负极间电压 ＊　标准值为 0. 1 ~ 0. 25 V
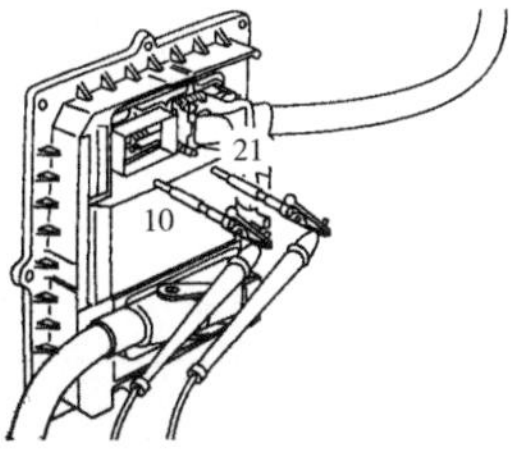	⑪测量 ECM 输出电压。 ＊　测量 ECM 上 36 针插座 10 号触针和 21 号触针间电压 ＊　标准值为 4. 75 ~ 5. 25 V

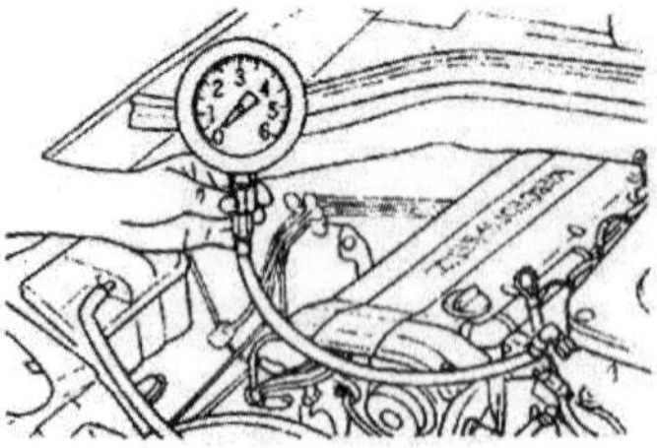	（4）测量燃油滤清器前后的燃油压力。
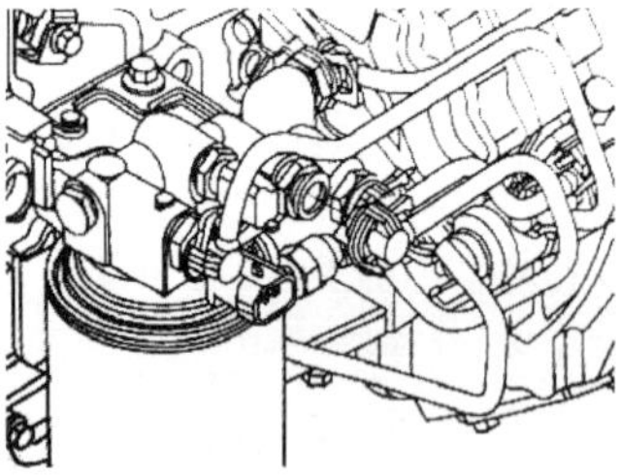	①拆下输油泵到燃油滤清器进口的低压燃油管。
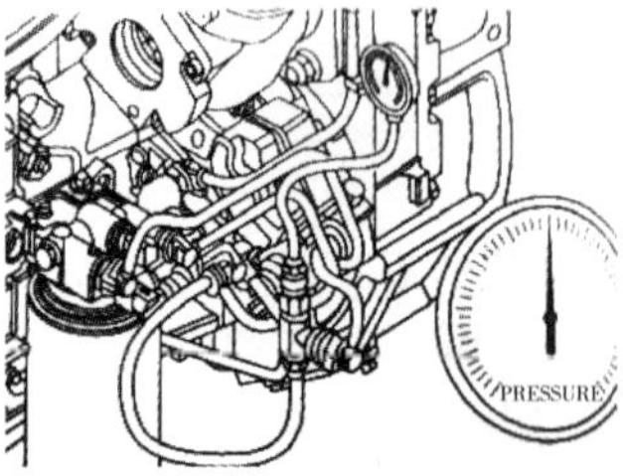	②将燃油压力表连接到燃油滤清器座，重新安装低压燃油管。
	③测量低怠速下的燃油压力。要求燃油滤清器进口处的压力为0.5～1.3 MPa。如果压力低于标准值，说明输油泵可能损坏。
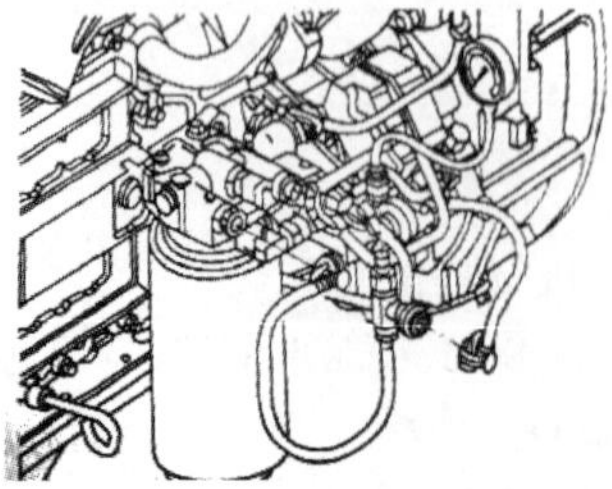	④从燃油滤清器出口拆下低压油管，安装燃油压力表重新连接低压燃油管。

	（5）检查燃油电子控制执行器，给予更换。
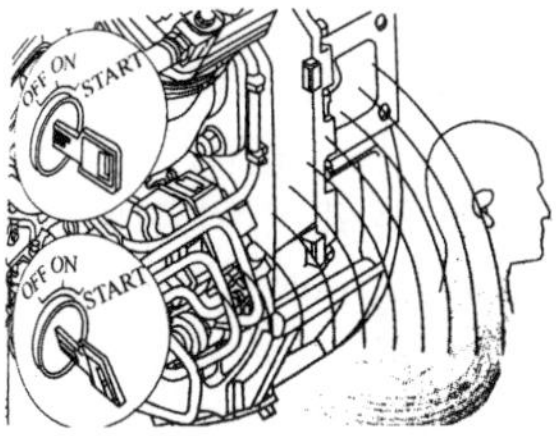	①接通再断开电源开关，检查电子燃油控制执行器有无“咔哒”声，没有声音则证实故障。 ②清洗油泵，并用压缩空气吹干。
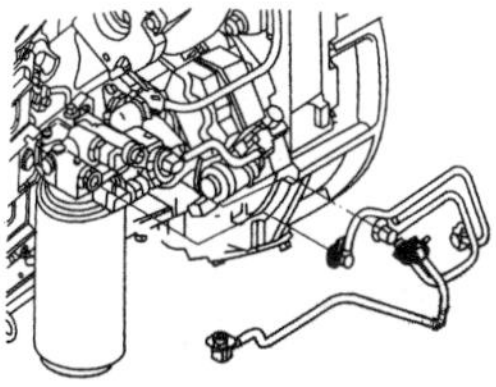	③拆下燃油泵的低压油管。 ④拆下螺栓和燃油控制执行器。
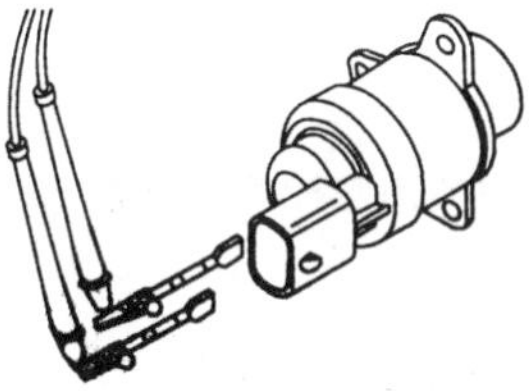	⑤测量燃油压力控制阀电磁线圈电阻，即测量 1 号、2 号触针间电阻值。 ⑥正常值应为 1 ~2. 2 Ω。
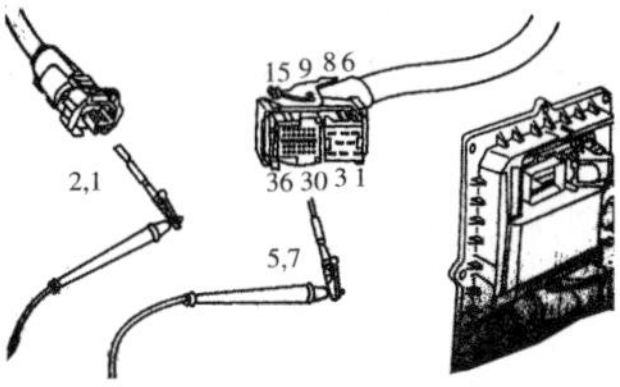	⑦检查线路是否开路。 ＊　分别测量 36 针连接器中的 5 号触针和执行器连接头的 2 号触针，36 针连接器的 7 号触针和执行器连接头的 1 号触针间电阻 ＊　电阻小于 10 Ω 为正常

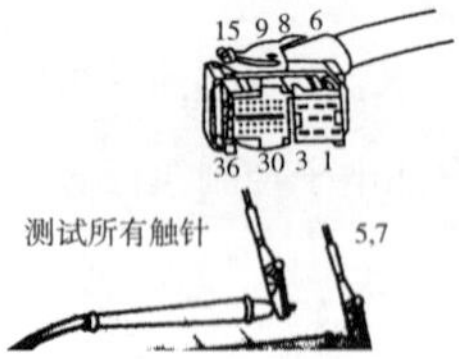	⑧检查36针连接器中的触针线路是否短路。 *　分别测量36针连接器中的5号触针及7号触针和36针连接器的其他触针间电阻 *　电阻大于100 Ω为正常
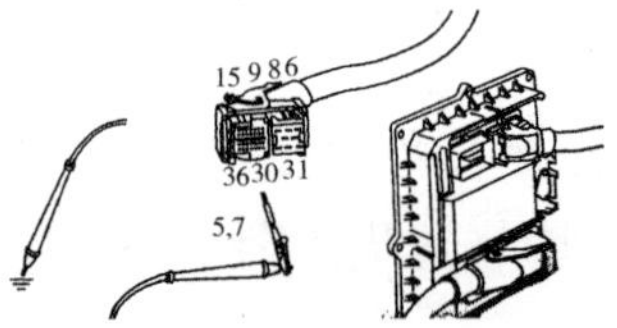	⑨检查36针连接器中5号和7号触针线路是否接地。 *　分别测量36针连接器中的5号触针、7号触针和机体间的电阻 *　电阻大于100 Ω为正常
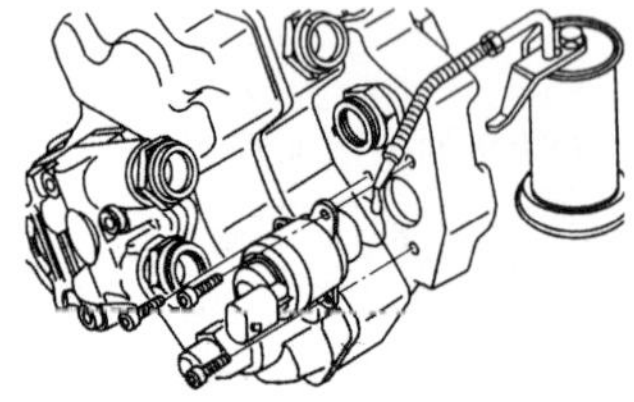	⑩对故障执行器做更换处理。 ⑪对线路故障做修复处理。 ⑫安装电子燃油控制执行器。 ⑬安装低压燃油管。
	(6) 检查喷油器故障。更换。
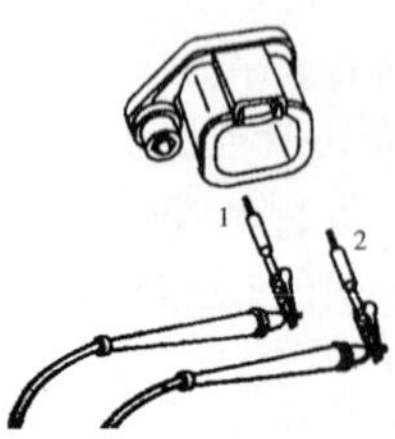	①检查喷油器电路电阻。 *　测量喷油器连接器中的1号与2号触针间的电阻 *　电阻标准值应小于0.5 Ω 若电路电阻正常，则是喷油器电磁阀线圈故障，建议更换。

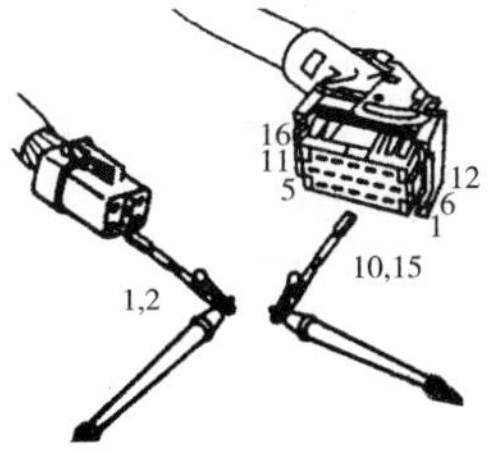	②检查电路是否开路。 ＊　分别测量 16 针连接器中的 10 号触针和 4 针连接器中的 1 号触针间的电阻，以及 15 号触针与 2 号触针间的电阻 ＊　电阻值应该小于 10 Ω
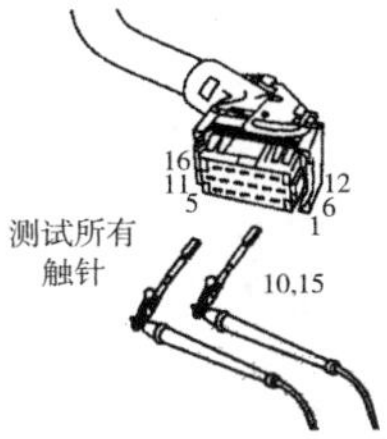	③检查触针与触针间是否短路。 ＊　分别测量 16 针连接器中的 10 号触针、15 号触针与该连接器中的其他触针间的电阻 ＊　电阻应该大于 100 Ω
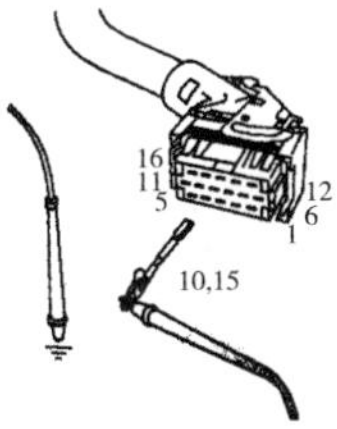	④检查线路是否短路接地。 ＊　分别测量 16 针连接器中的 10 号触针、15 号触针与发动机机体间的电阻 ＊　正常电阻应大于 100 Ω
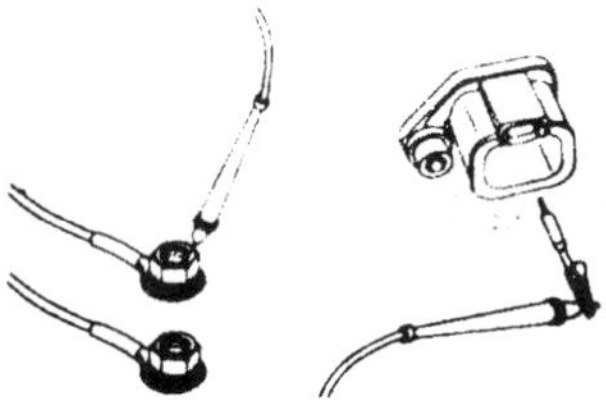	⑤检查线路是否存在开路。 ＊　分别测量 4 针连接器中的 2 号触针、1 号触针与接在 2 号喷油器上的引线螺母间的电阻 ＊　正常电阻应该小于 10 Ω
	⑥检查 4 针连接器中触针与触针间是否短路。 ＊　分别测量 4 针连接器中的 2 号触针、1 号触针与该连接器中的其他触针间的电阻 ＊　电阻应大于 100 Ω

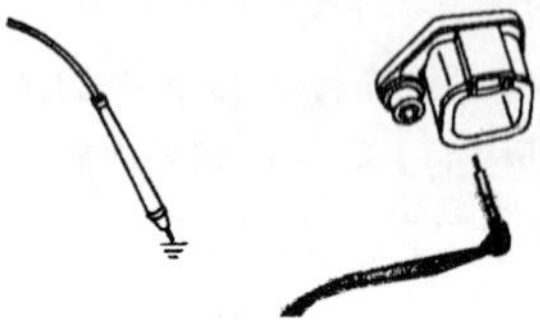	⑦检查 4 针连接器是否短路接地。 *　分别测量 4 针连接器中的 2 号触针、1 号触针与机体间的电阻 *　电阻应大于 100 Ω
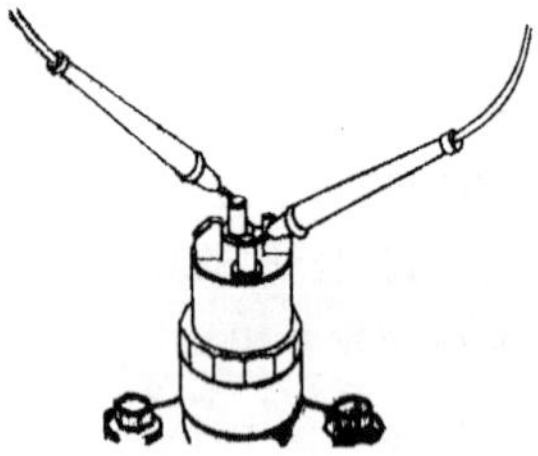	⑧检查喷油器电磁线圈电阻。 *　测量 2 号喷油器两个线圈端子间的电阻 *　电阻应小于 0.5 Ω
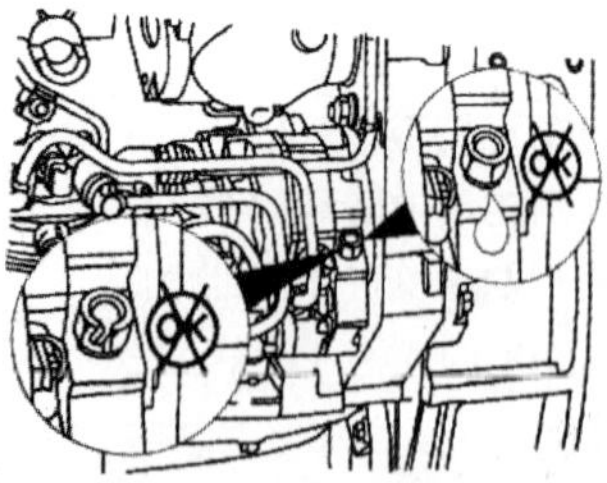	(7) 燃油泵溢流阀故障。 ①检查燃油回油溢流阀有无泄漏或损坏。
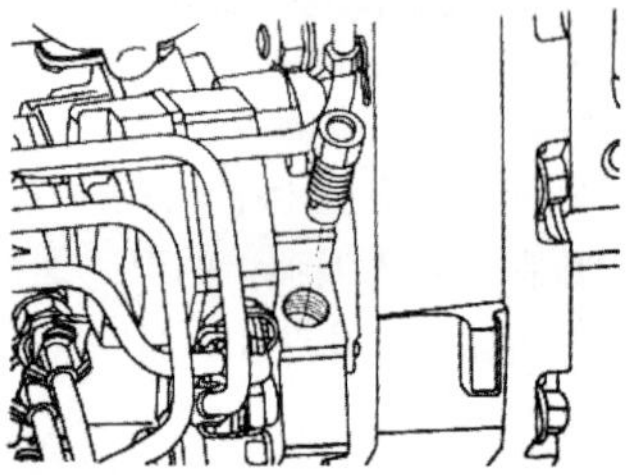	②拆卸燃油回油溢流阀。
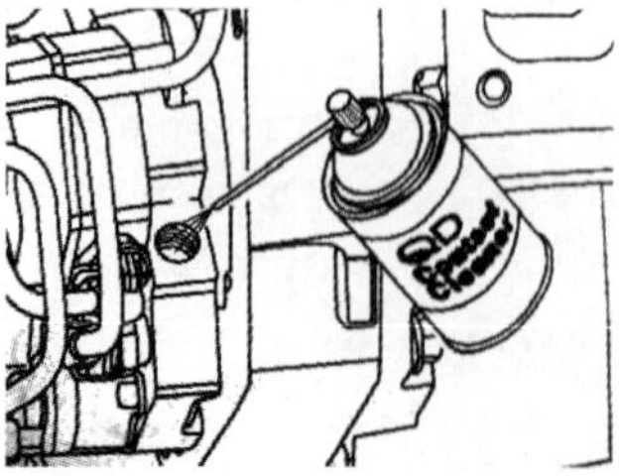	③清洁安装孔，安装燃油溢流阀。

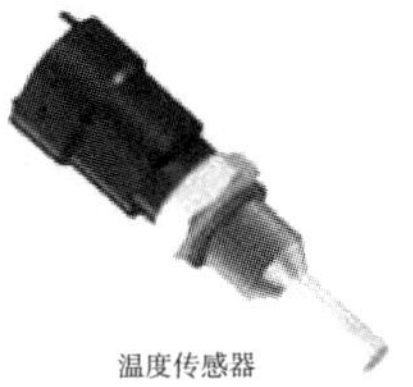	（8）冷却液温度传感器故障。
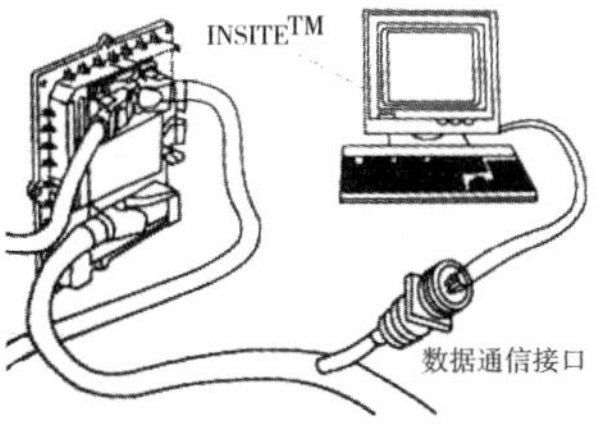	①发动机预热后，将 INSITE 连接到数据通信接口上，将点火开关转到开的位置，比较 INSITE 显示的冷却液温度与冷却液温度表的读数，要求读数一致。否则进行故障分析。
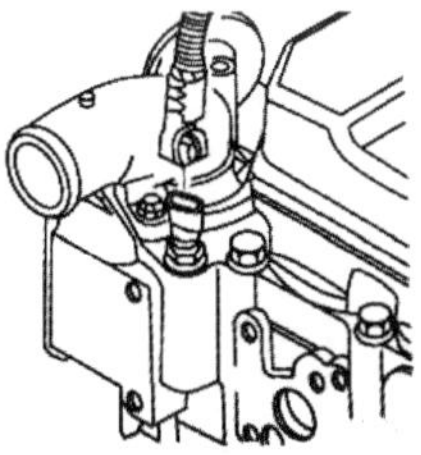	②发动机冷机时，拆下冷却液温度传感器，连接到发动机线束上。
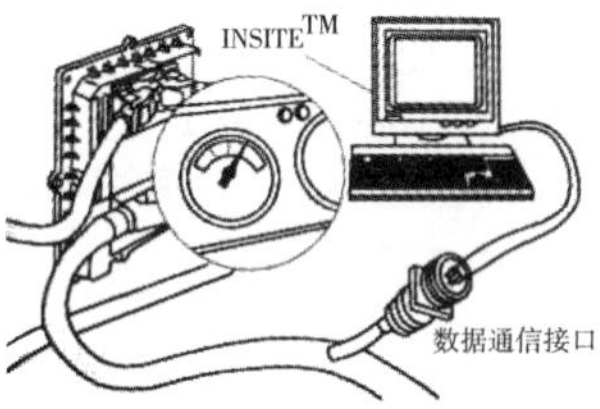	③将 INSITE 连接到数据通信接口上，将点火开关转到开的位置，比较 INSITE 显示的温度与当前大气温度是否一致。 ④检查线束连接器有无损坏。 ⑤检查冷却液温度传感器有无损坏。 ⑥更换传感器。
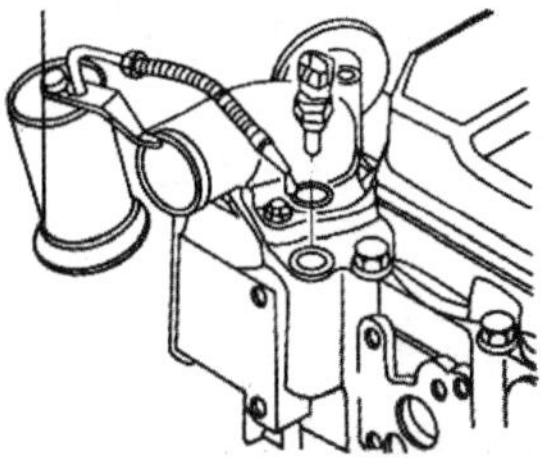	⑦安装传感器。

	（9）检查进气压力传感器及线路故障。
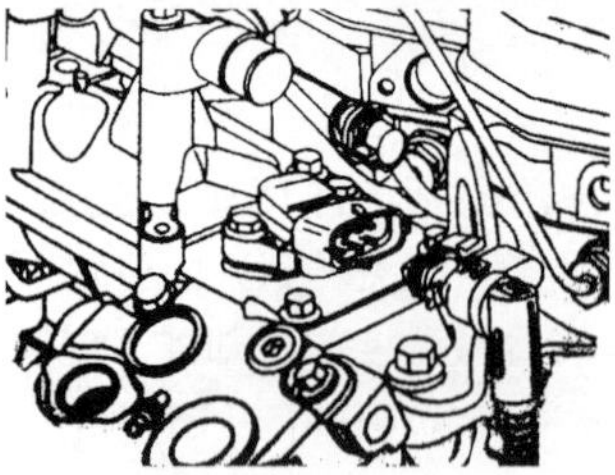	①拆下进气歧管压力传感器连接器。
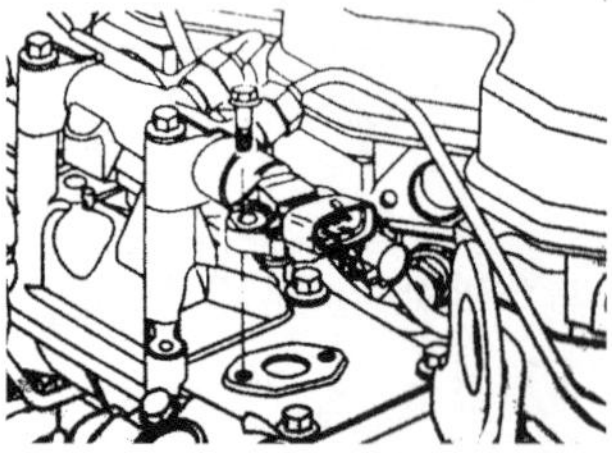	②从发动机上拆下传感器。
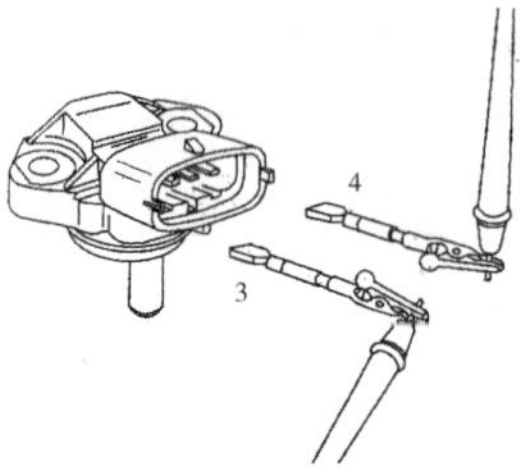	③检查传感器电阻。 ＊　测量传感器的 3 号触针和 4 号触针间电阻 ＊　标准值是 10 ~ 100 MΩ
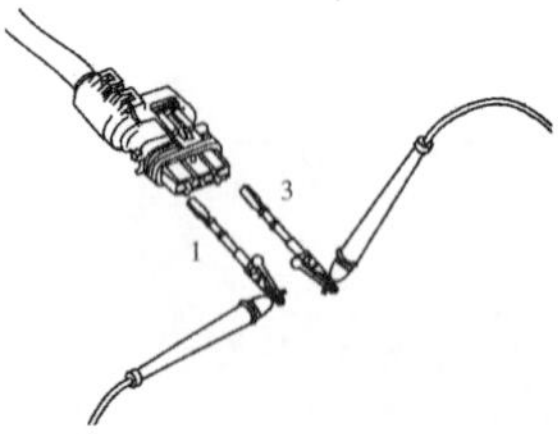	④测量电源电压。 ＊　将点火开关转到“ON”位置 ＊　测量传感器连接器的 1 号触针和 3 号触针间的电压 ＊　标准值是 4.75 ~ 5.25 V
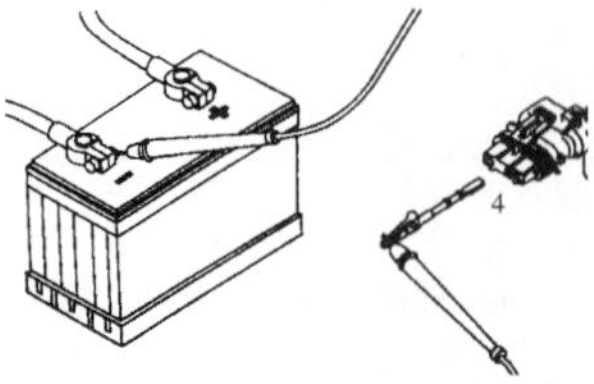	⑤测量信号电压。 ＊　从发动机线束上拆下传感器，将点火开关转到“ON”位置 ＊　测量 4 号触针和蓄电池负极之间的信号电压 ＊　电压标准值为 0.1 ~ 0.25 V

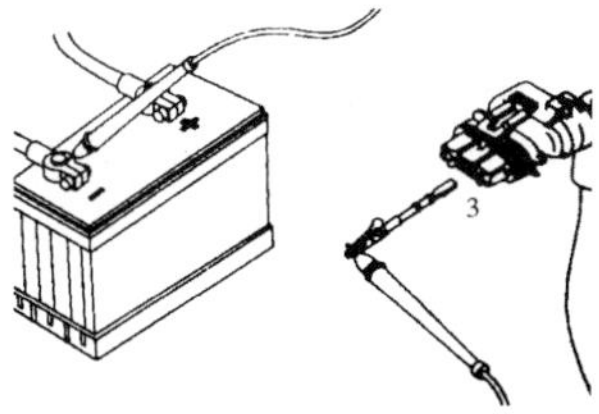	⑥测量传感器连接器和蓄电池负极间的电源电压。 ＊　从传感器上拆下发动机线束，将点火开关转到“ON”位置 ＊　测量 3 号触针与蓄电池负极间的电压 ＊　标准值为 4. 75 ~ 5. 25 V
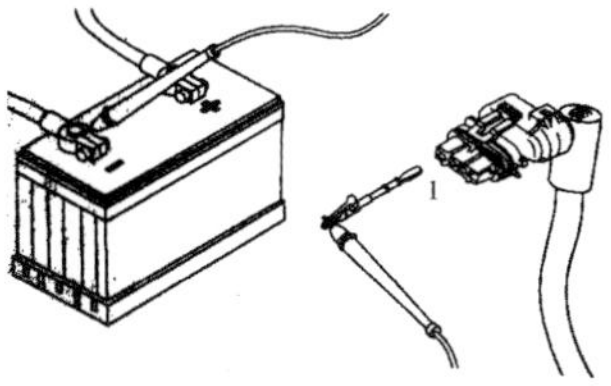	⑦测量传感器连接器和蓄电池负极间回路电阻。 ＊　从传感器上拆下发动机线束，将点火开关转到“ON”位置 ＊　测量 1 号触针和蓄电池负极间回路电阻 ＊　标准值为 10 Ω
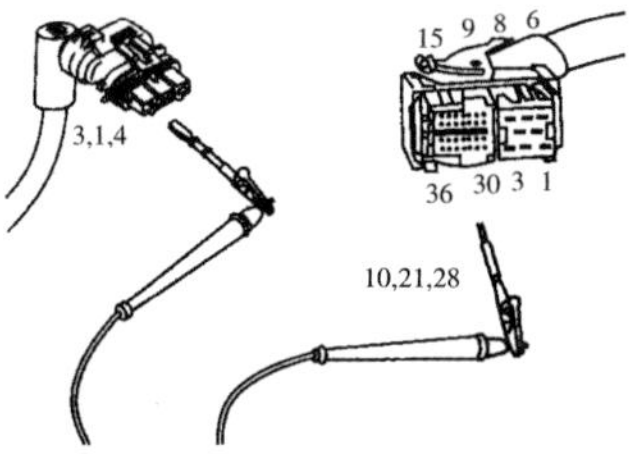	⑧检查线路是否开路。 ＊　将点火开关转到“OFF”位置，从 ECM 上拆下 36 针连接器 ＊　从传感器上拆下发动机线束 ＊　测量 36 针连接器中的 10 号触针与 3 号触针，21 号触针与 1 号触针，28 号触针与 4 号触针间电阻 ＊　标准值为小于 10 Ω
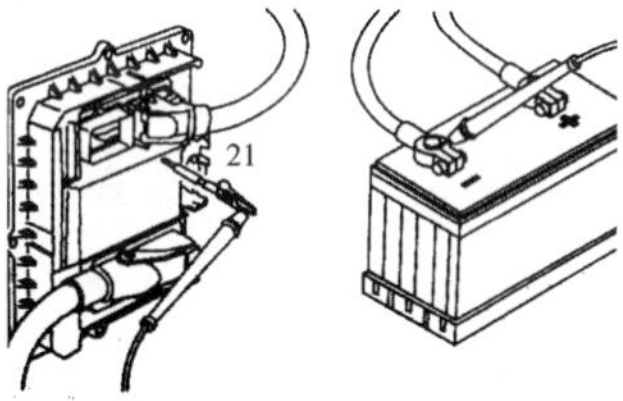	⑨检查 ECM 和蓄电池负极间的电阻。 ＊　测量 ECM 上 36 针插座 21 号触针和蓄电池负极间电阻 ＊　标准值为小于 10 Ω
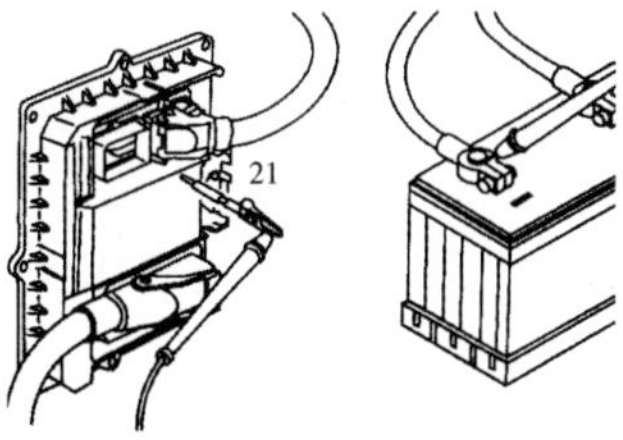	⑩检查 ECM 和蓄电池负极间的信号电压。 ＊　测量 ECM 上 36 针插座 28 号触针与蓄电池负极间电压 ＊　标准值为 0. 1 ~0. 25 V

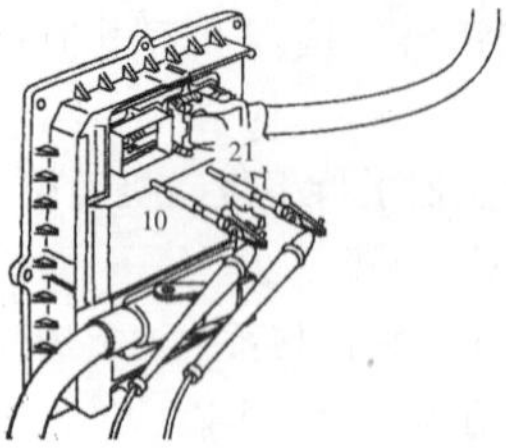	⑪测量 ECM 输出电压。 ＊ 测量 ECM 上 36 针插座 10 号触针和 21 号触针间电压 ＊ 标准值为 4.75～5.25 V
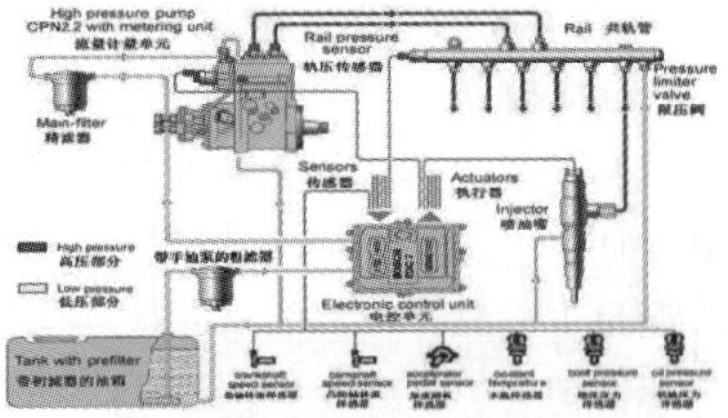	(10) 检查燃油系统中有无空气，若有，排除空气。
	(11) 检查进排气系统是否有堵塞，排除故障。
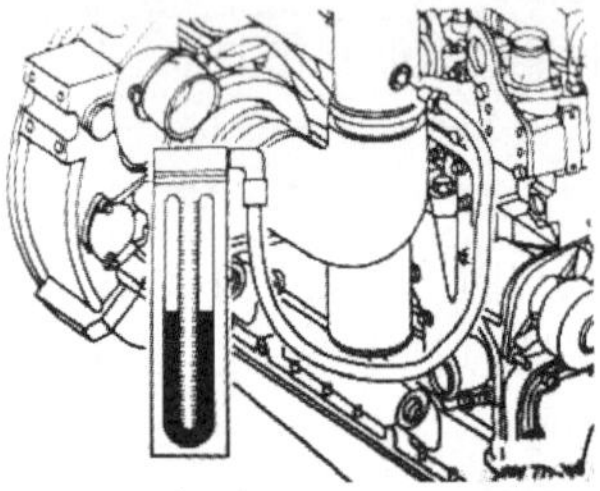	①安装压力表到进气管。
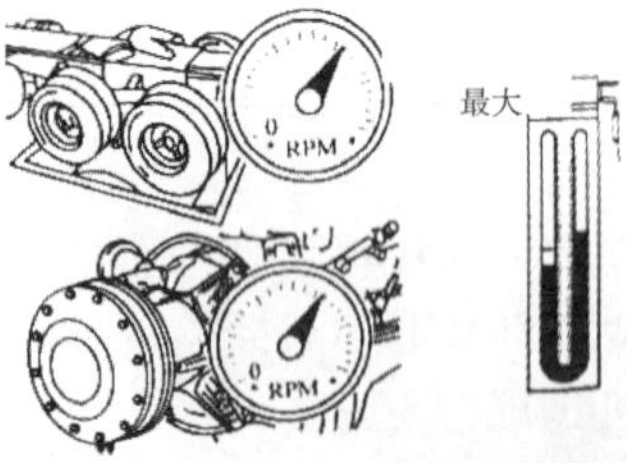	②油门全开，大负荷运转及在额定转速下记录压力表的读数，规定最大进气阻力为 633 mmH_2O，如果进气阻力超过基数规范，更换或清洁空气滤清器。
	(12) 检修机械故障并排除。

8.5.6　技能考核

发动机起动困难故障的检修项目评分表

<table>
<tr><td rowspan="2">基本信息</td><td>姓　名</td><td></td><td>学　号</td><td></td><td>班　级</td><td></td><td>组　别</td><td></td></tr>
<tr><td>规定时间</td><td></td><td>完成时间</td><td></td><td>考核日期</td><td></td><td>总评成绩</td><td></td></tr>
<tr><td rowspan="12">任务工单</td><td rowspan="2">序号</td><td rowspan="2" colspan="3">步骤</td><td colspan="2">完成情况</td><td rowspan="2">标准分</td><td rowspan="2">评分</td></tr>
<tr><td>完成</td><td>未完成</td></tr>
<tr><td>1</td><td colspan="3">考核准备：
机件：
量具：</td><td></td><td></td><td>10</td><td></td></tr>
<tr><td>2</td><td colspan="3">清洁机件</td><td></td><td></td><td>5</td><td></td></tr>
<tr><td>3</td><td colspan="3">零件拆装</td><td></td><td></td><td>5</td><td></td></tr>
<tr><td>4</td><td colspan="3">量具使用</td><td></td><td></td><td>5</td><td></td></tr>
<tr><td>5</td><td colspan="3">读故障码</td><td></td><td></td><td>10</td><td></td></tr>
<tr><td>6</td><td colspan="3">进气压力传感器检测</td><td></td><td></td><td>5</td><td></td></tr>
<tr><td>7</td><td colspan="3">线路检测</td><td></td><td></td><td>5</td><td></td></tr>
<tr><td>8</td><td colspan="3">故障诊断</td><td></td><td></td><td>10</td><td></td></tr>
<tr><td>9</td><td colspan="3">试机</td><td></td><td></td><td>5</td><td></td></tr>
<tr><td>10</td><td colspan="3">清洁及整理</td><td></td><td></td><td>5</td><td></td></tr>
<tr><td colspan="2">安全</td><td colspan="5"></td><td>5</td><td></td></tr>
<tr><td colspan="2">5S</td><td colspan="5"></td><td>5</td><td></td></tr>
<tr><td colspan="2">沟通表达</td><td colspan="5"></td><td>5</td><td></td></tr>
<tr><td colspan="2">工单填写</td><td colspan="5"></td><td>10</td><td></td></tr>
<tr><td colspan="2">工艺制定</td><td colspan="5"></td><td>10</td><td></td></tr>
</table>

发动机运转不稳故障检修项目评分表

<table>
<tr><td rowspan="2">基本信息</td><td>姓　名</td><td></td><td>学　号</td><td></td><td>班　级</td><td></td><td>组　别</td><td colspan="2"></td></tr>
<tr><td>规定时间</td><td></td><td>完成时间</td><td></td><td>考核日期</td><td></td><td>总评成绩</td><td colspan="2"></td></tr>
<tr><td rowspan="12">任务工单</td><td rowspan="2">序号</td><td rowspan="2" colspan="4">步骤</td><td colspan="2">完成情况</td><td rowspan="2">标准分</td><td rowspan="2">评分</td></tr>
<tr><td>完成</td><td>未完成</td></tr>
<tr><td>1</td><td colspan="4">考核准备：
机件：
量具：</td><td></td><td></td><td>10</td><td></td></tr>
<tr><td>2</td><td colspan="4">清洁机件</td><td></td><td></td><td>5</td><td></td></tr>
<tr><td>3</td><td colspan="4">零件拆装</td><td></td><td></td><td>5</td><td></td></tr>
<tr><td>4</td><td colspan="4">量具使用</td><td></td><td></td><td>5</td><td></td></tr>
<tr><td>5</td><td colspan="4">读故障码</td><td></td><td></td><td>10</td><td></td></tr>
<tr><td>6</td><td colspan="4">进气压力传感器检测</td><td></td><td></td><td>5</td><td></td></tr>
<tr><td>7</td><td colspan="4">线路检测</td><td></td><td></td><td>5</td><td></td></tr>
<tr><td>8</td><td colspan="4">故障诊断</td><td></td><td></td><td>10</td><td></td></tr>
<tr><td>9</td><td colspan="4">试机</td><td></td><td></td><td>5</td><td></td></tr>
<tr><td>10</td><td colspan="4">清洁及整理</td><td></td><td></td><td>5</td><td></td></tr>
<tr><td colspan="2">安全</td><td colspan="6"></td><td>5</td><td></td></tr>
<tr><td colspan="2">5S</td><td colspan="6"></td><td>5</td><td></td></tr>
<tr><td colspan="2">沟通表达</td><td colspan="6"></td><td>5</td><td></td></tr>
<tr><td colspan="2">工单填写</td><td colspan="6"></td><td>10</td><td></td></tr>
<tr><td colspan="2">工艺制定</td><td colspan="6"></td><td>10</td><td></td></tr>
</table>

发动机动力不足故障检修项目评分表

<table>
<tr><td rowspan="2">基本信息</td><td>姓　名</td><td colspan="2"></td><td>学　号</td><td></td><td>班　级</td><td></td><td>组　别</td><td colspan="2"></td></tr>
<tr><td>规定时间</td><td colspan="2"></td><td>完成时间</td><td></td><td>考核日期</td><td></td><td>总评成绩</td><td colspan="2"></td></tr>
<tr><td rowspan="12">任务工单</td><td rowspan="2">序号</td><td colspan="4" rowspan="2">步骤</td><td colspan="2">完成情况</td><td rowspan="2">标准分</td><td rowspan="2">评分</td></tr>
<tr><td>完成</td><td>未完成</td></tr>
<tr><td>1</td><td colspan="4">考核准备：
机件：
量具：</td><td></td><td></td><td>10</td><td></td></tr>
<tr><td>2</td><td colspan="4">清洁机件</td><td></td><td></td><td>5</td><td></td></tr>
<tr><td>3</td><td colspan="4">零件拆装</td><td></td><td></td><td>5</td><td></td></tr>
<tr><td>4</td><td colspan="4">量具使用</td><td></td><td></td><td>5</td><td></td></tr>
<tr><td>5</td><td colspan="4">读故障码</td><td></td><td></td><td>10</td><td></td></tr>
<tr><td>6</td><td colspan="4">进气压力传感器检测</td><td></td><td></td><td>5</td><td></td></tr>
<tr><td>7</td><td colspan="4">线路检测</td><td></td><td></td><td>5</td><td></td></tr>
<tr><td>8</td><td colspan="4">故障诊断</td><td></td><td></td><td>10</td><td></td></tr>
<tr><td>9</td><td colspan="4">试机</td><td></td><td></td><td>5</td><td></td></tr>
<tr><td>10</td><td colspan="4">清洁及整理</td><td></td><td></td><td>5</td><td></td></tr>
<tr><td colspan="2">安全</td><td colspan="6"></td><td>5</td><td></td></tr>
<tr><td colspan="2">5S</td><td colspan="6"></td><td>5</td><td></td></tr>
<tr><td colspan="2">沟通表达</td><td colspan="6"></td><td>5</td><td></td></tr>
<tr><td colspan="2">工单填写</td><td colspan="6"></td><td>10</td><td></td></tr>
<tr><td colspan="2">工艺制定</td><td colspan="6"></td><td>10</td><td></td></tr>
</table>

发动机排放不正常故障检修项目评分表

<table>
<tr><td rowspan="2">基本信息</td><td>姓　名</td><td></td><td>学　号</td><td></td><td>班　级</td><td></td><td>组　别</td><td></td></tr>
<tr><td>规定时间</td><td></td><td>完成时间</td><td></td><td>考核日期</td><td></td><td>总评成绩</td><td></td></tr>
</table>

<table>
<tr><td rowspan="12">任务工单</td><td rowspan="2">序号</td><td rowspan="2">步骤</td><td colspan="2">完成情况</td><td rowspan="2">标准分</td><td rowspan="2">评分</td></tr>
<tr><td>完成</td><td>未完成</td></tr>
<tr><td>1</td><td>考核准备：
机件：
量具：</td><td></td><td></td><td>10</td><td></td></tr>
<tr><td>2</td><td>清洁机件</td><td></td><td></td><td>5</td><td></td></tr>
<tr><td>3</td><td>零件拆装</td><td></td><td></td><td>5</td><td></td></tr>
<tr><td>4</td><td>量具使用</td><td></td><td></td><td>5</td><td></td></tr>
<tr><td>5</td><td>读故障码</td><td></td><td></td><td>10</td><td></td></tr>
<tr><td>6</td><td>进气压力传感器检测</td><td></td><td></td><td>5</td><td></td></tr>
<tr><td>7</td><td>线路检测</td><td></td><td></td><td>5</td><td></td></tr>
<tr><td>8</td><td>故障诊断</td><td></td><td></td><td>10</td><td></td></tr>
<tr><td>9</td><td>试机</td><td></td><td></td><td>5</td><td></td></tr>
<tr><td>10</td><td>清洁及整理</td><td></td><td></td><td>5</td><td></td></tr>
<tr><td colspan="2">安全</td><td colspan="3"></td><td>5</td><td></td></tr>
<tr><td colspan="2">5S</td><td colspan="3"></td><td>5</td><td></td></tr>
<tr><td colspan="2">沟通表达</td><td colspan="3"></td><td>5</td><td></td></tr>
<tr><td colspan="2">工单填写</td><td colspan="3"></td><td>10</td><td></td></tr>
<tr><td colspan="2">工艺制定</td><td colspan="3"></td><td>10</td><td></td></tr>
</table>

☞学习工作页

学习工作页 5	学习单元	诊断与排除柴油发动机综合故障			
	学习任务	发动机排放不正常故障的检修			
姓　名		班　级		小　组	
日　期		开始时间		结束时间	

1. 选择题。

（1）以下哪个为断电记忆存储功能供电？（　　）

A. 备用蓄电池　　B. 钥匙开关控制的电源

C. 主断路器　　D. 无开关电源

（2）以下哪个不是用于发动机控制系统的组合式传感器？（　　）

A. 发动机机油　　B. 发动机机油和进气

C. 进气　　D. 都不对

（3）以下哪个用于冷却 ECM？（　　）

A. 发动机冷却液　　B. 进气

C. 无须冷却　　D. 入口燃油

（4）以下哪个是送至电子燃油控制阀的信号的功能？（　　）

A. 控制输送到喷油器的燃油　　B. 控制燃油油轨压力

C. 限制输送到燃油油轨的燃油量　　D. 限制输送到高压燃油泵腔的燃油量

（5）以下哪个限制了 ECM 驱动电路向继电器的供电？（　　）

A. 1 A　　B. 12 V

C. 5 V　　D. 2 A

（6）以下哪个同时定义了硬件和软件通信协议？（　　）

A. J1587　　B. J1708

C. J1939　　D. 所有答案都对

（7）发动机使用以下哪个燃油系统？（　　）

A. CAPS 燃油系统　　B. Inline 分配器燃油系统

C. PT 燃油系统　　D. 高压共轨燃油系统

（8）以下哪个部件不是低压供油回路的组成部分？（　　）

A. ECM 冷却器　　B. 燃油滤清器

C. 水分离器和预滤清器　　D. 喷油器燃油连接管

（9）以下哪个部件不是高压供油回路的组成部分？（　　）

A. 喷油器燃油连接管　　B. 燃油油轨

C. 喷油器　　D. 齿轮泵

(10) 以下哪个是燃油油轨的功能?( )

A. 进入缸体前冷却燃油 B. 增加燃油喷射压力

C. 减少油缸压力 D. 防止压力波动

2. 判断题。

(1) 喷油器燃油连接管用于控制喷油的计量和正时。( )

(2) 中央布置喷油器的优点是提高了燃油经济性。( )

(3) 冷却液温度是使 ECM 确定何时使用进气加热器的主输入。( )

(4) 维护保养指示灯点亮时表明进气加热器处于预热循环。( )

(5) 可调低怠速导致发动机在低温环境下以较高怠速运转 20 s。( )

(6) 断电记忆存储特性允许巡航控制设定转速在发动机关闭后存储在 ECM 存储器中。( )

(7) “PTO 最大车辆速度”的设定范围是 0 ~ 99 mph。( )

(8) 能够同时与 J1939 和 J1587 数据通信接口通信是对多路通信的最佳定义。( )

(9) 有晶体结构的三针传感器是温度传感器。( )

(10) J1939 数据通信接口末端的终端电阻器的标称阻值是 60 Ω。( )

3. 分析题。

(1) 简述康明斯 ISBe 电控柴油机的结构特点。

(2) 简述康明斯 ISBe 电控柴油机采用的高压共轨系统的工作原理。

(3) 分析 ISBe 电控柴油机综合故障的诊断过程。

指导教师评语:

____

____

教师签字:__________ 日期:____年____月____日

☞拓展学习

ISBe（4缸）和ISBe（4缸和6缸）发动机技术规范

电器技术规范

数据通信接口

正极导线至底盘接地（J1587）

· 4.0～5.0 V

负极导线至底盘接地　（J1587）

· 0.0～2.5 V

J1939 主干线束电阻

正极导线至回路导线

· 50～70 Ω

J1939 终端电阻

· 110～130 Ω

所有的导通性检查

· 如果小于10 Ω，合格（无开路）

所有电路短路接地

VSS 电路

· 如果大于10 MΩ，合格（无短路）

所有其他电路

· 如果大于100 kΩ，合格（无短路）

对外部电压短路

· 如果小于1.5 V，合格

5 V 电源（传感器和开关）

@ ECM

· 4.75～5.25 V

@ 线束

· 4.50～5.25 V

电磁阀

进气空气加热器

· 线圈电阻（12－VDC 系统）＝0.09～0.11 Ω

· 线圈电阻（24－VDC 系统）＝0.18～0.22 Ω

传感器技术规范

车辆速度传感器

扭矩=47 N·m [35in-lb]

线圈电阻：

初级线圈电阻=750~1100 Ω

次级线圈电阻=1100~1500 Ω

发动机转速传感器和发动机位置传感器

扭矩=8 N·m [71in-lb]

温度（℃）	温度（℉）	电阻（Ω）
-30	-22	688
20	68	860
50	122	963

机油压力传感器

扭矩=3 N·m [27in-lb]

压力（kPa）	压力（Psi）	电压（V）
0	0	0.11~0.16
172.37	25	1.17~1.59
344.74	50	2.24~3.04
517.11	75	3.30~4.49

所有温度传感器

扭矩=20 N·m [177in-lb]

温度（℃）	温度（℉）	电阻（Ω）
0	32	5k~7k
25	77	1700~2500
50	122	700~1000
75	167	300~450
100	212	150~220

进气歧管压力/温度传感器

扭矩 = 3 N · m [27in – lb]

压力（mmHg）	压力（inHg）	电压（V）
381.00	15	0.43 ~ 0.60
762.00	30	0.90 ~ 1.25
1143.00	45	1.40 ~ 1.93
1905.01	75	2.40 ~ 3.25
2540.01	100	3.10 ~ 4.22

燃油油轨压力传感器

扭矩 = 3 N · m [27in – lb]

压力（MPa）	压力（psi）	电压（V）
0	0	0.50
40	5801	1.39
70	10153	2.06
100	14504	2.72
140	20305	3.61
180	26107	4.50

油门踏板（IVS、ISS 和 APS）

怠速有效电路电阻：

怠速和非怠速状态

ISS – 最大闭路电阻小于 125 Ω

ISS – 最小开路电阻大于 100 kΩ

油门踏板和远程油门

油门位置传感器线圈电阻：

电源和回路导线之间

· 2000 ~ 3000 Ω

电源和信号导线之间（释放踏板）

· 1500 ~ 3000 Ω

电源和信号导线之间（踩下踏板）

· 200 ~ 1500 Ω

注：释放踏板时的电阻减去踩下时的电阻必须为 1000 Ω。